CRÓNICAS SOBRE RUEDAS. LA VUELTA A ESPAÑA

NOVENTA AÑOS (Y OCHENTA EDICIONES) DE LA VUELTA

JUANFRAN DE LA CRUZ

Libros de Ruta

Director editorial: Eneko Garate Iturralde
Corrección: Beñat Gutiérrez
Portada: Alberto Aragón – Local Estudio
Maquetación: Miguel Andréu

Ctra. Palma del Río, Km 4.
Parque Logístico de Córdoba.
C/ 8, Nave L2, Módulo 6 y 7, Buzón 3
14005 Córdoba
info@librosderuta.com
www.librosderuta.com
Primera edición: mayo 2025

ISBN: 978-84-12905-75-5
Depósito legal: CO-709-2025
Impreso en España por Liberdúplex

A mis chicas, mi vida.

A la memoria de Francisco Moreno Nogales, mi abuelo materno, quien falleció en la noche de Reyes de 2025 y se quedó a dos meses de alcanzar su centenario: emigrante cerca de Roubaix, fue testigo del paso del Tour de Francia, de la París-Roubaix y de otras pruebas; de aquella fascinación suya surgió mucho más que una pasión para mí.

"El Tour es mundial.
El Giro es pasión.
La Vuelta es… entrañable".
(Pello Ruiz Cabestany, 9 de septiembre de 2019)

"Sigo creyendo que de ciclismo entiendo lo suficiente
para no saber absolutamente nada".
(Miguel Utrillo, 1963)

ÍNDICE

Neutralizada 11

Septiembre 17

Prehistorias 37

Esenciales 51

Naranja 67

Ausentes 81

Cervecita 101

Ondas 117

'Montañasmedias' 133

Conllevancia 155

Sigilos 167

Anglirumanía 177

Contrarreloj 193

Modelo 205

Insularidad 221

Reputatio 233

Obligación 251

Barcelona 261

Estética 273

Hispanosuiza 289

Entelequias 299

Bibliografía 319

NEUTRALIZADA

> "Estoy muy contento con este triunfo de etapa en Ourense. Es mi primera gran victoria en el extranjero. Este éxito de hoy será bien acogido en Bélgica. La Vuelta a España interesa, mucho más de lo que la gente se cree, en el extranjero".
>
> (Franz de Mulder, 1960).

La Vuelta alcanza durante 2025 sus noventa años de existencia, ochenta ediciones celebradas[1], y no queda muy desatinado afirmar que posiblemente se trate del acontecimiento deportivo anual *made in Spain* más veteranamente internacional. A la ronda española apenas le queda una década para alcanzar su centenario, dos para hacer lo propio con las cien ediciones, y ambos guarismos resultan mucho más sustanciosos para acometer la empresa de escribir sobre su andadura existencial. Pero es una aventura que nos atrae, siempre lo ha hecho, y a día de hoy honestamente tampoco contamos con todas las garantías de que, en diez años, tengamos la capacidad de comenzar a encarar ese camino. Más bien al contrario. Si este presente lleno de incertidumbres, fatigas y precariedad se prolonga, la respuesta con toda seguridad va a ser negativa. Toca apelar a la anticipación. *The Time is Now*, como dice la canción del grupo musical británico Moloko. En todo caso, el aniversario de los noventa años tampoco es un mal guarismo

---

1 Ochenta en septiembre del 2025, escasos meses después de la publicación de este libro.

para lanzar la propuesta, aunque sí que haya sido necesario limarla. Es muy posible que Eneko Garate, nuestro editor, haya estado al borde de algún tipo de colapso cuando en un primer momento le remitimos un manuscrito de 600 páginas en proceso de crecimiento. Demasiado tiempo libre, desgraciadamente. Tan enciclopédico original, de primeras, asusta a cualquiera. Y por eso desde aquí le pedimos disculpas y le agradecemos de nuevo su confianza. Ya sabe que partimos con un remanente de temas listos por si en algún momento procede reflotarlos.

La Vuelta no cuenta, ni de lejos, con una bibliografía tan extensa como puedan tener las otras dos grandes vueltas por etapas. Y muchos de sus títulos, ya sean acercamientos históricos globales, ya mucho más parciales, son bastante recientes. No hay que olvidar que uno de sus volúmenes más destacados está originalmente editado en otro idioma, aunque afortunadamente cuenta con traducción al castellano. La modesta obra que tiene entre sus manos, estimado lector, estimada lectora, pretende aportar una perspectiva un tanto diferente. Saber quién ganó la undécima etapa de la edición de 1965 y sobre qué recorrido se disputó es hoy en día bastante sencillo, queda bastante a mano e incluso ya ha sido tratado. Y de igual modo existen en el mercado y en las bibliotecas títulos en los que se abordan curiosidades, anécdotas, casuísticas y circunstancias llenas de nombres propios sobre muchas andanzas de la competición. Pero la inmensa mayoría, cosa lógica tratándose de un acontecimiento deportivo, beben de los protagonistas ciclistas y sus equipos. En estas páginas, aunque es imposible abstraerse de todo lo anterior, el objetivo es poner un mayor foco en la Vuelta como evento. Por qué la Vuelta es cómo es y cuáles son las circunstancias, las vivencias y los momentos que la han traído hasta aquí. Creemos firmemente que esa era una labor aún por abordarse y a la que le hemos prestado atención durante más de veinte años de ejercicio profesional.

La carrera también plantea sus enigmas y sus espacios para el litigio. Un ejemplo prototípico es el de la escapada en solitario más larga de la historia: la del asturiano Luis Balagué, 256 de los 259 kilómetros de la Manresa-Zaragoza de la edición 1972 es la mentada con más recurrencia. Pero en la edición de 1960 el madrileño Antonio Suárez protagoniza una escapada, de gran kilometraje y también sin compañía. El mismo día que el luxemburgués Charly Gaul abandona la carrera, su única participación en la Vuelta, el portador del dorsal 1 vuela entre San Sebastián y Vitoria y corona Elgeta, Urkiola y Herrera en solitario. En la meta de la calle Eduardo Dato, y tras más de ocho horas sobre la bici, Suárez aventaja a Federico Martín Bahamontes, ganador el día anterior en San Sebastián, en más de once minutos. El libro de ruta oficial indica que esa etapa cuenta con 251 kilómetros, pero al día siguiente el periodista donostiarra Manuel Vázquez, *Porriño,* escribe una pieza especial para la Agencia Pyresa donde finalmente lo eleva hasta los 263. Y allí, literalmente, señala que Suárez ha permanecido escapado 260 kilómetros. ¿Un error? ¿Una imprecisión? Vázquez, a nuestro juicio, pasa por ser uno de los redactores más escrupulosos con los datos.

La Vuelta ha cambiado muchísimo desde que quien esto les escribe es un niño, cuando se embelesa con un Laurent Fignon que le sonríe y le saluda en un perfecto castellano con motivo de una llegada a Leganés y otra, al año siguiente, en Ávila. O aquel fin de semana de finales de abril de dehesas verdes y parada técnica en Mérida, infructuosa, porque la carrera comienza en lunes y aún queda un largo viaje por delante de retorno a casa. Una evolución de lo local a lo global. Cuando un recién retirado Bernardo Ruiz acude a la edición de 1959 como director de la formación Faema, el alicantino ganador de la ronda española en 1948, no puede evitar cierta nostalgia al ver vehículos decorados con todos los detalles y una participación donde no faltan "nombres de una gran sonoridad internacional", como Fausto Coppi, como Rik Van Looy, como Roger Riviere, como Federico Martín Bahamontes. "¡Qué importancia va teniendo la Vuelta!", dice el de Orihuela entonces y bien podría decirlo ahora.

En 2025 el cuerpo organizativo de la Vuelta supera las 3000 personas, un pueblo itinerante que necesita más de nueve centenares de vehículos, entre motos, coches y camiones, para poder desplazarse. En 1959 la carrera necesita de 'poco' más de un millar, y ya por entonces involucra a casi 300 vehículos entre el despliegue de seguridad, el sanitario, la organización o la prensa. Mucho cambio, salta a la vista, y se puede deducir igualmente para otros ámbitos. En 1959 la organización todavía se encarga de los avituallamientos oficiales de los participantes. La estimación de alimentos consumidos en esos días ronda los 3000 pollos, los 5000 bocadillos, unas dos toneladas de fruta, dos mil litros de agua y en torno a los 250 000 terrones de azúcar.

La Vuelta conforma la Santísima Trinidad de las vueltas de tres semanas junto al Tour de Francia y el Giro de Italia, es la más joven de todas y posiblemente también la que más margen haya tenido de cara a una evolución. Siempre nos ha parecido que su andadura vital es la más particular. Primero por su intensa prehistoria, porque nace en 1935 pero se dan intentos serios ya en 1913 y 1925 para sacarla adelante. Después, por su carácter 'forjador' de talentos: muchos ciclistas de futuro prestigio y el ciclismo de algún que otro país bien han cosechado sus primeros éxitos, bien se han estrenado en una 'grande' en la Vuelta. Y por supuesto, por su predisposición al cambio y a la experimentación. Las cronos por tríos o los arranques bajo la fórmula de las mangas con dos representantes de cada equipo tienen su aquel, pero no cuajan. La reducción de la contrarreloj, también de los kilometrajes, y un incremento de los finales en alto o en cuesta, con sus más y sus menos, han sido adoptados por otras citas del calendario. Entre ellas el Tour de Francia. La Vuelta es la más joven, pero ha madurado muy rápido. Y curiosamente, quién lo diría, aún presenta margen de crecimiento, sobre todo a nivel de recorridos. Al menos desde cierto punto de vista, porque los actuales también son malos tiempos para 'los encadenados'. La carrera aún cuenta con macizos literalmente inéditos y esto obedece a su historia y se intenta explicar aquí. Hay puertos como los del Giro o el Tour, otrora tan envidiados, que no se han subido jamás. Durante años el discurso oficial dice que aquí no existen puertos como aquellos, aunque realmente no resultan tan notorios como sí lo son ahora gracias a las nuevas tecnologías de la información.

Nos gusta el ciclismo en toda su globalidad y en todas sus perspectivas. Desde los primeros tiempos hasta el de hace cinco minutos. Cada época es distinta. Pero estamos donde estamos por lo que ha sucedido. El pasado explica el presente y permite intuir el futuro. Pero no solo en el ciclismo: en la vida. La Vuelta es una carrera especial por las muchas particularidades que ha vivido no ya desde su nacimiento en sí, que también, sino incluso desde las más de dos décadas anteriores de conatos, pensadas, planificaciones y proyectos frustrados. Ni mejor, ni peor, sencillamente una de las tres grandes vueltas por etapas del panorama internacional. Estas líneas no son sino otro acercamiento de los muchos posibles a la historia de una carrera que hasta hace relativamente pocas fechas no se ha interesado, especialmente, en su historia. Ni tampoco lo han hecho muchos de los que la rodean, beben de ella y, más alto o más bajo, dicen amarla. Una lectura distinta. Un acercamiento menos convencional. Y con unos cuantos capítulos más que han llegado fuera de control. La Vuelta, sí, da para mucho.

SEPTIEMBRE

"Desde el punto de vista de los equipos septiembre es malo, porque ya se ha disputado el Giro y el Tour; pero la carrera es de Unipublic y si sale mal la responsabilidad será de ellos"

(Javier Mínguez, 1992)

Martes 1 de diciembre de 1992. Un teletipo de la agencia EFE recorre muchas redacciones. Lleva la firma de Felipe Recuero, Felipón, el gran periodista especializado en ciclismo que fallecería en abril de 2016 con solo 56 años. Su titular es implacable: "La Vuelta a España se disputará en septiembre". El contenido versa sobre las evoluciones del último congreso anual de la Unión Ciclista Internacional (UCI), que se celebra esos días en Orlando (Florida, Estados Unidos) y en el que Hein Verbruggen, su presidente, ha logrado un amplio y rápido apoyo a su ambicioso proyecto de reforma del calendario internacional.

Verbruggen, elegido por aclamación en el congreso de Berlín celebrado a finales de noviembre del año anterior, es sin duda un gran amante del ciclismo, pero no ha tenido el mismo nexo que su predecesor Luis Puig. El dirigente valenciano, más vinculado como practicante a la natación o al desempeño del hockey sobre hierba, gozó de una próspera carrera como director deportivo y como organizador antes de ser directivo en diferentes esferas, nacionales e internacionales. La Vuelta en sí misma le debe a Puig su supervivencia. Del neerlandés, en cambio, puede afirmarse que se trata de un directivo profesional, en el sentido más cualificado del término.

El, en ese momento, presidente de la UCI es alguien que viene del mundo de los negocios; un perfil que procede de la empresa privada, que aúna en su persona la vocación comercial, el desvelo por la mercadotecnia y la visión de negocio que existe en las esferas altas. Unos años antes él se ha encargado de estimular la llegada de la firma de productos alimenticios Mars al universo del patrocinio ciclista en la década de los años 70. Desde ahí, Verbruggen inicia una serie de colaboraciones, comienza a recibir una serie de propuestas y de encargos y, en unos años, es parte del cuerpo diplomático de la Federación de su país, la Koninklijke Nederlandsche Wielren Unie. A partir de ese hito, una escalada constante en la que irá ocupando diferentes posiciones en instituciones diversas. Un progresivo proceso de asunción de responsabilidades. En 1984 Verbruggen accede a la presidencia de la Federación Internacional de Ciclismo Profesional (FICP) y allí comienza a moldear su visión de lo que, cree, sopesa, madura, tiene que ser el ciclismo.

La FICP es un organismo creado por la UCI en 1965 de cara a tutelar el ciclismo profesional. La Unión Ciclista Internacional paralelamente constituye, enfocada hacia el campo aficionado y amateur, la Federación Internacional de Ciclismo Amateur (FIAC). Ambas instituciones, FICP y FIAC, estarán subordinadas a la UCI y, por tanto, cuentan con su coordinación. Al menos en teoría. Son Rómulo y Remo mamando de esa loba capitalina que encarna al máximo gobierno ciclista universal. Vínculos fraternos entre ambas, sí, pero con realidades diferentes. En unos tiempos de bloques políticos y telones de acero, la escena ciclista mundial varía mucho en función de en qué lado del muro se está. ¿Determinación? Más bien influencia.

La FICP y la FIAC poseen su propio espacio, no ya en términos de calendario y de competencias: literalmente, también en lo geográfico. La primera tiene su sede en Bruselas (Bélgica), aunque unos años después se trasladará a Luxemburgo. La segunda, en Roma (Italia). La propia UCI, que en el momento de este alumbramiento se encuentra en París, se mueve en 1969 a unas nuevas instalaciones en Ginebra (Suiza). Cuando Verbruggen accede a la presidencia de la UCI no solo le acompaña una firme determinación de reorganizar el calendario: va a reintegrar de manera casi inmediata tanto la FICP como la FIAC de nuevo en el seno de la Unión Ciclista Internacional; una nueva UCI que estrena sede y ubicación en la también suiza Lausana. Para el organismo este movimiento es toda una exhibición de fortaleza. Una legitimación de su renovada autoridad.

A Verbruggen la gusta hablar de "proyecto calendario del futuro". En muchos de los estamentos ciclistas españoles se le mira con recelo y desconfianza. Y no es algo que sea nuevo. Desde su rol al frente de la FICP se ha acabado convirtiendo en una especie de enemigo público número 1 para todo el ciclismo español por su empeño en la implementación de normativas que el colectivo considera perjudiciales y nocivas. Al frente de todas, la cuestión de los puntos FICP. Su organismo otorga a las pruebas que componen el calendario una serie de puntos cuya acumulación por parte de los ciclistas es clave, por ejemplo, para acceder al Tour de Francia. La lógica es evidentemente sencilla: a más puntos, mejor clasificación. Las pruebas que ofrecen más puntos, en consecuencia, siempre contarán con una mejor participación.

Otrora simbólica, esta lista FICP acabará adquiriendo bajo su mandato carácter de moneda de cambio del ciclismo profesional. Los equipos buscan el máximo de puntos. La política de fichajes de aquellas temporadas y el número de ceros de los contratos los van a tener siempre muy en cuenta. Para Verbruggen, además, las pruebas de un día deben ganar más peso y consideración en términos de puntuación. Él, no hay que olvidarlo, será uno de los principales impulsores de la Copa del Mundo que se celebra por primera vez en 1989. El calendario de España, como país ciclista, es más pródigo en vueltas por etapas que en 'clásicas'. ¿Tanto? En el proyecto de calendario para la temporada 1988 presenta más de una treintena de pruebas de un día y más de una quincena de vueltas. En la previsión para el de 1991 se proponen 38 compromisos: diecisiete de ellos son vueltas. Números aparte, la fricción es inevitable.

Para el ciclismo español Verbruggen es un ogro, un enemigo. Y sus intenciones, nefastas. Por mucho que el organismo que lidera revise al alza algunas puntuaciones (como le pasó de cara a 1990, por ejemplo, a la Vuelta a España, la Vuelta a Asturias, la Vuelta a la Comunitat Valenciana o el Gran Premio de Albacete), el peso del calendario español tiene que disminuir. Con estas pretensiones, el dirigente neerlandés es capaz de lograr algo casi quimérico: unir prácticamente a todo el ciclismo estatal en torno a un sentimiento crítico. Pobre Juanjo Garayalde, entre otros. El irundarra, reputadísimo comisario internacional, figura clave en la escena ciclista de esos tiempos, en esos días ejerce de presidente de la comisión técnica de la FICP...

Pero, ¿qué relación existe entre todo la anterior y la ronda española?

La Vuelta se viene disputando ininterrumpidamente entre los meses de abril y mayo desde que *El Correo* de Bilbao rescata la prueba de cara a 1955. Ya su primera edición es alumbrada en ese mismo ámbito temporal, en 1935. Las siguientes se irán moviendo, un poco de la mano de la inestabilidad organizativa que vive la carrera: diez ediciones en el plazo de veinte años por motivos diversos desde propios hasta ajenos, desde falta de financiación hasta conflictos bélicos internacionales, también la Guerra Civil. Mayo, junio y julio, otra vez mayo, mayo y junio, junio y julio, agosto y septiembre... Casuísticas y combinaciones de este período. Salvo 1963, una convocatoria con menos etapas en su menú y que se ubica íntegramente en la hoja del calendario correspondiente a mayo, el resto de ediciones de la ronda española tuteladas por el periódico vizcaíno se desarrollarán entre esos dos meses.

Casi 40 años, prácticamente cuatro décadas, sin duda, permiten hablar de fechas tradicionales. Un vínculo afectivo para el imaginario colectivo. Por eso, un anuncio de cambio de fechas para la Vuelta choca demasiado. Primero, por la entidad de la carrera. Sobre todo, porque la mudanza parece forzosa. Gestada en secreto y a fuego lento por ese mismo Hein Verbruggen que tanto mal le está haciendo al ciclismo español desde la Federación Internacional de Ciclismo Profesional. No se entiende. Y menos aún en el contexto más amplio de un momento de gran significación y positivismo. En términos ciclistas, el año 1992 ha tenido a Miguel Induráin ganando las generales finales tanto del Tour de Francia como del Giro de Italia. La Vuelta, en la que se ha impuesto por primera vez el suizo Tony Rominger tras un vibrante pulso con el murciano Jesús Montoya y el segoviano Pedro Delgado, ha resultado muy entretenida y ha disfrutado del misticismo del Col du Tourmalet en una etapa. Y el broche ha llegado con la alicantina Benidorm acogiendo los Mundiales de Ciclismo. Pero también el año 1992 es el de los Juegos Olímpicos de Barcelona y la Exposición Internacional de Sevilla, hitos importantes para la reputación del país a nivel internacional. El mundo está cambiando. Y Europa, por supuesto no es ninguna excepción: tres años antes ha caído el Muro de Berlín y Alemania se ha reunificado, los Balcanes viven un complejo y sangriento conflicto bélico con muchas pinceladas étnicas y religiosas detrás y la Unión Soviética está a punto de desintegrarse. Europa, para lo bueno y para lo malo, es la meca del deporte ciclista. Su cuna. Su templo. Su gran escenario.

En un contexto así, y dado el empeño del neerlandés en su implementación, no debe extrañar que la posibilidad de una mudanza de la ronda española parezca una suerte de imposición, un canto de sirena con su letra pequeña... Se mire por donde se mire, algo absolutamente negativo. Asociaciones de equipos y estamentos ciclistas se opondrán rotundamente desde el primer momento en el que aflora tal posibilidad. Las ideas que sustentan las negativas son recurrentes y se mantendrán en el tiempo. En este sentido, a modo de ejemplo, a final de año declara Manuel Piñera Gil-Delgado: "En este tema tengo muy claras dos cosas: que si lo que se plantea es el cambio de fechas del Giro, nadie se habría atrevido a llevarlo adelante; y que si vive Luis Puig la Vuelta no cambia de fechas". Piñera, empresario, es un activo colaborador de la organización de la Vuelta a través del patrocinio de la firma de bebidas espirituosas Whisky DYC. Desde los equipos, al menos desde una mayoría de las estructuras existentes, se cree con firmeza que este cambio de fechas se ha decidido no solo sin su consentimiento, también sin el más mínimo interés en las consecuencias que tendrá para su supervivencia.

Pero nadie puede realmente mostrar una sorpresa absoluta. Lo cierto es que el runrún de un hipotético cambio ya sobrevuela el mundo del ciclismo desde antes del ascenso de Verbruggen a la presidencia de la Unión Ciclista Internacional. Su gestión al frente de la FICP siempre ha tenido esta línea roja. Verbruggen es coherente. El calendario necesita una reorganización. "Ni la televisión ni los patrocinadores de los grandes equipos del presente y del futuro ven con buenos ojos un calendario que termina prácticamente en el mes de julio, cuando desembolsan enormes cantidades de dinero para hacer publicidad de sus productos durante todo el año", esgrime. Por agosto de 1991, en el marco de los Mundiales de Stuttgart, punto de encuentro de los estamentos del deporte, el 'tema' ya es un clamor. Se habla de la eliminación de las pruebas 'open', que mezclan profesionales y aficionados; se valora la unificación de las licencias; se debate sobre la obligatoriedad de portar el casco en la competición y también se cuestiona la presencia de los profesionales dentro de los Juegos Olímpicos. Y, claro, no falta la patata caliente de la idoneidad de mover alguna de las tres grandes vueltas por etapas de su situación en el calendario. "Es necesario que ocupen un mayor espacio en vez de los tres meses justos que tienen ahora", insiste Verbruggen.

La clave de la reforma, por tanto, pasa por separar las tres grandes vueltas por etapas. No hay nombres propios aún, en apariencia. Pero a nadie se le escapa la privilegiada situación de partida del Tour de Francia. Su ubicación, su historia, su poder, una mezcla de todas ellas, le confiere una especie de derecho a la inamovilidad. Cualquier movimiento debe pasar por el Giro de Italia o por la Vuelta a España. Ambas carreras no solo están muy próximas entre sí, en varias ocasiones se han solapado las jornadas finales de la ronda española con las iniciales de la ronda transalpina. Ya en 1935 apenas tres días separan el final de la Vuelta en Madrid del inicio del Giro en Milán. Desde 1955 hasta 1994, cuatro ediciones de ambas carreras han llegado a pisarse al menos en una etapa (1964, 1965, 1978, 1986). La Vuelta y el Giro, condenadas a ser dos realidades autónomas, dos universos paralelos cuya vecindad no les aporta ninguna opción a la sinergia. Toca cambiar. ¿Pero a quién?

¿La prioridad de paso en esta metafórica intersección a quién le corresponde? En las hemerotecas pueden encontrarse artículos que recogen: "(El presidente de la FICP) pretende que la Vuelta se dispute en el mes de mayo, el Tour en julio y el Giro en septiembre para de esta forma dar mayor tiempo de recuperación a los profesionales y al mismo tiempo que las figuras salgan a disputar las tres sin necesidad de recurrir a productos prohibidos".

A Vincenzo Torriani, el hombre fuerte del Giro de Italia desde 1949, la mera mención al asunto poco menos que le resulta ofensiva. Torriani está mayor; sigue siendo un hombre muy enérgico y con carácter, pero la salud le ha obligado a ir delegando cada vez más en la figura del otrora abogado Carmine Castellano, su mano derecha. Una decisión tan trascendental, empero, recae en su única competencia. La negativa es absoluta. El Giro de Italia es patrimonio de la primavera y sus fechas de celebración son sagradas. Entre las argumentaciones dadas que llegan a la prensa, sic, y a coger con pinzas, "el clima en septiembre no es el idóneo para ascender las cumbres alpinas o de los Dolomitas". En 1995, el primer año con la Vuelta ya en septiembre, la nieve habrá imposibilitado unos meses antes la ascensión al Colle dell'Agnello propuesta para una decimonovena etapa que, en vez de hacerlo en Briançon como está previsto, debe finalizar sobre la marcha en Ponte Chianale. Los temporales, las nevadas copiosas y los riesgos de aludes son una incertidumbre permanente para las etapas de montaña del Giro. En 2013 se anulará la etapa Ponte di Legno-Val Martello que cuenta en su menú con el Gavia y el Stelvio y casi pasa lo mismo al año siguiente. El Gavia no se puede subir tampoco en 2019. El paso por el Colle del Gran San Bernardo tiene que suprimirse, en una fracción al final recortada por idénticos motivos meteorológicos. En la edición de 2024, la organización se ve obligada a eliminar primero el paso por el Stelvio previsto para su decimosexta etapa, después también la alternativa del Gioco di Santa María, debido a unas grandes nevadas que incrementan sustancialmente el riesgo de aludes… Aunque no se puede juzgar el pasado con los conocimientos del presente, resulta evidente que la organización de la *corsa rosa* ignoró las oportunidades que ofrecía la propuesta.

La oposición frontal del Giro, rápida, y la situación de privilegio del Tour, inamovible, solo deja una alternativa posible para el cambio: La Vuelta a España. "Al Tour no se lo propusimos sencillamente porque sería un crimen pretender sacarlo del mes de julio. El Giro nos respondió que la idea le parecía muy bien, pero que fueran otros los que cambiaran. Hablé con la Vuelta y sus organizadores estuvieron de acuerdo con estudiar el tema. Se comprometieron a darme una respuesta en uno u otro sentido. Los organizadores no han aceptado, pero no se han negado a ello", explicará Verbruggen. Acaso por ser la más joven de 'las tres grandes', tal vez con demasiados complejos históricos aún en el equipaje, la Vuelta también ha sido la más permeable. O la más proactiva.

En Unipublic, la empresa que organiza la Vuelta desde los años 80, la propuesta genera un intenso debate interno. Al más puro estilo del universo teórico de Umberto Ecco, todo se mueve entre los apocalípticos y los integrados. Algunos ven muy claros e inmediatos los beneficios de una hipotética aceptación. Otros, en contra, consideran que es un movimiento muy peligroso y con consecuencias imprevisibles. La deliberación en ningún momento es exclusiva de la organización. Al contrario, forma parte de la cotidianeidad de la vida ciclista en estos días. Pedro Delgado, una de las grandes estrellas del ciclismo español del momento manifiesta: "Como corredor me interesaría en septiembre, porque hace mejor tiempo y yo marcho mejor con calor. Desde el punto de vista del organizador, tendría más gente porque es un mes de vacaciones. Pero no creo que las figuras internacionales vinieran más que ahora; mira Breukink, Bugno, LeMond... la tendencia es correr una de las tres grandes. Y en septiembre la temporada ya está a las acabadas".

Entre febrero y abril de 1992, poco antes del arranque de la 47ª edición de la ronda española desde Jerez de la Frontera, se producen diversos encuentros al más alto nivel. Reuniones sin acuerdos concretos, pero que ponen de manifiesto la evidente realidad de un proceso de negociación en marcha. Eufemísticamente, la prensa habla de "fase avanzada de estudio". Momentos de revuelo. Desde Unipublic, donde Eduardo Franco y Alberto Gadea se encargan de liderar las conversaciones, se ponen sobre la mesa hasta nueve condiciones para el consentimiento. La primera, ante todo, que la aceptación de un hipotético cambio de fechas implicará, al menos, un margen de dos años para volver a las originales sin ningún tipo de impedimento. En segundo lugar, la Vuelta solicita que ninguna carrera de categoría 1.1, 1.2, 2.1 o 2.2 coincida con su celebración en septiembre.

La tercera, que tampoco se dispute ninguna carrera de más de seis días al mismo tiempo, con la única excepción de la Volta a Catalunya que, sobre ocho etapas, ya se celebraba en este mes. La ronda catalana, la tercera prueba por etapas más antigua del calendario internacional tras el Tour y el Giro, se disputaba ininterrumpidamente en septiembre desde 1941. De cara a 1995 se adelanta hasta el mes de junio, prácticamente al mismo tiempo que la Vuelta a Suiza, la Bicicleta Vasca y la Vuelta a Luxemburgo, pero recala en mayo desde 2005 por un lustro yendo de la mano del UCI ProTour. La Volta a Catalunya de 2010 vuelve a buscar una nueva ubicación y, en el marco del UCI WorldTour, adelanta sus fechas al mes de marzo, donde permanece. Desde la Unió Esportiva de Sants, organizadora de la carrera, Albert María Galán ya señala en 1994: "Nuestra nueva ubicación nos obliga a cambios de forma y de fondo. Por ejemplo, la Volta gana un día de carrera a costa de sacrificar la Masferrer, que pasa a ser una carrera para *amateurs*".

El cuarto requisito que la organización de la Vuelta pone encima de la mesa será la exigencia de que tanto alguna prueba de la Copa del Mundo como los Mundiales de Ciclismo tengan lugar al menos quince días después de su conclusión. En quinto lugar, la Vuelta requiere un compromiso por parte de Eurovisión para emitir cada etapa durante al menos una hora en hasta seis países del viejo continente. La sexta, la séptima y la octava demandas de Unipublic emplazan a la UCI a estimular la participación de los mejores corredores del momento, a garantizar la presencia de los diez mejores equipos según los puntos FICP con alguna de sus estrellas y, para que el cambio no implique un problema en la transición, a que los cinco mejores equipos de la Vuelta 1994 tengan plaza segura en el Tour de Francia de 1995. En un punto final, Unipublic quiere estudiar de manera conjunta con ASO un sistema de clasificación de los equipos para la ronda gala.

Algunas a priori muy factibles, otras posiblemente no tanto, las condiciones que Unipublic despliega sobre el tablero de juego buscan legitimidad, autonomía y respeto. No quieren competencias ni tampoco sorpresas inesperadas. Discrimina todo solapamiento. Quiere guardarse las espaldas. Y, con las ideas muy claras, se lanza a por los avales. Cualquier movimiento de la Vuelta implicará consecuentemente otros. Desde luego esto no es un sí a cualquier precio. "La decisión depende solo de nosotros", apuntará Eduardo Franco en aquellos días de reuniones maratonianas. "No existe ninguna presión por parte de nadie, pero antes de dar ese paso necesitamos ciertas garantías y estudiar ventajas e inconvenientes que puede tener el cambio de fechas". De las nueve peticiones, seis tendrán el visto bueno de las partes implicadas. Además de Verbruggen y del alemán Werner Gohener, por entonces presidente de la FICP, por las reuniones pasan, entre otros, Jean Marie Leblanc, director del Tour y presidente de la asociación que abarca a los grandes organizadores de carreras ciclistas; Roger Legeay, por parte de la asociación de equipos; Carmine Castellano, en representación del Giro de Italia; Víctor Cordero, Pablo Antón o Manolo Saiz.

Que no haya coacción o extorsión no supone que no exista algún tipo de apremio o conminación. Sutil. Diplomática. La dialéctica al poder. Son días en los que Verbruggen se manifiesta en términos como: "Creo que pensar en otras fechas sería sano para la Vuelta. Hoy en día, de las tres grandes rondas que tenemos dos viven a la sombra de la tercera. El traslado de la Vuelta a septiembre serviría para darle una mayor identidad de la que ahora posee. Teniendo en cuenta que el Mundial se trasladaría a final de temporada, las figuras de primera fila estarían interesadas en correrla, aunque solo fuera para rodar". No hay escenario que no esté contemplado. ¿Y si al final no se mueve ninguna de las tres grandes? El presidente de la UCI está decidido a potenciar el mes de septiembre, ese es su proyecto. Si las citas europeas le ignoran, en Estados Unidos no lo van a hacer. El Tour DuPont, una prueba ciclista por etapas creada en 1989 y que se celebra en mayo, se postula para coger ese testigo y crecer. El propio Verbruggen avisa en 1992 en una de sus declaraciones públicas: "El estadounidense Tour DuPont ha solicitado ya fechas para el mes de septiembre. Eso quiere decir que hay interés y dinero. Sería una pena, porque evidentemente esto dañaría a las ya existentes. Sobre todo a la Vuelta, que actualmente es la que tiene más problemas para conseguir una buena participación". Es curioso, pero el Tour DuPont se organizó por última vez en 1996.

Con la celebración de los Mundiales de ciclismo de 1992 en Benidorm, la ciudad de Valencia alberga importantes encuentros del máximo gobierno pedalístico universal. El futuro del ciclismo se negocia en el Mediterráneo. El martes 1 de septiembre Verbruggen comparece públicamente en la capital del Turia para confirmar el visto bueno de Unipublic a la propuesta de un cambio de fechas para la Vuelta a España. La mesa de diálogo con la UCI y el resto de interlocutores ha resultado bastante provechosa y más de la mitad de las peticiones hechas por la ronda española se han aceptado total o parcialmente. "Durante el transcurso de la Vuelta a España no se disputarán pruebas de categoría 2.1 y 2.2 y después de la misma tendrá lugar una prueba de la Copa del Mundo, el Giro de Lombardía. Lo que se pretende es nivelar las pruebas y de tal manera Giro, Tour y Vuelta tendrían la misma puntuación, así como el hecho de que haya pruebas a las que muchos corredores vayan con el fin exclusivo de prepararse para otras consideradas más importantes", manifiesta el dirigente neerlandés. Más allá del anuncio, la oficialidad queda a expensas de la aprobación del cambio de fechas que tiene que realizarse a finales de noviembre en Orlando.

La inminencia de una conversión de potencia a acto de tal calado genera un enorme revuelo en el ciclismo español. Bríos renovados. Un estertor ante lo inminente, visto con perspectiva. La lógica y consustancial irrupción de puntos de vista diversos y dispares presente en todo proceso madurativo de esta naturaleza. La Federación Española que preside Joan Serra se pone al frente de una corriente de opinión que encuentra su gran momento de unión a finales de octubre, en una extensa reunión, más de siete horas, en la que los diferentes estamentos del ciclismo español subrayan su oposición e intentan buscar fórmulas efectivas con las que poder plantear batalla. Asociaciones de grupos deportivos, asociaciones de corredores y organizadores de pruebas abominan de un traslado que es "un desastre" para el ciclismo español. En palabras del periodista Carlos Arribas, ante la mudanza "los equipos pequeños deberían elegir entre replantear su estrategia o desaparecer". En la Vuelta de 1992 participan nueve estructuras con licencia española. En las de 1993 y 1994, siete. Idéntico guarismo para el salto a septiembre. La cifra irá descendiendo.

Y llega el mes de noviembre.

El encuentro de Orlando tiene lugar en su fecha prevista, allí la Federación Española escenifica su descontento y su presidente conmina a Verbruggen a que conozca la postura de los estamentos españoles. El presidente de la UCI le muestra una carta firmada por Víctor Cordero, entonces de la Asociación de Equipos, y José María Caroz, de la de corredores, donde supuestamente dan su visto bueno, aunque ellos niegan posteriormente haber rubricado ningún documento. A Serra, le reprochan a modo de crítica, le han metido un gol. "Siempre he dicho que el cambio de fechas era malo para la Vuelta y solo puede haber una forma de que sea bueno: que se vaya a por el Tour. Es decir, que la Vuelta sea mejor que el Tour", señalará Manuel Piñera; "De lo contrario, si a eso no se puede llegar, cuando el Tour haya finalizado, toda la temporada ciclista ha concluido ya. No de manera oficial, pero sí real. Todos los ciclistas se preparan para correr en Francia y cuando terminan lo demás no tiene importancia. La prueba de que tras el Tour nada es igual es que todas las carreras que hay después son festivales. No hay ninguna carrera seria, ni la Volta ni ninguna. Incluso el Campeonato del Mundo no tiene nada que ver. Por todo ello, o se consigue que la Vuelta sea mejor que el Tour o será un fracaso".

La llegada de diciembre de 1992 sitúa el calado de las reuniones entre la Vuelta y la UCI en un siguiente nivel. Con la nueva sede de Lausana como centro de operaciones, el fortalecido máximo gobierno ciclista se encuentra con las organizaciones del Giro de Italia, de la Vuelta a España, del Tour de Francia y con directivos de la Unión Europea de Radiodifusión para unificar los nuevos criterios de retransmisión y los intereses de los canales europeos. La televisión es el nuevo maná. Hein Verbruggen, un visionario. Con todo, el máximo dirigente del ciclismo no duda en viajar hasta Galicia en abril de 1993 para asistir al arranque de la Vuelta a España de ese año desde A Coruña. Allí defiende institucionalmente la idoneidad del movimiento: "Sé que para la opinión pública española yo soy el malo, pero estoy convencido de que la Vuelta saldrá ganando con su paso al mes de septiembre. La principal carrera del calendario español se merece ser mucho más que una simple preparación para el Tour. Está claro que no podemos depender de una gran carrera y por eso creo que pasar la Vuelta a septiembre es una manera de potenciarla. Si no funciona, se puede volver a las fechas originales porque la única carrera afectada es la Volta. Lo que no se puede admitir es esta pobre participación. Además, en septiembre saldrá ganando climatológicamente".

Su incomprensión con el punto de vista de José Miguel Echavarri, abiertamente contrario al cambio, supondrá una primera crispación mediática de gran calado en el contexto de aquella edición. La agitación, la controversia y la polémica siempre han encontrado rápido acomodo en el ecosistema mediático que rodea la ronda española. El salseo ibérico. Verbruggen manifiesta que no entiende a Echavarri: no apoya la cuestión de las fechas, pero al mismo tiempo no ha alineado a Miguel Induráin o a Pedro Delgado en sus equipos para la carrera en alguna que otra ocasión, más en el primer caso que en el segundo. "Yo no traigo a Induráin y esa es una decisión del equipo. Yo soy responsable de Banesto y él del ciclismo mundial. Verbruggen intenta dirigir imponiendo, yo no. Falta respeto a las ideas de los demás", explota Echavarri. "Cuando yo llevé a Delgado a Italia, sacrificando a la afición española, ganó el Tour. Induráin el año pasado hizo lo mismo, y este año estamos en el mismo camino. Hemos enriquecido el ciclismo español. Yo dirijo a Banesto, el único que puede decir lo que tengo que hacer es quien me paga, Banesto. Verbruggen no se puede inmiscuir en los calendarios. La Vuelta a España no es de él, ni de Unipublic. Es de todos los españoles, y mía también, en la parte que me corresponde, no más que los demás".

Tempus fugit. El tiempo vuela. Preparativos. Asunciones. Dos años de un plumazo. En agosto de 1994, en el marco de los Mundiales de Ciclismo de Palermo, se ultima la configuración del calendario. La Vuelta a España se celebrará entre el 2 y el 24 de septiembre. Durante ese intervalo de tiempo se van a celebrar otras carreras, ninguna por etapas, en Bélgica, Francia, Italia, Alemania, Suiza o Irlanda. Cuentan Lucy Fallon y Andrian Bell en su ¡Viva la Vuelta! que los promotores de la carrera española se sentirán en cierta medida traicionados. El menú programado cuenta con la Omloop Mandel-Leie-Schelde, el Giro del Veneto, el Gran Premio Jef Scherens de Lovaina, la Milan-Vignola, el Grand Prix de Fourmies, el Giro de Romagna, la Paris-Bruselas, el Gran Premio Raymond Impanis (finalmente no celebrado), el Giro del Lazio, el Grand Prix d›Isbergues, la Coppa Sabatini, el Giro della Emilia, la Coppa Placci y tres pruebas exclusivamente para contrarrelojistas: el Grand Prix des Nations, el Telekom Gran Prix de Baden-Baden y el Memorial Josef Voegeli. En octubre, durante la Subida a Montjuic, el director de la organización Enrique Franco adelanta su optimismo con el inminente porvenir, aunque no oculta cierta incertidumbre: "He diseccionado todos los pros y los contras y creo que será favorable. Pero me preocupa porque sé que habrá quien aprovechará todos los fallos que se produzcan para echárnoslos en cara. Sin embargo, vamos a septiembre con mucha ilusión".

Abril y mayo de 1995 pasan por primera vez en mucho tiempo sin la Vuelta. No faltan los comentarios de añoranza, también la alternativa organizativa de una ronda por etapas con la firma de Unipublic, aunque concebida en exclusiva para las bicicletas de montaña. El 2 de septiembre de 1995 la ciudad de Zaragoza acoge un prólogo contrarreloj de siete kilómetros en el que se impone Abraham Olano. Al alba todo es oscuridad. Las nuevas fechas aún plantean muchas dudas, pero la participación es interesante. Hasta 21 de los mejores 25 equipos según los ránkings de la UCI están en la salida de la edición en la que se alcanzan las Bodas de Oro. La organización afronta algunas conmemoraciones y encarga al pintor catalán Josep Puigmartí i Prats un cartel conmemorativo que distribuye con forma de postal. También se intenta homenajear a todos los ganadores vivos de la general. Gustaaf Deloor[2], el primero de todos, no puede acudir por encontrarse convaleciente de una enfermedad.

La confección del recorrido se mantiene aferrada al proceder de la carrera en sus fechas anteriores. El cambio es a pelo. Sin adaptaciones. Tocará limar las distancias. Pulir la idea. Pero más adelante. "Nosotros le pedimos una serie de cláusulas a la UCI y se nos concedieron. Vamos a septiembre a ver qué pasa y, si la cosa no resulta, volveremos a nuestras fechas iniciales", garantiza Enrique Franco. La Vuelta es una carrera diferente al mismo tiempo que es la misma carrera. Mucha novedad sin que realmente nada lo sea. El crecimiento de las audiencias televisivas y del nivel participativo es evidente, pero trae consigo un descenso en el ambiente a pie de cuneta y la conciencia de que el arranque de la Liga de fútbol, con el que se comparten fechas, distorsiona la atención en el mercado nacional. Surgen dudas. Controversias que reverdecen. También se dan algunos episodios que no ayudan. Fernando Escartín, uno de los ciclistas españoles más prometedores, se queda sin participar porque su todavía equipo, el Mapei-Clas, no se ha tomado bien su fichaje por el Kelme de cara al año siguiente. La etapa entre Tapia de Casariego y A Coruña se tiene que recortar sobre la marcha por culpa de un vendaval y en la parte final de lo que se afronta, para colmo, se produce una pelea entre el venezolano Leonardo Sierra y Ramón González Arrieta. En la ruta hacia Zamora, unos días después, corredores de hasta siete escuadras, y entre ellos también el líder Laurent Jalabert, se ven afectados por una intoxicación alimentaria. Con todo, la audiencia en España sube un 18% con respecto a la de 1994 y llega a 139 países. "Para mí la Vuelta en septiembre es una maravilla y el mundo del ciclismo lo agradecerá", sentencia Felipe Díaz de Trápaga, entonces director adjunto en Unipublic y coordinador general de la carrera.

---

2 Gustaaf Deloor fue el vencedor de las dos primeras ediciones de la carrera, en 1935 y 1936. De sus andanzas vitales se puede leer más en un libro editado por Libros de Ruta en 2018: "Gustaaf Deloor, de la Vuelta a la luna".

Víctor Cordero, por encargo de Unipublic, trabaja durante la edición de 1996 en un informe donde se estudia el tema de las fechas con los directores deportivos, con los corredores, también con los médicos de las escuadras e incluso con los periodistas. "Los equipos italianos, por ejemplo, me aconsejan que cambie al mes de abril. Pero también se apresuran a reconocer que a ellos les sería imposible venir", indica. La Vuelta comienza a postularse como un salvavidas tras los fracasos del Tour, haciendo bueno el símil con el mundo académico y los exámenes de septiembre cuando se han fallado los de final de curso. Del mismo modo emergen sus bondades como rodaje ideal para los Mundiales. En 1996, después de varios años de espera, por fin se reencuentra con Miguel Induráin, aunque el navarro acaba retirándose de la prueba y, meses después, anuncia su retirada del ciclismo profesional.

El cambio permite pasos adelante en la internacionalización. Portugal, Lisboa, los primeros. En la edición de 1997, con motivo del único día de descanso, Enrique Franco y Unipublic se sacan de la manga la presentación del recorrido de la Vuelta del año 1998. Una iniciativa inédita, desconocida, con un punto de reproche hacia muchas críticas que tienen en su trasfondo el caballo de batalla del cambio de fecha. Pedro González, célebre periodista de Televisión Española, es el encargado de conducir la ceremonia en compañía de Franco. La cuestión de las fechas no puede faltar. El margen para el retorno a la primavera se agota. "¿La Vuelta volverá a ser en septiembre?", le pregunta. Y el director de la carrera, en su respuesta, compone un interesantísimo argumentario que, por sus implicaciones, es historia de la prueba.

"Sí, sí. La Vuelta sigue siendo en septiembre", subraya. "Cuando comienza la Vuelta siempre sale la polémica de 'Vuelta-abril/mayo' o 'Vuelta-septiembre'. Sé positivamente que hay una dirección técnica de un equipo muy importante que preferiría abril/mayo. Sé que hay un patrocinador que estaría muy interesado en que fuese abril/mayo, aunque su director prefiere septiembre. La polémica está servida. Pero yo recuerdo unas palabras del presidente de la UCI, señor Verbruggen: el ciclismo mundial se sustenta sobre cuatro pilares: Giro, Tour, Vuelta a España y Copa del Mundo. Para que esos pilares sean sólidos, esos acontecimientos deportivos tienen que tener una gran participación y una gran difusión internacional, aparte de que la carrera en sí sea competitiva. Creo que eso se ha conseguido con la Vuelta en septiembre. Recordemos, hace años, las participaciones en cuanto a equipos internacionales; recordemos las últimas, los tres últimos años; recordemos que entonces nos veían en España, Portugal, Colombia y algunos reportajes en otros sitios. Hoy ciento cuarenta y tantos países ven la Vuelta a España. En cuanto a que los corredores, lógicamente, están cansados en septiembre, sigo diciendo: el año pasado batimos el récord de media horaria; y este año, y tú lo conoces muy bien, Pedro, yo estaba un poco tembloroso, porque Alberto Gadea había decidido subir un poco las medias, porque el año pasado, ¿cuántas etapas nos quedamos con ganas de ver en esta primera cadena, inclusive aquella célebre de Ávila, donde hicimos toda la etapa en la segunda cadena por el adelanto?... Bueno, pues a pesar de haber subido las medias, nos encontramos que otra vez volvemos a llegar con adelanto. Entonces: los que están en forma, corren al 100%. ¿Se retiran? Se retiran muchos, pero también se retiraban en abril y mayo. Entonces aducían que les faltaba ritmo, les faltaban días de competición... Creo que estas explicaciones son suficientes".

La Vuelta en septiembre, poco a poco, va a ir ganado una mayor autonomía dentro de sus fechas iniciales. La vitola de "mejor preparación para los mundiales" se irá puliendo, con una época inicial más válida, otra no tanto, y un redescubrimiento con Remco Evenepoel en 2022: el belga es el primer ganador de la Vuelta que se impone en la prueba en ruta de los Mundiales. Retrospectivamente Abraham Olano ya abre el camino en 1995: no se impone en la general, algo que hará en la edición de 1998, pero se acaba llevando el primer título mundial de un ciclista español de fondo en carretera en los Mundiales de Duitama. En 1998, Olano sí encadena su victoria en la Vuelta con su título mundial en la disciplina contrarreloj que se pone en juego en Valkenburg (Países Bajos). Y un año después el alemán Jan Ullrich despliega el mismo doblete entre la ronda española y el arcoíris cronometrado de Treviso.

La Vuelta en septiembre encara un camino en el que comienza a redescubrir sus orografías, en el que comienza a crear nuevos mitos y en el que paralelamente tiene que acabar ajustándose el cinturón para sobrevivir. Aquí, la fecha no importa. Ante la crisis, da igual si estás en la primavera o en las postrimerías del verano. Con el paso de las ediciones, y el beneplácito de la UCI en el contexto de ulteriores evoluciones del calendario internacional de la mano del ProTour y el WorldTour, las fechas de la carrera inician un lento y progresivo movimiento hacia agosto. Ya la edición de 2000 arranca en los últimos días del octavo mes del año. Desde 2005, con la excepciones de 2007 y 2020, todas las ediciones de la Vuelta han comenzado en agosto. Un avance con el que aprovechar las vacaciones estivales para generar audiencia, física o televisva, que cada cuatro años está supeditado a los Juegos Olímpicos. Es el asentamiento definitivo. La carrera enraíza.

Con todo, abril y mayo son un capítulo no cerrado. Una puerta entreabierta. Una añoranza. Romanticismo por un imposible. En junio de 2008, en un contexto en el que el Tour de Francia acaba de adquirir el 49% de la carrera, el entonces director de la Vuelta Víctor Cordero expone su convicción de que la carrera en la primavera tendría mucho más éxito: "La Vuelta en abril sería más valorada internacionalmente. Me produce amargura el hecho de no poder encontrar el motivo de la pasión de los italianos por su carrera e inculcarla en los españoles". En mayo de 2008, en una reunión que tiene lugar en Bilbao, en la mesa de la Asociación Española de Organizadores de Carreras Ciclistas (AEOCC), la cuestión del movimiento de fechas vuelve a ponerse sobre la mesa, como posibilidad en estudio, con vistas a 2011 o 2012.

En agosto de 2014, Javier Guillén dice: "El calendario es un tema abierto y que se encuentra en constante debate. No es un rumor, es una posibilidad que se está barajando por los cambios que se avecinan en 2017. Con las nuevas divisiones del ciclismo y la nueva organización de los equipos, el calendario también puede sufrir cambios. La Vuelta está encantada con las fechas que tiene y queremos mantenerlas, pero el calendario se negocia con la UCI, la asociación de organizadores, corredores y equipos y fruto de estas reuniones se tomarán decisiones en el futuro".

Toda una generación de aficionadas y aficionados no han conocido otra cosa que la Vuelta en verano. Esa es una realidad universal. La primavera es un recuerdo. Material de archivo. Melancolía. Música de Azul y Negro con un estribillo pegadizo que proclama estar volviéndose loco. Desde ese punto de vista, este párrafo de Carlos Arribas en un artículo publicado en *El País* en 1992 es un excelente resumen de las bondades de un cambio que muchos actores del ciclismo, aún hoy en activo, ni quisieron ni pudieron ver: "La publicidad, principal soporte del ciclismo, tiene objetivos cada vez más multinacionales y la Vuelta es una prueba de consumo interno. La existencia de gran número de equipos profesionales en España cuyo único objetivo es lucirse en esa prueba ha sido siempre una coraza para los esfuerzos internacionalizadores de los organizadores. Otro corsé lo provee la proximidad de fechas con Giro y Tour: las grandes figuras no corren la Vuelta –este año hasta el mejor ciclista español, Induráin, está ausente- porque su objetivo es el Tour y les es imposible estar en forma en ambas pruebas con el actual calendario. Así, la única forma de aumentar el prestigio y la calidad de la Vuelta es cambiarla de fechas".

PREHISTORIAS

"Están ultimándose los preparativos para la carrera ciclista Vuelta a Cataluña, precursora de las carreras Madrid-San Sebastián y Zaragoza-Barcelona, que a su vez precederán a la Vuelta Ciclista a España que organiza la Unión Velocipédica española"

(Oliver, en *La Última Hora*; 1920)

En el 'santoral' de la Vuelta, el 29 de abril es festivo. Ese último lunes de aquel mes de 1935 pasa a la posteridad como el primer día en el que la ronda española se convierte por fin en una realidad. La consumación de un anhelo peleado por no pocas personas durante mucho tiempo, la culminación a un lento proceso que irá madurando pausadamente, como la gota que se proyecta del extremo de un carámbano pétreo y se precipita hacia el suelo. Pequeños pasitos en un curso con muchas buenas intenciones y más ambiciones teóricas que concreciones reales. La Vuelta es la más joven de las tres grandes carreras por etapas, pero también es la más rica en precedentes frustrados, e infructuosas intentonas.

Imaginada en varias ocasiones, aunque con demasiada tibieza y sin excesiva determinación, o con mucho empeño y ningún apoyo, la Vuelta va a ser una entelequia deportiva hasta que este 29 de abril sale por fin a las carreteras desde Madrid con rumbo hasta Valladolid. El diario madrileño *Informaciones* conseguirá materializar lo que no pudieron antes cabeceras como *El Mundo Deportivo*, desde Barcelona, o el también capitalino *Heraldo de Madrid*.

En la faena destacaran entre otros el cántabro Clemente López Dóriga, el madrileño Rienzi (alias periodístico de Manuel Gómez Domingo) o el murciano Juan Pujol, a la postre director del rotativo. Y todos ellos, y algún otro más, con el apoyo de Víctor de la Serna, propietario del periódico.

La de 1935 es la apuesta que se lleva el gato al agua, la definitiva. Pero ni es la primera ni tan siquiera es la pionera. Ya en 1913 desde *El Mundo Deportivo* de Barcelona se reflexiona editorialmente sobre la necesidad de poner en marcha una prueba de estas características siguiendo el camino marcado por el Tour en Francia una década atrás o el Giro en Italia apenas un lustro antes. *El Mundo Deportivo* no es en absoluto un órgano osado; para ese año ya cuenta con la experiencia de haber alumbrado la Vuelta Ciclista a Tarragona (1908) y la Volta Ciclista a Catalunya (1911). Desde ese punto de vista, una Vuelta a España es un salto lógico, una progresión coherente. Capital en el mantenimiento de este fuego es la figura de Narciso Masferrer. Modernizador, dinamizador y promotor del fenómeno deportivo dentro de la sociedad española de la época, el apellido Masferrer no falta en muchos grandes acontecimientos de aquellos días. El ciclismo, que es uno de los deportes más populares, y que más pasiones despierta, comienza a abandonar la preeminencia de los velódromos para embastecer en la ruta y acercarse al deporte que hoy en día conocemos. Para don Narciso, la Vuelta tiene todo el sentido del mundo y la imagina como una prueba con inicio y final en Barcelona. La clarividencia de Masferrer, sin embargo, choca con el estéril debate de la viabilidad de la carrera desde un prisma exclusivamente de infraestructuras y medios. ¿Es factible la Vuelta? La pregunta realmente es la plasmación de una dilación que, cuesta no pensar, es un tanto provocada, sostenida artificialmente, en el marco de un pulso alimentado por políticos y burócratas para dirimir si el proyecto ideal debiera ser catalán o madrileño.

La Vuelta, el proyecto, esas vehementes ilusiones, se apagan; pero no desaparecen. Los rescoldos se mantienen con vida, en un discreto pero pasional segundo plano, en editoriales y reflexiones periodísticas que aparecen de tanto en cuanto. En 1918 aparece en las páginas de *Madrid Sport* un artículo firmado por A. S. Moreu donde recupera el tema y lanza al aire: "¿Por qué no insiste nuevamente la Unión Velocipédica Española en la organización de la proyectada Vuelta Ciclista a España?". Moreu, redactor polideportivo ilustrado, no sabe que aún restan diecisiete años para que su exposición cobrase vida.

Una carrera al más puro estilo del Tour de Francia o el Giro de Italia, ambas ya en las carreteras desde la primera década del siglo, es un proyecto que achanta, del que incluso se adelanta la seguridad del fracaso y que genera más adhesiones verbales que ayudas materiales, pese a la publicitación de supuestos intereses de marcas comerciales extranjeras. Pero 'los enemigos en la sombra' impiden el crecimiento de esas bases. La temática inspira chistes y chanzas en forma de viñetas y caricaturas, siempre tan recurrentes. Y eso a pesar de que el mismísimo Henri Desgrange, el patrón del Tour de Francia, al tanto de la rumorología al respecto de una hipotética Vuelta, ha mostrado (supuestamente) su adhesión y su predisposición al apoyo.

Para España son tiempos agitados en las esferas política y social. Las prioridades, desde luego, son otras. En este contexto eso de 'la Vuelta' es visto como una suerte de aventura, una empresa solo apta para locos y dementes. No es algo prioritario. Y por eso, antes que la carrera en sí, por etapas y con profesionales, llegan los osados que se atreven a desplegarla sobre un mapa en una genuina suerte de prehistoria del cicloturismo digna de estudios más profundos. Con la Vuelta aún inmersa en un limbo que durará lustros, y ante una transición de la potencia al acto realmente lenta, un selecto grupo de valientes son los encargados de dinamitar todos los argumentos que descartan la viabilidad del proyecto. Ante las críticas preconcebidas, acción y hechos. La Vuelta es factible por la sencilla razón de que hay gente que, restándole tiempo a otras obligaciones vitales, o precisamente bendecidos por la holgura de no tener que afrontarlas, ha sido capaz de trasladarla de su imaginación a sus piernas. Bravos *sportmen* pioneros cuyas vueltas a España sobre bicicletas no pasan desapercibidas en términos mediáticos.

La fortaleza de la prensa regional en este momento histórico a veces convierte estas odiseas en objeto de atención por fascículos. Esto es, las andanzas irán teniendo su respectivo eco en la cabecera regional de turno. Al menos sus inicios y sus finales. En 1925 dos jóvenes acomodados de Jerez de la Frontera, José María Martín y Cristino Amwander, emplean cuatro meses en recorrer España, un viaje de unos 7000 kilómetros. Abel Costales y Agustín González se lanzan a la aventura desde Gijón, Miguel Murga y Jesús Gómez encaran una iniciativa parecida desde Miranda del Ebro y, ya en 1927, Miguel Martín y Ricardo Sánchez hacen lo propio desde Salamanca.

Uno de los pioneros individuales que más curiosidad despierta es el vizcaíno Tomás Pérez de Junguitu durante el final de la primavera y el principio del verano de 1928. El vasco, integrante del Club Fortuna de Bilbao, protagoniza la expedición más ambiciosa de cuantas se dan en estos tiempos. La atención mediática distorsiona la iniciativa en cuanto a motivaciones, medios o duración, pero gracias al seguimiento del diario *Excelsior* se puede encontrar una atenta cobertura a esos 34 días de periplo. Por delante, más de 4500 kilómetros por toda la geografía peninsular con salida y llegada en Bilbao que Pérez de Junguitu encara en sentido contrario al de las agujas del reloj.

Sobre bicicletas de la marca Dilecta, comprometida con el periplo a través de su representante vizcaíno, el señor Marino Bidaguren, Pérez de Junguitu y sus compañeros de club Aguirre y Charles encaran un trayecto para el que han concebido un promedio de 150 kilómetros por etapa. Compaginan su reto con una suerte de labor diplomática para su club que apuntala la ambición geográfica del periplo, con visitas a muchos enclaves y, adicionalmente, la previsión de alguna parada y fonda. Santander, Gijón, Ribadeo, Ferrol, A Coruña, Santiago de Compostela, Pontevedra, Vigo, Zamora, Salamanca, Plasencia, Mérida, Fregenal de la Sierra, Huelva, Sevilla…

Cuando el 'protocicloturista' vasco llega a Cádiz ya cuenta con más de 2000 kilómetros y dieciocho jornadas de pedaleo en sus gemelos. En Málaga, días después, encara uno de esos parones que la cobertura periodística llega a reflejar como "esperas inútiles". En Barcelona tendrá lugar otro después de remontar el arco mediterráneo por Motril, Almería, Cartagena, Alicante, Valencia, Vinaroz y Tarragona. Un periplo muy periférico. Las etapas Barcelona-Lérida, Lérida-Pamplona y Pamplona-San Sebastián anticipan la definitiva San Sebastián-Bilbao con la que, ya viajando en solitario, Pérez de Junguitu, alcanza la capital vizcaína tras 34 etapas. Esa jornada se inicia a la una de la tarde y concluye en torno a las nueve. Numerosos ciclistas le escoltan en sus últimos kilómetros y una gran cantidad de público, convocada por *Excelsior*, sale al paso de sus pedaladas ya desde el barrio de Miraflores. "Su estado es lamentable, pues se haya extenuadísimo". Pérez de Junguitu cree que esta vuelta peninsular es factible en 25 días, casi diez jornadas menos de las empleadas.

Todas estas experiencias particulares demuestran una cosa: si la Vuelta no existe aún, desde luego, se debe a cuestiones que trascienden la existencia, nivel o calidad de las infraestructuras. Las competiciones ciclistas por etapas que ya se organizan quedan circunscritas a regiones concretas, alimentadas por motivaciones muy específicas. La Vuelta a España no existe, pero en la década de los años veinte del siglo XX o ven la luz o ya cuentan con cierto recorrido pruebas por etapas como la Volta a Catalunya, la Vuelta al País Vasco, la Vuelta a Asturias, la Vuelta a Cantabria, la Vuelta a Andalucía, la Vuelta a Castilla o la Vuelta a Levante.

A mediados de la década de los años veinte, cronológicamente entre las intentonas pioneras de Masferrer y los éxitos definitivos de *Informaciones*, emerge la apuesta decidida de un diario madrileño con gran notoriedad a nivel estatal para organizar la primera Vuelta Ciclista a España. Sin duda se trata del segundo gran amago organizativo dentro de esa amalgama de hechos que conformarían el caldo de cultivo para la génesis definitiva de la ronda española. La época alimenta esa revitalización, con una sólida afición al pedal sobre todo en el norte peninsular, una relativa rápida expansión por el resto de la geografía y unos ecos constantes en la prensa sobre diferentes competiciones vinculadas al pedal. El contexto histórico, empero, no es el más favorable: la sociedad se interesa por las consecuencias trágicas de los episodios de lluvias torrenciales en diversos puntos de la geografía peninsular y atiende con preocupación a las evoluciones bélicas en el norte de África, aún con el recuerdo fresco de la masacre de Annual.

En la recta final del año 1924 el periódico *Heraldo de Madrid* impulsa una campaña para llevar adelante, por fin, esa pretendida Vuelta Ciclista a España. La primera mención oficial llega el 6 de octubre. En un editorial, el rotativo con sede en el número 7 de la calle Marqués de Cubas, muy cerca de la calle Alcalá, adelanta su compromiso y su decisión para acometer esta empresa que intuye ardua: "El trabajo es enorme, y para que el éxito corresponda a la magnitud del propósito, que en varios países de Europa constituye un verdadero acontecimiento nacional, se requiere una suma de actividades infatigables y una intensa y profunda campaña de preparación y organización que exige algunos meses". Apenas dos después, el día 9 de diciembre, el principal titular de las páginas deportivas no solo reincide en la firme pretensión organizativa mostrada por el periódico, sino que da un golpe en la mesa con un impactante titular de gran significado: "Bottecchia promete tomar parte en la Vuelta Ciclista a España". Un compromiso oficial.

De forma un tanto maquillada, con total seguridad de modo exagerado, a través de un titular que se intuye forzado y teledirigido, el redactor Antonio Vidal se hace eco de un compromiso de uno de los grandes ciclistas del panorama ciclista de aquellos días. Otavio Bottechia, ganador del último Tour de Francia hasta ese momento celebrado y segundo en la edición de 1923. Nada menos. Vidal, quien además de periodista es abogado de formación, explica en su texto que este anuncio se ha gestado "al habla postal" y en "su dulce idioma natal". ¿Una falsificación? No estamos es disposición de hacer este aserto y objetivamente tanto el ciclista catalán Jaume Janer, uno de los involucrados en las propuestas de la nueva vuelta, como Victoriano Otero han participado y acabado la ronda gala, compartiendo andanzas con el ciclista transalpino y, por tanto, con la posibilidad de acceso o vínculo. Desde Roma, a finales de octubre de 1924, y cuando aún no había trascendido ninguna cuantía oficial en cuanto a premios, *Heraldo de Madrid* se hacía eco de la recepción de una misiva en la que cinco ciclistas transalpinos manifiestan su firme intención de disputar esa primera Vuelta Ciclista a España, sobre cuyas evoluciones andan muy pendientes. J. Cellini, V. Girardengo, A. Pagliani, C. Medini, P. Ansaldo y G. Leonardi son sus nombres.

La seriedad del proyecto organizativo, solvencias aparte, no viene dada de manera exclusiva por esta "bendición" de todo un campeón del Tour. Ni tampoco por la posibilidad factible de que con él acudieran otros grandes ases del momento. Domingo Álvarez, representante en España de las bicicletas francesas Thomann, confía en que la marca enviase al luxemburgués Nicolas Frantz a la "neonata" carrera. E idénticos pensamientos manan desde el joven Sainz de la Maza, quien junto a su enviudada madre se hace cargo de la importación de varias marcas y habla de contactar a los hermanos Henri y François Pelissier. En ese trimestre final de 1924, desde *Heraldo de Madrid* se han venido dando con frecuencia una serie de pasos en busca de apoyos y adhesiones. Incluso, como se sabrá después, algún contacto con la redacción de *L'Auto*, la impulsora del Tour de Francia.

La creación de un comité central de organización supone un refuerzo en la seriedad de las intenciones del diario, un ambicioso paso adelante que queda oficialmente constituido a mediados de diciembre de 1924 con hasta 23 integrantes. El político Gabriel Maura, Conde de la Mortera y futuro Duque de Maura, hijo de Antonio Maura, es designado su presidente. El director del diario Jesús Rocamora y los redactores Antonio Vidal, José Pérez Bances, José Téllez Moreno, Carlos Sampelayo, Antonio Uriel, Ricardo Permanyer, Federico Morena y Félix Ortiz (este, redactor gráfico) le dan presencia en el organigrama al periódico impulsor.

El sector de la bicicleta cuenta con una triple representación: la federativa, encarnada en Mauricio Meses, de la Unión Velocipédica Española; la industrial, con presencia de los empresarios Manuel P. del Arco, Pedro Zuazo, Ignacio Santos y Patricio Cuesta; y la de los corredores, en activo o retirados, formada por Guillermo Antón, Manuel Muñoz, Miguel García y Óscar Leblanc.

Fernando Ribed, expresidente del Real Moto Club de España, y el periodista deportivo de *El Imparcial,* Manuel Rosón, también forman parte del organigrama que completaría días después, por delegación del coronel al mando del Centro Electrotécnico y de Comunicaciones del Ejército, el capitán Carlos Mendoza. Rafael Marquina, redactor jefe de *Heraldo*, ejerce de secretario.

En enero de 1925 se produce la primera reunión de este nuevo organismo en la sede de la Asociación de la Prensa de Madrid con el propósito de encarar "la fase definitiva de organización". Este comité central delegará y coordinará en unos comités regionales cuyo ámbito de acción, con toda la lógica del mundo, está próximo a los territorios en los que el ciclismo está más desarrollado. "La Unión Velocipédica Española se limita a indicar las regiones donde el ciclismo está perfectamente organizado, y que por lo tanto puede prestar cooperación provechosa. Son las siguientes: Madrid, Vizcaya, Cataluña (en sus cuatro provincias), Guipúzcoa, Álava, Pamplona, Santander, Valencia, Sevilla, Castellón y Zaragoza". De forma paralela, un subcomité comienza a trabajar en la nada baladí elección de las fechas. El tema da de sí. El catalán Jaime Janer, el *finisher* del Tour un año antes, no se moja por épocas concretas pero sí apuesta por buscar la mayor bondad climatológica. Su paisano José Magdalena, doble campeón de España en ruta (1910 y 1912) y cuatro veces más medalla de bronce, se muestra abiertamente partidario del mes de octubre. El periodista Ramón Torres, redactor de *La Jornada Deportiva*, parte de la base de que no puede coincidir con las grandes citas del momento y se inclina por los meses de mayo o junio; al igual que Eustaquio Echeverria, un industrial de la bici de Eibar, o el citado importador de la marca Thomann. Telesforo Macipe es amigo de aprovechar la celebración previa de carreras como la Volta o la Vuelta al País Vasco y apuesta claramente por agosto. El señor Mulero, que ve que sus favoritas fechas de mayo están a la vuelta de la esquina, plantea la alternativa de octubre. Septiembre es el mejor enclave a ojos de los distribuidores de las bicis Française Diammant en España; julio o agosto, los mejores para el de la firma Alcyon, el antes mencionado Ignacio Santos…

A finales de abril de 1925, 'la Vuelta de Bottecchia' disfrutará de su gran momento de virtualidad e inminencia. Con la aparición de un recorrido tangible y unas fechas concretas, la ronda española parece abandonar la burocracia y la inconcreción dando un paso inédito con respecto a todas las tentativas acometidas hasta este momento. "Por consideraciones climatológicas", la organización anuncia que la carrera se desarrollará entre el 20 de septiembre y el 11 de octubre sobre un recorrido de 3276 kilómetros dividido en trece etapas, alguna de ellas con dos o hasta tres sectores, alternadas con jornadas de reposo. Con el trazado, como puede intuirse, tampoco hay unanimidad. El tránsito por el País Vasco, Cantabria, Cataluña o Madrid es fijo en todas las propuestas, pero la amplitud geográfica, incluso con paso a Francia en algún planteo, es objeto de disparidad. El periodista Ramón Torres esgrimirá: "Sin que signifique desconsideración, creo que algunas regiones españolas no están aún suficientemente preparadas deportivamente para servirles una prueba de esta naturaleza con el ánimo de que la aprecien en todo su gran valor. Conviene simplificar la tarea de organización, que ha de ser ardua, compleja, como sucede con todo lo que se intenta por primera vez".

El mayor peso decisorio, la mayor capacidad de influencia, recae en los trabajos del comité catalán, que cuentan con la aprobación tácita del también catalán Santiago Jaumandreu (1878-1944), a la postre presidente de la Unión Velocipédica Española. Un recorrido de ambición contenida, más atrevido que alguna otra propuesta que presenta ligeras modificaciones geográficas y bastantes más sobre kilometrajes. Un trazado también más realista, alejado de los más de 5000 kilómetros que se proponen desde instancias militares a través del (entonces) Centro Electrotécnico y de Comunicaciones del Ejército. "Todo lo que se hable de una vuelta entera a España son ganas de perder el tiempo. La preparación de la mayoría de los corredores nacionales y el estado de las carreteras lo haría imposible. Sería una gran equivocación intentarlo. La Vuelta debe ser, por ahora, una "vueltesita" en ocho etapas. Es el único medio de que neófitos y terceras categorías puedan tomar parte también. Unas etapas de trescientos kilómetros sería el ideal.

El recorrido que ha señalado el Centro Electrotécnico me parece un poco…", comenta esos días Jaime Janer.

El proyecto de la Vuelta para 1925 arrancaría con una etapa Madrid-Valladolid sobre 198 km y paso por el Puerto de Navacerrada y la ciudad de Segovia. La segunda fracción, Valladolid-Oviedo por León, sobre 256 km. La Oviedo-Santander del tercer día de competición, sobre 225 kilómetros, anticipa una cuarta jornada absolutamente fascinante desde el prisma actual: un triple sector compuesto por los 110 km entre Santander y Bilbao, los 117 km entre Bilbao y San Sebastián y los 184 km entre Donostia y Logroño a través de Vitoria. Entre la quinta la octava etapa, propuestas más sencillas en cuanto a distancia y orografía con las etapas Logroño-Zaragoza (174 km), Zaragoza-Lleida –Barcelona (310 km), Barcelona-Tarragona-Tortosa (188 km) y Tortosa-Castellón-Valencia (188 km).

La novena etapa une Valencia con Murcia a través de Alicante sobre 240 kilómetros, la décima hace lo propio entre Murcia y Granada sobre 286 y para la undécima se prevé conectar la capital nazarí con Sevilla después de recorrer 255 kilómetros. La carrera remonta parcialmente la Vía de la Plata con los 200 kilómetros de la duodécima etapa entre Sevilla y Mérida. Para la decimotercera, 230 kilómetros iniciales entre Mérida y Talavera de la Reina y un segundo sector de 120 entre la población toledana y Madrid.

Desde el anuncio del recorrido 'oficial' la aparición de nuevas referencias no solo se dilatan en el tiempo, sino que también se hacen más breves. Desde *Heraldo de Madrid* se asegura que la Vuelta propuesta "está en plena organización", introduciendo el matiz de que se han puesto en marcha una serie de estudios para cerrar "la fijación definitiva" (sic) del itinerario, su extensión y sus fechas; e incluso, algo mucho más llamativo, se desliza un posible aplazamiento hasta el año siguiente si las circunstancias del calendario ciclista así lo indican.

El mismo día en el que *Heraldo de Madrid* recoge en sus páginas la segunda victoria de Ottavio Bottecchia en el Tour de Francia, también confirma que su proyecto para la ronda española se tiene que parar: "No se celebrará este año por imposibilidad de combinar las fechas del calendario ciclista ya trazado con bastante antelación y también por imposibilidad material de organizar una carrera de tanta importancia para septiembre u octubre próximos con la serie de detalles que requiere una prueba de tal naturaleza. Nos vemos, por lo tanto, en la necesidad de aplazar tan magno acontecimiento deportivo para el mes de mayo de 1926".

De la Vuelta a España poco más se volverá a saber en esos años, con permiso de varias declaraciones de intenciones que no terminan de germinar. Desde Córdoba, *Política, diario del Sur* recoge en una de sus ediciones de septiembre: "Organizado por la Unión Deportiva de Sans (Barcelona), está en proyecto la Vuelta Ciclista a España, cosa que todavía no se ha podido realizar en este noble deporte por falta de afición y que tan brillantemente resultaría por las condiciones topográficas de nuestro país". Dos meses más tarde, en *Heraldo de Castellón*, se publica: "Ha llegado a conocimiento de la U. V. E. que se están efectuando gestiones para comenzar por cuenta de unos organizadores madrileños, los primeros pasos para organizar con toda regla la Vuelta Ciclista a España. Aunque todo se lleva en la más absoluta reserva, se sabe que las gestiones están muy avanzadas, añadiéndose que los gastos de dicha Vuelta que se celebraría durante el mes de agosto, se calculan en 150 000 pesetas". *Las Provincias* de Valencia aporta algún detalle más, llegado vía *L'Auto*: inicio y final en Madrid, doce etapas durante la segunda quincena del mes de agosto y la misma fórmula competitiva que el Tour.

En 1930, así es, la UE Sants, la impulsora de la Volta a Catalunya, muestra su sueño, su deseo y su predisposición de poder organizar por fin la Vuelta a España lo antes posible. Acaso sin quererlo, aquel joven Sainz de la Maza que había comprometido su apoyo al proyecto de *Heraldo de Madrid* acabaría sintetizando muy bien aquellos bríos: "La Vuelta Ciclista a España es la idea cumbre del periodismo deportivo español". Efectivamente, una idea. Muchas veces soñada sin ningún éxito hasta que llega 1935. Hubieran sido necesarios más personajes como Julio Montull, quien a mediados de los años veinte ocupaba el cargo de secretario en el Club Ciclista Leridano: "Tal como indico la Vuelta a España puede y debe hacerse. Cuéntese con dinero y lo demás ya se hará. Todo es cuestión de amor propio. Trabajar en lo que es menester, multiplicarse, y el que diga que no puede hacerse es porque seguramente le ha sido muy fácil organizar actos deportivos; pero a mí, que estoy acostumbrado en esta provincia a tener que salvar mil escollos para efectuar cualquier acto ciclista, la Vuelta a España me parece cosa sencilla, dentro de la grandiosidad del éxito. Aquí trabajamos dos meses para hacer una carrera mediocre y nadie premia nuestro esfuerzo; ni siquiera se enteran más allá de la región".

En junio de 1932, en las páginas de *La Tarde* de Bilbao aparece la siguiente reflexión, toda una 'discriminación deportiva' basada en la geografía y en la economía: "Hermosísimo fuera celebrar la tal Vuelta a España, por cuanto que el llevarla a vías de hecho representa el máximo de apetencias que pueda sentir todo buen aficionado al pedal. Pero… ¿será realizable ese bellísimo proyecto? No hay que olvidar que no todo lo bello es realizable ni todo lo realizable es bello. Podría suceder que, levantada la armazón del edificio se vieran monstruosas imperfecciones, o que admitiendo la belleza del proyecto se comprendiera lo descomunal de la empresa. Nosotros no creemos que los catalanes abriguen la pretensión de celebrar lo que propiamente se llama la Vuelta a España con solo tres meses de plazo para ponerla en pie porque a la carga gravosa que resultaría de recorrer la dilatadísima periferia española, habría que añadir la enorme incongruencia de pasar por regiones de extrema pobreza, de las que el organizador saldría trasquilado y el corredor quizá no muy bien parado, sin contar con que, a buen seguro, el pueblo no habría de agradecerlo mucho. Por hoy creemos que basta con una vuelta reducida; una vuelta que comprensa solamente las regiones eminentemente deportivas: Cataluña, Aragón, zona cantábrica, Madrid, Valencia y Cataluña. Ya, por sí solas, las regiones precitadas abarcan una vastísima extensión de terreno, la suficiente para justificar esa denominación de Vuelta a España".

Ese mismo año, sobre octubre, el periodista aragonés de *Heraldo de Madrid* Isidro Corbinos, intenta encabezar un nuevo conato organizativo para una Vuelta a España. "Se trata de hacer, para la primera edición de la Vuelta, once etapas. Un circuito apropiado, puesto que habrán de atravesarse, precisamente, las regiones donde la afición se manifiesta mayor", escribe. Preguntado por ese circuito, se decanta por unas etapas Madrid-Albacete, Albacete-Alicante, Alicante-Valencia, Valencia-Tortosa, Tortosa-Barcelona, Barcelona-Lleida, Lleida-Zaragoza, Zaragoza-San Sebastián, San Sebastián-Bilbao, Bilbao-Santander, Santander-Valladolid y Valladolid-Madrid. Un itinerario concebido para recorrerse bien "a finales de la primavera" o bien "inmediatamente después del Tour de Francia" y con una propuesta de premios de 115 000 pesetas de la época.

En noviembre de 1933 el periódico *La Voz de Navarra* recoge un artículo aparecido en *L'Auto* de sorprendente contenido, indirectamente vinculado a la futura Vuelta y, en una lectura un tanto forzada, a la relación actual entre la carrera y una propiedad francesa: "El representante de una gran revista española ha venido a pedirnos consejo y apoyo para la organización, durante el año 1934, de una gran prueba ciclista París-Madrid. Esta revista española, con el concurso de *L'Auto*, quería poner en pie esta prueba de gran envergadura para el mes de octubre de 1934. Después de felicitar a nuestro colega por su iniciativa, no le hemos ocultado que no encontraría, para su logro, los concursos que podría esperar. Para una prueba tal, salvando en varios días la distancia entre dos grandes capitales, precisa para su prestigio que los mejores *routiers* franceses, belgas, italianos, españoles, alemanes, suizos, etc, puedan participar. Estos corredores están, sobre todo, ligado por los contratos con las casas de bicicletas, casi todas francesas. Estas casas hacen correr, bien entendido, por su publicidad comercial, y como nada pueden hacer en España, bajo el punto de vista comercial de venta de máquinas, no querrán consentir el realizar gastos de importancia por una prueba que nada puede reportarles. No puede contarse con los grandes campeones, y sin ellos el éxito no es posible. Hemos aconsejado a nuestro colega intente el poner en pie una Vuelta a España. Y procedería como hemos hecho nosotros al principio de la Vuelta a Francia. Comenzaría con una pequeña Vuelta con corredores españoles, y poco a poco, con orden y método, el éxito sería mayor cada año, y la Vuelta a España, se haría grande porque sería española, desde luego. Esta idea ha parecido seducir a nuestro colega, que ha decidido renunciar al París-Madrid y estudiar la posibilidad de una Vuelta a España por etapas".

Y llega el 29 de abril de 1935. La concreción de un anhelo. Días antes ha tenido lugar la cuarta edición del Gran Premio de la República impulsado desde la localidad guipuzcoana de Eibar. La meca de la industria de bicicletas estatal viene organizando desde 1932 una carrera que de cara a ese 1935 mutará en ronda por etapas: la Eibar-Madrid-Eibar sobre cinco jornadas y otra más, en la capital de España, de descanso. La apuesta, con retoques geográficos, regresará al año siguiente. Pero esa primera edición es el último antecedente directo de la Vuelta. Esa Eibar-Madrid-Eibar se suma a la Volta a Catalunya (1911), a la Vuelta al País Vasco (1924), a la Vuelta a Cantabria (1925), a la Vuelta a Andalucía (1925), a la Vuelta a Galicia (1933) y otras experiencias por etapas que tejen y que trenzan ese sustrato para una pretendida "vuelta de vueltas".

El periodista alavés Manuel Serdán, futuro presidente de la federación española, aborda todo el camino recorrido hasta ese ansiado estreno de la ronda española y lo resume con brillantez en las páginas de *El Sol*: "Ya ha llegado la Vuelta a España. Se pensó en ella mil veces. Voló la fantasía. Al desatino de pensarla opusimos una argumentación. Pasaron los años, y las razones de su celebración iban tomando más cuerpo. Cada temporada se sentía más cerca. Nos faltaba, sin embargo, número de corredores y promotor. Pero como Italia -proporcionalmente-, España contaba con escasos ciclistas capaces de desenvolverse con holgura en tamaña empresa; sin embargo, su calidad les permitiría ser protagonistas de una Vuelta. Vino el promotor, gran promotor que se hacía eco del ambiente deportivo español; vino, planeó la carrera, y de aquí a cuatro días cincuenta hombres salen al "macadam" a batirse como leones. Ya tenemos en vías de realidad la Vuelta ciclista a España. Demasiado larga, es cierto; no obstante, el salto tenía que ser así. A las Vueltas regionales, a las pruebas por etapas, había que coronarlas con un esfuerzo –en realidad ya no era esfuerzo para nuestros corredores- aún mayor. Federación de Vueltas, suma de circuitos, de Grandes Premios. Total: recorrer en poco tiempo, y en su casi totalidad, la periferia de la piel de toro".

ESENCIALES

"No tengo que decirlo yo, lo dicen los cronistas extranjeros de ciclismo. En toda Europa se le da a la Vuelta a España tanta importancia como al Tour y al Giro. Nos ha costado trabajo conseguirlo y ahora estamos satisfechos. En Europa hay tres grandes competiciones de fondo: el Tour, el Giro y la Vuelta a España".

(Luis Bergareche, 1968)

Una prueba deportiva de la entidad de la Vuelta apela al sudor de muchos esfuerzos. Un trabajo grupal silencioso, lleno de aportes anónimos y en el que, como en la vida misma, los hechos están supeditados a los procesos. Desde un prisma nominal no resultaría fácil recopilar los nombres de todas las personas que han colaborado de alguna forma con la puesta en marcha de la carrera, pero sí resulta evidente que en el desarrollo de la prueba una serie de nombres se han destacado sobre el resto. Por responsabilidad. Por necesidad. Por requerimiento. Por compromiso. Un pabellón de ilustres especialmente significativo a los que siempre, fuera de foco, en la sombra, entre bambalinas, más o menos anónimamente, ha acompañado un equipo de trabajo. Si la Vuelta pudiera disponer de su propio Monte Rushmore[3], si estuviera en disposición de contar

3 Esa icónica montaña de las Blacks Hills de Dakota del Sur ideada por el escultor Gutzon Borglum y rematada por su hijo Lincoln que recoge los rostros de los

con un conjunto escultórico monumental de estas dimensiones, al menos seis rostros deberían figurar en él.

Cuestión sujeta a la subjetividad, por supuesto, las figuras de Narciso Masferrer, Clemente López Dóriga, Fons Versnick, Luis Bergareche, Luis Puig y Enrique Franco conformarían desde nuestro punto de vista ese panteón de ilustres e imprescindibles. Los seis, siempre sustentados sobre eficientes y abnegados equipos de trabajo, derrochan su talento y su saber hacer para edificar una obra que, más allá de sus altos y bajos, camina con firmeza hacia el centenario. Nombres propios claves para su nacimiento, su maduración, su consolidación y su embastecimiento. Si Luis Puig no figura detalladamente en las siguientes líneas es, simplemente, porque la edición de 1979, el movimiento para salvar la carrera in extremis, merece un acercamiento propio. Él hace posible un enorme milagro deportivo.

Con el alumbramiento, al menos desde un prisma teórico, conecta muy directamente la figura de Narciso Masferrer i Sala (1867-1941). Madrileño de raíces catalanas y fuertes vínculos con su tierra familiar, Masferrer alimenta su candidatura por el innegable rol de promotor de la actividad física. Y a los más diversos niveles. Impulsor de disciplinas deportivas, generador de tejido competitivo, vertebrador de instituciones para su gestión, fundador de medios de comunicación especializados desde los que atender la realidad del 'ejercicio', la figura de Masferrer es indispensable para comprender el fenómeno del deporte y la popularización tanto de su práctica como de su seguimiento dentro de las fronteras hispanas. Y sobre todo a partir de 1895, frisando él la treintena, cuando ya se asienta en la ciudad de Barcelona. El historiador Fernando Arrechea es, posiblemente, el estudioso que más y mejor conoce la dimensión de su figura. Y como relatará hace unos años, hablando de su papel clave en la creación del Fútbol Club Barcelona: "El deporte tal y como se conoce hoy en día no puede concebirse sin los aportes de Masferrer, a ratos un visionario y en otros un absoluto convencido

---

presidentes estadounidenses George Washington, Thomas Jefferson, Theodore Roosevelt y Abraham Lincoln,

de las bondades de todo lo que conllevaba el 'sport'. Un pionero de la Educación Física, el deporte y el Olimpismo en toda España".

Con esta carta de presentación, cuesta pensar que el ciclismo no se encontrase entre sus preferencias. El doctor Bernat López, profesor del Departamento de Estudios de la Comunicación de la Universitat Rovira i Virgili de Tarragona y otro de los grandes estudiosos de su legado, se refiere a Masferrer como "el presidente de las bicicletas" y como "factótum del ciclismo español". Y todo ello, conviene no olvidarlo, prosigue la consideración de López, como "auténtico hombre orquesta en los inicios de la deportización de España". Durante diferentes episodios Masferrer llegará a ser el presidente de la Unión Velocipédica Española (UVE), la denominación entre 1894 y 1953 de la futura Real Federación Española de Ciclismo (RFEC), y por supuesto también ostentará otros cargos dentro del movimiento pedalista.

Con implicación de su empeño y su trabajo, también con el involucramiento decisivo de su rol periodista en publicaciones como *La Vanguardia* o *El Mundo Deportivo,* del que es uno de sus fundadores, van a ver la luz la Vuelta Ciclista a Tarragona, en 1906, y la Volta a Catalunya, en 1911. La Vuelta, la idea de una Vuelta ciclista en España de las mismas hechuras de los aún tiernos Tour de Francia o Giro de Italia, pasa por ser su siguiente gran objetivo organizativo. Un primer intento por sacar adelante la primera edición de cara a 1913, aún muy teórico, no terminará de cristalizar. Y el proyecto, bienintencionado, acaba siendo descartado de manera provisional. La Vuelta se convierte en una entelequia. Existen intereses en su alumbramiento, pero falta un quórum mínimo que desmonte la crítica prejuiciosa o el derrotismo de una inducida, e interesada, creencia en su imposibilidad. De tanto en cuanto, durante los siguiente veinte años, y como se ha visto en el capítulo centrado en las 'prehistorias' de la carrera, la idea de la Vuelta reaparece. Cuando por fin se materializa en 1935, Masferrer frisa los 68 años y ya está algo mayor para las necesidades de requiere una primera línea. Su salud tampoco ha sido la ideal, se trata de un superviviente a la tuberculosis. Sus esfuerzos, para entonces, están centrados en otros campos.

La Vuelta no nace directamente gracias a don Narciso, pero desde luego el caldo de cultivo en el que su génesis se va cociendo, posiblemente demasiado a fuego lento, le debe muchísimo. Con todo, el dirigente madrileño-catalán llega a conocer las dos primeras ediciones. Tanto la de 1935 como la del año siguiente son carreras de su seguimiento. Después llega la Guerra Civil y todo el parón consecuente posterior. Masferrer no llegará a conocer la tercera vuelta, la de 1941, que se disputa entre el 12 de junio y el 6 de julio: ha fallecido en Barcelona en abril de ese mismo año a pocos días de cumplir los 74 años de edad. Entre 1932 y 1994, con alguna 'no celebración' debido a la Guerra Civil o más posteriormente a ausencias puntuales, el Torneo Masferrer de ciclismo honrará su memoria y su recuerdo. Sin lugar a dudas, resultaría hermoso poder recuperar una prueba de estas características y con esta dimensión. Su figura lo merece.

El que sí puede presumir de haber podido alumbrar la Vuelta es Clemente López Dóriga. Para el periodista Juan Gutiérrez, "el Henri Desgrange español". Cántabro de Santander (1895-1957), López Dóriga nace en el seno de una familia acomodada muy bien posicionada, con muchos intereses en el sector del comercio marítimo, con vínculos de servicio por vía paterna con la Casa Real que encabeza Alfonso XIII; y con parentesco directo, por vía materna, con uno de los fundadores del Banco de Santander: Antonio López-Dóriga Aguirre. Su abuelo. Un clan con poder y capacidad de influencia que retrata mejor que nadie el escritor Marcos Pereda: "En la genealogía de los López-Dóriga se pueden rastrear gentilhombres de Su Majestad, capitanes de fragata, alcaldes de Santander, diputados en Cortes, fundadores de cierto banco hoy muy conocido internacionalmente y ricachones en general. También mecenas, tipos arriesgados en los negocios, unas narices a lo Dante que regían la ciudad y cierto gusto por la sofisticación que los llevaba a ser los pioneros en todo. ¿El primer coche de Cantabria? Un López-Dóriga. ¿Qué es eso de la aviación? Lo prueba otro López-Dóriga. ¿Regatas con veleros futuristas? Se le ocurrió a un tal López-Dóriga".

Con un entorno tan fornido en lo económico, en un contexto histórico donde lo deportivo emerge como un hábito saludable, el joven Clemente desarrolla sus inquietudes recreativas mientras afronta sus estudios de Naútica. En ellas el ciclismo, la bicicleta, emerge como su gran pasión. Su deporte predilecto. No es un caso aislado en el clan. También su hermano Alfredo, mayor, disfruta de las dos ruedas. Pero un accidente precisamente con la bicicleta como medio de locomoción le cuesta la vida y, en términos familiares, la herramienta pierde prestigio y aceptación. Días de prohibición. Con todo, Clemente no duda en encarar diversas experiencias competitivas en su entorno geográfico más cercano e incluso logra algún triunfo, como el Circuito de El Sardinero de 1913 o sendos títulos de velocidad de Castilla la Vieja en 1917 y 1918. Mientras la bicicleta en primera persona va perdiendo fuerza, de forma paralela se incrementa su compromiso con la puesta en marcha de competiciones, como la Vuelta a Cantabria, la Madrid-Santander o, más tardíamente, la Subida al Escudo o la Subida a Alisas; y también con el mecenazgo de corredores a título personal, como Victoriano Otero o los hermanos Trueba, Vicente y José. Un proceso en el que su agenda de contactos se incrementa sustancialmente, con diplomacias vivas con el Tour de Francia, y durante el que se embastece su vertiente periodística, siempre muy volcada al fomento del deporte del pedal.

En 1934 López Dóriga se muda de manera definitiva a Madrid y su entusiasmo acaba resultando definitivo para el nacimiento de la Vuelta, un año después. Asiduo colaborador de publicaciones como *El Pueblo Cántabro* o *El Diario Montañés*, y con un sólido bagaje organizativo a sus espaldas para entonces, López Dóriga encuentra en el diario *Informaciones* y sus intereses el mejor aliado posible para la puesta en marcha de su ambicioso proyecto deportivo. La cabecera se encuentra por entonces muy alejada de los postulados de la España republicana de ese momento, pero la carrera ciclista emerge como un proyecto muy interesante y Juan Pujol, director del rotativo, acepta el reto y el resto sencillamente es historia. El cántabro seguirá vinculado de alguna u otra forma a todas las ediciones que ven la luz hasta 1955. En este sentido, recordaba Raúl Gómez Samperio en *El Diario Montañés*: "También organizó la segunda edición de la ronda, en 1936, y la reanudación en 1941, tras la Guerra Civil, pasando posteriormente a tutelar la prueba el diario *Ya*, que con Clemente López-Dóriga organizó las ediciones de 1942, 1945, 1946, 1947, 1948 y 1950".

Aunque la mención sea en singular, la labor es coral. Y el apoyo y la determinación son compartidos. Además de la figura de Juan Pujol, muy destacados son los apoyos que le brindan los periodistas Julio Cueto y Víctor de la Serna, especialmente este último por su condición de director del diario *Informaciones* entre 1939 y 1948. "Con estos tres hombres", escribe Germán Herrero Fabregat, delegado regional de ciclismo en Salamanca, "La Vuelta a España irá siempre a más". Sobre este ciclo posterior, tan importante como el proceso de poner en marcha las dos primeras ediciones de la Vuelta, añade Herrero Fabregat en el contexto previo de la edición de 1942: "La locura de Dóriga, aumentada por Julio Cueto, llega al director, que en vez de curarla con un jarro de agua fría, se contagia de ella y no temiendo comprometer la parte económica de la empresa, solo exige superación. Nada le importa la escasez de papel, difícil adquisición de carburantes, falta de material deportivo, insuperables para la venida de figuras extranjeras, poca ayuda económica por parte de las entidades de las poblaciones por donde ha de pasar la Vuelta, ¡adelante!, solo pide una cosa él, que fue quien financió la segunda Vuelta, que la cuarta sea superior a las anteriores".

Cuando López Dóriga fallece en Madrid el 28 de mayo en 1957 tras una larga enfermedad, el deceso llega en medio de un gran anonimato y, a pesar de los teletipos, la puesta en valor de su papel fundamental en el desarrollo del ciclismo nacional y especialmente de la Vuelta no cobra las dimensiones que hubieran sido justas con una personalidad que, desprendida, miró más por el objetivo global que por el rédito propio. "Buena parte de su patrimonio lo destinó a desinteresadas empresas deportivas", relata días después de su muerte Maximiano García Venero. El historiador cántabro, amigo personal del finado, irrumpe a la palestra de las tribunas periodísticas para reivindicar su figura, lamentando su "jubilación oscura": "Nunca vivió del deporte; vivió para el deporte. Sin embargo, se le relegó a un injusto olvido que ha perdurado años".

Algún acercamiento periodístico en las semanas previas a su expiración se refiere a don Clemente con un sórdido, irrespetuoso y simplista "veterano bicicletero". En otro obituario, publicado en el diario *Pueblo*, puede leerse: "Quienes tuvimos la fortuna de tratarle en vida sabemos muy bien lo que López Dóriga dio y sintió por uno de los deportes más difíciles e ingratos. A pesar de los reveses y desagradecimientos, López Dóriga no desertó nunca del ciclismo, del que fue alentador, organizador y patrocinador en muchas ocasiones". Poco consuelo supondrá que, algunos meses más tarde, el Gran Premio SNIACE de ciclismo de este año, 163 kilómetros con salida y llegada en Torrelavega fijados para el 12 de octubre, sea puntualmente rebautizado como Trofeo López Dóriga en su honor. El vizcaíno Carmelo Morales logrará tan solemne triunfo.

Amigo de López Dóriga y de Narciso Masferrer, también con posterioridad de Luis Bergareche y de Alejandro Echevarria, colega de todos ellos y de muchos más, el belga Alfons Versnick igualmente se merece un hueco muy especial dentro de la historia de la Vuelta por su papel, decisivo, en el desarrollo de la competición. Otra figura coral, con diferentes vertientes que viajan desde el ejercicio del periodismo hasta la dirección técnica de equipos. Según el momento, según la época. Versnick es otro de los 'renacentistas' de la ronda española. Y dada la peculiar grafía de su apellido, también protagonista de las más diversas y variadas formas de referencia escrita. Cuando J. A. Socias le entrevista en 1966 para la sección de deportes del diario falangista *Baleares*, el redactor presenta al personaje con una introducción contundente: "Si en el mundo del pedal existe un consejo efectivo, una intervención beneficiosa, un mejor contrato y unas expansionadas manifestaciones llenas de interés, todo esto se unifica en la persona de Fons Versnick".

Nacido en Bruselas en septiembre de 1895 y de formación jurista, la práctica del ciclismo más competitivo que le acompaña durante algunos años de su adolescencia y su juventud queda radicalmente truncada por el estallido de la Primera Guerra Mundial. El conflicto comienza cuando él apenas tiene 19 años. Suficientes para una movilización, pero demasiado pocos para un reenganche deportivo. "Según mis amigos tenía clase y potencia", recordará. Cercenada por la contienda bélica la opción competitiva, aprovecha entre otras cosas los años de la guerra para aprender y mejorar idiomas sin perder el foco de sus colaboraciones periodísticas. Ya con quince años viene escribiendo con regularidad en un semanario belga de ciclismo y, un poco más mayor, comienza a colaborar con *Le Soir* o con *L'Équipe*. Al francés y el flamenco natales le añade conocimientos de inglés, alemán, italiano y español. Su don de gentes, su conocimiento del ciclismo belga, su capacidad para generar contactos y su vertiente políglota le transmutan en un polivalente aliado.

La relación de Versnick con el ciclismo español se inicia a comienzos de la década de los años 30, sobre todo de la mano de la Volta a Catalunya. En algún momento surge un chispazo entre su figura y el movimiento ciclista catalán que se irradia desde la Ciudad Condal. En esos tiempos él se encarga de confeccionar el combinado de ciclistas belgas. Como la figura del director deportivo no existe aún como tal, él mismo se encarga de la coordinación de la expedición, de la tutela de su viaje por España y, llegado el caso, de hacer de traductor ante las preguntas de la prensa. Y por supuesto, en esa labor, no falta su ejercicio de la cobertura periodística de las andanzas de sus compatriotas o de la carrera en sí. Versnick, en suma, es un conseguidor. Y al mismo tiempo un dinamizador con capacidad de exportar y de internacionalizar. Él será uno de los periodistas presentes en la primera edición de los Campeonatos del Mundo de Ciclismo, la de 1927, celebrados en Nurburgring (Alemania) con triunfo para Alfredo Binda.

El arranque de las grandes aventuras en ocasiones presenta un componente de casualidad en sus albores y esta casuística también acompaña a las andanzas de Versnick. De cara a esa Volta de 1932 recibe un encargo del periodista y promotor del deporte ciclista Ramón Torres, quien junto al mallorquín Andreu Oliver serán sus grandes amigos españoles: la formación de un equipo de independientes. "Cuando estábamos a punto de iniciar la salida hacia Barcelona recibí una llamada de Ramón en la que me decía que, por ser los corredores desconocidos y otras dificultades de última hora, habían decidido que no participaran. Era mala noticia y entonces opté por decirle a Torres que los corredores ya habían salido hacia allá. Ante la evidencia nada objetó y manifestó que ya lo arreglaría. En varios coches, repletos de corredores, maletas, bicicletas y ruedas de recambio, nos lanzamos hacia Barcelona. Los organizadores aceptaron la participación de los independientes y durante la Volta los corredores que yo había seleccionado ganaron en las tres primeras etapas.". Louis Hardiquest, Antoine Dignef y Jef Moerenhout concretan resultados muy interesantes, con éxitos para el primero (todo un ganador del Tour de Flandes) y un Dignef que, además, llega a ser líder varias jornadas.

Por subrayar su importancia y añadir un poco de contexto. La Vuelta, que nace en 1935, acaba de superar su vigésima edición y Fons Versnick ha estado presente, con roles diferentes, muchas veces al mismo tiempo, en más de la mitad. En las dos primeras, triunfos varios tanto en la general como en etapas, de la mano de una camada conformada por los hermanos Gustaaf y Alfons Deloor, el citado Dignef, François Adam, Alphonse Schepers o Joseph Huts. Y en su zurrón de experiencias se le añaden catorce ediciones de la Volta a Catalunya, cinco de la Vuelta a Asturias y una pequeña multitud de otras pruebas, como el Gran Premio Marca. Entre unas y otras, todo un bagaje: en su país le conocen como 'el español de Bruselas'. En España es Alfonso Versnick. El hombre del rostro orondo, gafas redondeadas y una gorrita calada. En la ronda asturiana de 1953, el belga se fija en un corredor que acude en bici desde tierras toledanas. Un ciclista que responde al apellido de Bahamontes. "He tenido muchos corredores y muchos son los que he visto, pero como el toledano y como escalador, nadie en el mundo. Cada 25 años nace un especialista; sin embargo, como Federico dudo que pueda salir otro", sentencia un Versnick que durante los sesenta, además de dirigir al combinado belga que compite en la Vuelta, se encarga de la formación de equipos para las numerosas pruebas de Seis Días que tienen lugar en esos días.

No especialmente reproducida, existe una fotografía de Joan Bert, tomada en marzo de 1966, a la que el señor Versnick le coge tanto cariño que la acaba recibiendo como recuerdo. En la escena, Fons bromea con su gran amigo Ramón Torres en el puerto pesquero de la localidad de Cambrils, donde coge con su mano derecha un enorme langostino. La instantánea la acaba publicando *El Mundo Deportivo*, días antes de la Vuelta, para ilustrar una información sobre la presencia de la población tarraconense en la edición de ese año de la Volta a Catalunya. Versnick permanecerá soltero toda su vida y en algún momento asegura sentirse especialmente joven por haber esquivado el matrimonio. Lo cierto es que en este camino vital es muy plausible que viviera un importante desengaño amoroso de la mano de su asistente Margot, quien le acompañó durante su periplo por las dos primeras ediciones de la Vuelta y acabó iniciando una relación sentimental durante la ronda española con un Gustaaf Deloor con el que emigraría años después, tras la Segunda Guerra Mundial, a Estados Unidos en busca de una vida mejor. El polifacético bruselense fallecerá el 12 de abril de 1969, en la víspera de la Paris-Roubaix y a pocos días del arranque de su Vuelta a España desde Badajoz.

Cuando el belga ve su última luz, el vasco Luis Bergareche apura los preparativos de la que va a ser su decimoquinta edición de la ronda española. Inicialmente no como director general de la carrera, un cargo que recae en los primeros años de *El Correo* en la figura de su amigo y compañero de fatigas Alejandro Echevarría, quien además es su cuñado; pero sí como adjunto a este rol y siempre con José Luis Albéniz y Miguel Olortua como parte del núcleo duro de la organización. Desde 1963, cuando se produce una pequeña reorganización nominal, Bergareche recibe la consideración de director de la carrera. A partir de 1968 Echeverría deja de figurar en los libros de ruta. Bergareche incrementa su notoriedad y su visibilidad como portavoz. El referente. El faro.

El ciclismo no es precisamente el primer deporte en la vida de este vizcaíno de Balmaseda nacido en 1910 en el seno de una familia numerosa. Bergareche sobresale en el balompié en unos tiempos donde el profesionalismo aún no es una realidad. De cadete y juvenil destaca en el Deusto. En la temporada 1919-20, en el contexto del primer campeonato de Primera División, el futuro director de la Vuelta anota el primer gol del Athletic Club de Bilbao en el torneo liguero. El conjunto rojiblanco visita en Atocha a la Real Sociedad de San Sebastián y Bergareche anota el gol del empate en un encuentro que concluye en tablas. Pero los estudios y la formación son prioritarios en el seno de la familia y completa sus estudios de dirección y gestión empresarial en los Estados Unidos. Con todo, también encara sus pinitos en los frontones, en la modalidad de pala corta. Y también en el ciclismo: con 17 años sufre una caída muy fuerte en una carrera, posibles fracturas en la base del cráneo y en la columna que generan, fugazmente, los peores vaticinios.

Bergareche ya lleva un tiempo vinculado al mundo de la prensa cuando, con el músculo empresarial de *El Correo* como aval, se propone junto a su cuñado la recuperación y la organización de la Vuelta. Desde 1945 se sienta en el consejo de la sociedad que tutela el periódico y en años posteriores también se incorporará a otros consejos. El mercado vasco en ese momento está liderado por *La Gaceta del Norte*, una cabecera de corte conservador. Para Bergareche, que ha acabado fascinado por la espectacularidad del Tour de Francia durante una visita a la carrera en compañía, entre otros, de Alejandro Echevarría, la opción de aplicar un planteamiento parecido puede resultar muy interesante de cara a derrocar al periódico rival. Cuando el 23 de abril la carrera echa a rodar en las calles de Bilbao, a donde regresará quince etapas después, *El Correo* inicia una carrera de fondo que se acabará concretando dos décadas más tarde, en 1976. El equipo de Bergareche y Echevarria trabajan muy duro. Y lo hacen con un compromiso creciente que lleva aparejados muchos esfuerzos económicos. "A cada año crecen los gastos y aumentan las preocupaciones", dirá el primero años después.

Si Masferrer la sueña, López Dóriga la impulsa y Fons Versnick la embastece, Bergareche (y compañía) catapulta la Vuelta. Bajo su gestión la carrera se consolida entre las grandes citas del calendario y recibe la teórica misma consideración de 'gran vuelta por etapas' del Tour de Francia o del Giro de Italia. El vasco cultiva la diplomacia, mantiene relaciones de cortesía con diferentes estamentos del universo ciclista y trata, en la medida de sus posibilidades, de influir en sus designios. Pueden considerarse como éxitos sus pulsos con la UCI para evitar que ciertas normativas lastren la participación de su carrera ante los privilegios protectores que reciben pruebas clásicas con las que coincide en el calendario. Su defensa en los foros internacionales viene acompañada con firmeza en el país: en 1959 llega a poner en duda la celebración de la carrera si estas medidas discriminatorias siguen adelante.

Bergareche apuesta por la Vuelta siendo consciente de que no puede imponer ninguna exclusividad. A más difusión, más notoriedad. La apuesta comercial, real, siempre quedará en un segundo plano frente al hecho deportivo. El acontecimiento antes que el negocio. Incluso *La Gaceta del Norte* le dedica importantes coberturas a una carrera que, en sentido estricto, nace de una cabecera rival. Hernández Petit, uno de los enviados especiales que la agencia Alfil envía a la Vuelta durante sus primeros años, se refiere a Bergareche en estos términos: "Es un vasco corpulento y, como aquel (por Echevarría), un hombre campechano y cordial que nos da a los periodistas en ruta, en lo posible, las mayores facilidades para el desempeño de nuestro cometido". El "eterno director", como le denomina J. J. Paradinas en 1973, consigue hilvanar una sinergia mediática a través del hilo conductor del ciclismo. Varias cabeceras regionales se articulan en torno al paraguas de *El Correo* y de *El Diario Vasco*. La semilla de la Corporación de Medios de Comunicación Social, que después pasa a ser Grupo El Correo y, en tiempos más cercanos, Vocento.

La Vuelta, con Bergareche al mando, se convierte en uno de los mejores altavoces del desarrollismo. El país, que no deja de ser una dictadura, deja atrás la autarquía impuesta por la Guerra Civil y sus consecuencias de aislamiento internacional. En los sesenta España se abre al mundo. La ronda española es una de sus ventanas. El turismo cada vez es menos incipiente. La Vuelta, desde 1965, comienza a distribuir entre la prensa un dossier de historia y geografía antes de cada etapa. En términos de desarrollo, país y carrera de alguna forma van de la mano. La organización no deja de hacer crecer de año a año su prueba y esto no significa en ningún momento que la apuesta aporte beneficios. "La Vuelta no se ha organizado nunca con la intención de ganar dinero", recuerda Bergareche todavía en 1973. Diez años antes, entrevistado por Bobby Deglané, es mucho más rotundo: "La carrera siempre fue deficitaria, pero siempre hay ánimos de volverla a organizar". Por supuesto, los conflictos deportivos no le son esquivos, sobre todo con alguna negociación con estrellas nacionales. Con Federico Martín Bahamontes son recurrentes las conversaciones en torno a las demandas económicas. Alguna que otra también se da con Luis Ocaña.

De cara a 1966 el presupuesto de la Vuelta supera los nueve millones de pesetas y un año después la cifra ya se enroca en los diez, en torno a los dos millones de euros actuales. En 1973 la carrera maneja un cómputo presupuestario de dieciocho millones, que pasa a los veintisiete millones de 1975 o los treinta y dos de 1977. La puesta en marcha de la carrera acarrea más de dos millones de pesetas de déficit ese año. Llega un momento en el que el dinero se convierte en un quebradero de cabeza, porque los estímulos económicos y las subvenciones se mantienen en los mismos rangos que dos décadas atrás. Y la situación económica global, inestable, genera un caldo de cultivo complicado. Durante los años setenta la peseta se devalúa en dos ocasiones, los alojamientos y los combustibles se encarecen ostensiblemente, la publicidad no aumenta y también hay que subir el dinero destinado a los fijos de salida de algunos ciclistas de primer nivel. En enero de 1978 Bergareche se reúne con Benito Castejón, director general del Consejo Superior de Deportes, para exponerle la situación. Ese año *El Correo* saca adelante la prueba. Pero en enero de 1979 sorprende al mundo con su renuncia. Si bien siempre se han destacado otros factores de índole sociopolítica, es plausible y aceptable que el dinero también cuenta con su cuota de 'culpabilidad' en la decisión adoptada.

"A diferencia de Monsieur Goddet, su colega del Tour, el señor Bergareche no viste exóticos atuendos", escribe el periodista Jesús Delgado, enviado especial de Pyresa, allá por 1959. "Monsieur Goddet se complace en parecerse a un súbdito inglés de las colonias: pantalón corto, de color caqui, medias de sport, camisa deportiva y, cuando el calor es intenso, cubre su cabeza con un salakof. Bergareche se sirve de algo tan castizo como una boina vasca". El día que Abraham Olano se impone en la crono de Salamanca de la Vuelta 1995, la primera del mes de septiembre, se cumple el primer aniversario del fallecimiento de Bergareche: don Luis ha fallecido el 9 de septiembre de 1994 en Bilbao. La ronda española siempre permanecerá en deuda con él y con su labor.

La salida de *El Correo* da pie a la entrada al alimón de las otras dos grandes personalidades de este particular 'Monte Rushmore conceptual de la Vuelta'. Luis Puig y Enrique Franco acuden al rescate de la prueba de la mano de una cooperación, una vertiente puramente deportiva y otra profesionalmente comercial, que garantiza su supervivencia. Mientras la sinergia entre la Real Federación Española de Ciclismo y la empresa Unipublic consolida la Vuelta en menos de un lustro, paralelamente la figura de Franco cobra una mayor dimensión en una dirección que pasa de comercial a general. Enrique Franco (1933-2008) emerge como el líder espiritual de la carrera durante más de dos décadas. Su mayor legado, indiscutible: consolidar, modernizar y sobre todo hacer rentable un acontecimiento deportivo como la Vuelta.

Todo líder cuenta con su equipo de confianza y en el de Franco destacan nombres como los de Felipe Sainz de Trápaga, su hermano Eduardo *Tito* Franco, Antolín García Gaspar Llera o Carlos Alberto Pardo. Tito Franco y Sainz de Trápaga, también García, aunque su parte pasará a manos de su viuda, son accionistas y propietarios de Unipublic, que en esencia es una empresa muy familiar. Y lo será hasta su venta a Antena 3. Otros, como Ramón Mendiburu, Alberto Gadea o Víctor Cordero se irán sumando después a su proyecto. E impagable también es la labor del navarro de Tudela Manuel Díaz, adjunto a la dirección y director comercial del evento, mano derecha de los hermanos Franco y, en palabras de algunas fuentes consultadas "un auténtico fenómeno en la comercialización de la carrera". Don Enrique, al que en alguna que otra sala de prensa vacilan al llamarle 'el caudillo', lo que no le agrada en absoluto, pone en el tapete deportivo internacional una competición que maneja sesenta millones de presupuesto en 1982 (unos dos millones de euros actuales) y varias decenas más una década más tarde; su vuelta, además, logra algunos episodios de atracción y fascinación universal gracias a evoluciones deportivas concretas.

"Enrique cogió una carrera que no valía nada, sin crédito, completamente desprestigiada, y la hizo crecer. Le dedicó su vida a este deporte, porque el ciclismo fue su obsesión, y tomó decisiones importantes para el futuro de la Vuelta", recordará Víctor Cordero cuando se cumpla la primera década del fallecimiento del madrileño. "El ciclismo español le debe mucho, mucho". Cuando Franco nace, el 26 de septiembre de 1933, la primera edición de la Vuelta todavía no había visto la luz. Cuando se produce su deceso, el acceso de ASO en el accionariado de Unipublic es inminente. La Vuelta es lo que hoy es, más allá de muros, modelos e identidades, gracias a la gestión desplegada por Enrique Franco y su empresa Unipublic entre 1979 y 2004.

Con él al frente llega el primer gran mito orográfico, los Lagos de Covadonga, y también desembarca en serio la ansiada televisión. Bajo su batuta, al final de su ciclo de poder, también comienza a esbozarse la apuesta por la reducción de los kilometrajes, se apuesta por el salto al mes de septiembre que tanto ha beneficiado a la carrera, se tejen muy buenas relaciones con el Principado de Andorra y se sacuden complejos para volver a cruzar la frontera con Francia y descubrir el Tourmalet o Luz Ardiden; o para saltar A Raia y afrontar la primera Gran Salida fuera de las fronteras estatales, desde Lisboa. Sobre todo lo anterior, Enrique Franco acaba siendo el gran valedor del Angliru, al que sabrá aferrarse para acercar su carrera a nuevos y más brillantes tiempos.

Franco, muy futbolero, es un hombre con personalidad; tiene carácter, pero va de frente, y al mismo tiempo es dialogante, sabe encajar las críticas y se deja aconsejar aun cuando mantenga una idea clara que se niega a abandonar del todo. Inolvidables serán sus mosqueos con las filtraciones a la prensa de los recorridos, aquella "caza de la paloma mensajera" que incluso le anima a presentar la edición de 1998 durante una jornada de descanso de la edición de 1997, en León. Unipublic celebrará sus bodas de plata con la carrera en la edición de 2004 y durante la presentación del recorrido, en diciembre de 2003, Franco anuncia que ya está bien, que lo deja. "Se retira el último dinosaurio", bromeará. Los paralelismos con las figuras de Vincenzo Torriani o Felix Levitan, patrones del Giro o del Tour durante muchos años, ya son entonces inevitables. Y por lo aportado, merecidos.

Franco no llegará a ver cumplidos algunos de sus sueños: "Mis tres mayores ilusiones son subir a la Bola del Mundo, al Teide y hacer que el vencedor del Tour venga a examinarse a la Vuelta Ciclista a España». A la Bola del Mundo su carrera llega en 2010 y tanto Chris Froome como Jonas Vingegaard han cumplido durante la última década con ese último anhelo. El ansiado final en las Islas Canarias está en proceso de maduración, pero conviene no olvidar que con Enrique Franco la Vuelta sí llega a visitar las islas con motivo de la Gran Salida de la edición de 1988. En 1991 comenta otra ilusión que no consigue cristalizar ni a través de los consistorios, ni de las diputaciones ni de la Generalitat: "Mi sueño es hacer una etapa en Supermolina desde La Pobla de Lillet, pero desgraciadamente no están interesados". A Franco también le quedará pendiente el retorno a Euskadi y alguna de esas ideas recurrentes. "Me fluye por la cabeza para ediciones futuras hacer una cronoescalada por equipos, que es algo que nunca se ha hecho", deja caer allá por octubre de 1998.

NARANJA

"Cambiando de tercio, quizá alguno haya caído en que este año no me he metido aún con el maillot de pececitos, pero no aguanto más. A Hushvod le queda como a un santo dos pistolas"

(Juan Gutiérrez, 2006)

El maillot de líder de una prueba ciclista es una prenda sagrada. Un icono. Un altar. Aporta distinción, preeminencia; garantiza notoriedad, asegura focos. Un trampolín hacia la trascendencia con esa vitola que aúna historia y tradición. El Tour de Francia es amarillo porque amarillas eran las páginas de *L'Áuto* que impulsó su celebración y rosa es el Giro de Italia porque todavía lo son las de *La Gazzetta dello Sport*. Gracias a estas cabeceras y sus decisiones publicitarias en aras de una mayor distinción de sus líderes, temporales o finales, nació un misticismo cromático para estas lides.

El poder y la preeminencia del Tour contribuye a estandarizar el amarillo como símbolo dentro del deporte ciclista. Es un hecho. Su elección es muy seguida para esta distinción en otras muchísimas pruebas y un somero repaso, superficial, pone sobre la mesa casi de manera inmediata una docena. Volta a Portugal, Vuelta a Suiza, Vuelta a Colombia, París-Niza, Criterium Dauphine, Itzulia, Volta ao Algarve, Vuelta a la Comunitat Valenciana, Tour de Romandía, Tour de Luxemburgo, Vuelta a Polonia, O Gran Camiño, Sibiu Tour, Tour de l´Ain... Algunas de las que se disputan en la actualidad y se aferran al simbolismo del gualda. Lo *mainstream*, Henri Desgrange mediante, es amarillo.

En absoluto tan extendido, más bien centrado en las fronteras propias, el rosa del Giro también es alegoría. No se opone al amarillo per se y sin embargo personifica tanta autenticidad como aquel. O más. El color coopera para reforzar la genuinidad, la exclusividad y la idiosincrasia de la *corsa* italiana. Al Tour de Francia no se le refiere como la carrera amarilla, pero el Giro es la *corsa rosa*. Los dos símbolos conviven en el imaginario colectivo y mantienen una exclusividad cada vez más difícil. El poder de los símbolos. La capacidad de evocación del color es tal que incluso ha trascendido su deporte en sí para aterrizar en la cotidianeidad. Sobre todo, el amarillo. En este campo la Vuelta también es peculiar e intensa por una serie de vaivenes, cambios, modificaciones y adaptaciones, hijas de sus tiempos y fruto de sus contextos, que también engrandecen el patrimonio inmaterial de la carrera en el marco del calendario ciclista internacional.

La Vuelta a España se celebra por primera vez en 1935. Para entonces el jersey amarillo que porta el líder del Tour de Francia tiene década y media de vida (1919). No llega al lustro el rosa del Giro de Italia, eso sí (1931). De cara a la primera edición de la ronda española la elección para distinguir al líder es el naranja. Un color ciertamente atípico cuya adopción aún plantea incógnitas y enigmas. Incluso para la propia organización de la carrera, mucho más concienciada en la actualidad sobre la importancia de conocer y poner en valor su adolescencia, su crecimiento y su legado. Lo señala Luis Román Mendoza, más de dos décadas jefe de prensa de la Real Federación Española de Ciclismo y con varias ediciones de la Vuelta en el zurrón como periodista: "No se ha podido encontrar hasta la fecha documentación que justifique dicha elección».

Durante la presentación del proyecto sobre el belga Gustaaf Deloor, primer ganador (y por partida doble) de la Vuelta, compartimos una pequeña charla con Javier Guillén, quien tuvo la amabilidad de acudir al acto, en la que nos hizo partícipes del interés institucional por encontrar el motivo de la elección: "Nadie nos ha sabido decir por qué, cuál fue el motivo por el que el primer jersey de líder de la Vuelta fue de ese color". El director general de Unipublic nos traslada esa curiosidad, potenciada durante los días de gestación y preparativos del salto al jersey rojo.

Guillén ha sido el artífice de la estabilidad en los colores de los maillots que distinguen las diferentes clasificaciones de la Vuelta Ciclista a España. Con la instauración del jersey rojo para reconocer al líder de la carrera, en 2010, y con permiso del diseño acebrado apadrinado por Custo Dalmau ya con los bermejos como base, también fraguará que el jersey con puntos azules es el del líder de la montaña, que el jersey verde reconoce al primero en los puntos y que el blanco es, originalmente, el jersey que premia la clasificación de la combinada. Por supuesto, la perdurabilidad de los patrocinadores siempre ayuda. Pero más allá del cambio de titularidad del jersey blanco, que pasará de la citada combinada a reconocer al mejor joven a partir de la edición 2019, la creencia en mantener la estabilidad es la nota predominante. Una perdurabilidad inédita en la historia de la carrera.

El naranja es el color vinculado al líder de la Vuelta durante cuatro ediciones: las dos primeras ganadas por el citado Deloor, en 1935 y 1936; la de Julián Berrendero de 1942 y la de la edición de 1977, esta por cuestiones publicitarias puntualmente vinculadas al mecenazgo del gran premio. Un naranja 'líder', por otra parte, muy ligado a Bélgica y a lo belga: apenas seis corredores han vestido esta prenda durante esta relación con el liderato que se extiende durante esas cuatro ediciones. Salvo Antonio Escuriet, quien lo luce una jornada durante la segunda etapa de la primera edición, y el dominio de Julián Berrendero en 1942, el resto de portadores son belgas: al citado Deloor se le suman Anton Digneff, Joseph Huts y Freddy Maertens. Incluso esta casuística invita a una broma de hechuras cítricas: Escuriet es oriundo de tierras levantinas, allí donde el cultivo del naranjo y el aroma a azahar son comunes. Tres naranjas son orgánicos. El último, el de 1977 puede calificarse como sobrevenido y es pionero en la capacidad de influencia de la publicidad. El ciclismo es un deporte donde el que paga muchas veces manda. El de la edición de 1977 es un rara avis que incluso en su momento necesitará de explicación periodística: "Tras muchas deliberaciones se llegó a un acuerdo para que el color fuera el clásico de butano". Al final, pura metonimia, su mención más recurrente es maillot butano.

De momento no existe un motivo conocido, oficial, concreto, que permita desembrollar el porqué de esta elección de pigmento sin caer en la pura especulación. En la prensa de la época todas las referencias no ahondan en explicaciones y, directamente, enfocan el asunto con absoluta naturalidad. Un hecho consumado. Sin más. Simplemente es naranja. Pero quizás, es una suposición, podamos encontrar una respuesta entre líneas en el enfoque de un artículo publicado en *El Mundo Deportivo* el 25 de febrero de 1935: "Los organizadores han acordado que el *leader* de la gran ronda a España luzca el maillot de color naranja. Es esto una tradicional costumbre en las grandes carreras por etapas. Recordemos que en la Vuelta al País Vasco se lucía el color azul claro para distinguir al que iba al frente de la clasificación general. En la Vuelta a Levante era el color rojo, y el color verde era el de la Vuelta a Cataluña. La Vuelta a Francia hace lucir al *leader* el maillot amarillo y la ronda a Italia, el rosa".

¿Por qué no pensar que esa elección del naranja, un color más agradable o menos sufrido que otras posibles vacantes, obedece a un intento de diferenciación en una carrera nueva en el marco de esta descripción que aparece en el artículo? Una carrera nueva que nace en 1935, años después de no pocas otras competiciones y en plena "competencia" con estas... Una descripción que por otra parte bien pudiera tener su origen en la propia organización de *Informaciones*. Es ficción, por supuesto. Una suposición, acaso atrevida. El naranja sigue alimentando el enigma.

Las primeras menciones a la adopción del naranja aparecen en febrero de 1935. E inmediatas también aparecen las primeras ironías: "¿Amarillo? Este es el color de la Vuelta a Francia. ¿Morado? Para que crean que… ¿Azul? Usted sabe que las camisas azules son las de… ¡Ya está! ¡Que sea naranja! Y anaranjado será el maillot que luzca el *leader* de la prueba, el que vaya en cabeza de la clasificación. No está mal en esta época de reforma agraria. El ciclismo y la agricultura. Los extremos se tocan".

Lo cierto es que Clemente López Dóriga, Juan Pujol y compañía, impulsores de la primera edición de la Vuelta, querrán reforzar la representatividad del naranja con un artículo íntegro del reglamento oficial de la prueba. Concretamente su artículo 28 aborda la cuestión, respetando la importancia de los maillots de campeón nacional de forma realmente curiosa desde el prisma actual de este deporte y penando con dureza la renuncia a lucirlo, algo que en los tiempos presentes se antoja realmente improbable:

"A los corredores les está prohibido el uso de jerseys con los colores nacionales, salvo en el caso de ser campeones de sus respectivos países. Está igualmente prohibido el uso de jerseys del color únicamente naranja. El primero de la clasificación general deberá llevar un jersey de color naranja que se le entregará por *Informaciones*. Si este primero de la clasificación general resultase ser campeón de España, y, por lo tanto, con derecho al uso del jersey tricolor, vendrá obligado a sustituir el jersey naranja por gorra o brazalete del mismo color. Queda prohibido el uso de jerseys en lo que predominando el color naranja se presten a confusión con el jersey del primero. El corredor clasificado primero que se negase a llevar el jersey naranja será multado con 200 pesetas en cada negativa. La misma multa sufrirá el corredor que no siendo primero usase jersey del citado color".

Y no serán avisos sobre papel mojado. Durante la etapa con final en Valencia de la Vuelta 1935, el mismísimo Gustaaf Deloor acaba sancionado con una multa de 50 pesetas por no portar la prenda distintiva. Una ausencia del jersey naranja que genera cierto revuelo en carrera por no verse al líder en la ruta. El belga explicará después que se le había ensuciado mucho durante la etapa anterior. Son tiempos en los que los medios resultan más escasos, incluso a nivel de proveedores.

Entre medias de los 'naranjas' conquistados por Gustaaf Deloor y por Julián Berrendero, una edición con un testimonial maillot de líder blanco más por cuestiones de carestías y penurias que por coherencias o fundamentos. Este aserto viene alimentado precisamente por el retorno posterior de ese color. Y más allá de esa alta consideración, retornos en el futuro motivados por cuestiones publicitarias. El color naranja tampoco ha sido tan fugaz para la carrera y, por ejemplo, acabará siendo el elegido para el gran premio de la montaña en ediciones no tan lejanas (2001, 2002, 2003 o 2006) o para la desaparecida clasificación secundaria de los esprints especiales, allá por la década de los noventa.

Ni tan siquiera el rojo presente, más que consolidado en la actualidad tras quince ediciones de reincidencia gestada en intensas pugnas deportivas, es absolutamente original. En 1945, bajo la organización del periódico *Ya*, el maillot de líder es rojo. Entre 1946 y 1948, el rojo se mantiene, pero concentrado en una enorme franja de este color sobre una prenda blanca que viene a imitar, honrar, reconocer o plasmar la mancheta del histórico rotativo de la Editorial Católica.

En 1950, se incorpora el color amarillo que, con el renacimiento de la carrera en 1955 de la mano de *El Correo* de Bilbao y trascendiendo más allá, hasta la época de Unipublic, se mantiene en total (y con la excepción de 1977) durante 44 ediciones. Paralelamente la Vuelta promovida por *El Correo* comienza a diversificar la parcela de los maillots distintivos. Al amarillo le acompaña ya desde 1955 la prenda de color verde para una clasificación de los puntos que, con los años, evolucionará hacia la regularidad y que nace como "Premio S.I.G.A 'Maillot Verde'". Durante los años sucesivos contará con el apoyo de marcas como Sigma, Sava, BIC, Cynar o Bodegas Luis Megía, entre otras. A partir de 1970 se incorporan el jersey rojo de la clasificación combinada (sustentado por firmas comerciales como Lea, Gafas Barbudo, Aspiradoras Valet o Hiconsa Renta) y, solo durante 1970, la clasificación de noveles con el fascinante maillot tigre. El precedente directo al actual mejor joven de la carrera. Esta fugaz prenda, de diseño peculiar, será para José Manuel Fuente, Tarangu. El rojo, no obstante, ya ha tenido presencia previa: distingue 'la combatividad' en 1959, un año este en el que un maillot de color rosa reconoce 'al más rápido'.

La raigambre de esta época muta de manera radical con la renuncia de *El Correo*, en enero de 1979, y con la llegada del nuevo proyecto iniciado al alimón por la Real Federación Española y

Unipublic. Los jerseys amarillo y verde se mantienen para la general y los puntos, pero ahora se incorporan el blanco para las metas volantes y el rojo para la montaña. Esta paleta inicial comienza a variar ya desde la siguiente edición (los puntos, por ejemplo, con maillot azul) y un par de ediciones después nos encontramos una especie de marrón para la montaña. Las clasificaciones secundarias de la ronda española viven unos frenéticos y convulsos años de cambios, adaptaciones y enmiendas justificados en la raíz publicitaria de Unipublic, su veta comercial y la explotación de los espacios.

Más allá de la permanencia del jersey amarillo, que ahora encuentra su primera alianza duradera con Caja Postal (1981-1991), el resto de prendas anda sujeto a cualquier cambio. Colores que en un momento premian una clasificación, años después lo hacen con otra. Todo al gusto del patrocinador, con la máxima empatía y predisposición desde la organización. Se dan momentos, y este fenómeno es otra de las particularidades de la carrera, y un poco valorado aporte de la Vuelta al embastecimiento del ciclismo, en los que firmas comerciales que inicialmente acuden al apoyo de la carrera, posteriormente lo hacen con sus propias estructuras deportivas. Kelme, Reynolds, Seur u Once son varios ejemplos muy significativos.

Con el paso de las primaveras también comienza a incrementarse el número de clasificaciones secundarias y, con ello, el de maillots presentes en el pelotón. La Unión Ciclista Internacional acabará regulando estas cuestiones unos años más tarde, y de hecho lo va a hacer a un nivel global. Es un ciclo en el que la empresa catalana Vestisport, que se encarga de la confección y el suministro de los mismos a la Vuelta oficialmente desde 1977 (con la excepción de Le Coq Sportiff en 1983), cuenta con bastante carga de trabajo. Aparece la clasificación de los esprints especiales, la de la combinada, la de los neoprofesionales o la de primer español. Incluso una clasificación para el primer extranjero.

Durante la segunda mitad de los 80 y primeros 90 se da una gran abundancia de maillots identificativos. Y una casuística cuanto menos curiosa, la de espónsores que cambian de una edición a otra su campo de acción. Cada edición de la Vuelta, desde este prisma, es única. En 1987 Cafés de Colombia apoya la combinada; una primavera después lo hace con el gran premio de la montaña a través de un maillot de diseño precioso: fondo blanco con cuello y bocamangas negros y la representación de granos de café en vez de los topos usados, por ejemplo, en el Tour de Francia. El color blanco, bajo el patrocinio de *As*, que reconoce al mejor español en la general durante varios años muta en 1992, su último ejercicio en activo, en un jersey blanco con topos rojos. Si hay un ciclista que encarna como ninguno el espíritu de este cambio, ese es José Luis Laguía. El ciclisita manchego, récordman de la clasificación de la montaña en la Vuelta con cinco entorchados, se viste con el jersey marrón apadrinado por Ciclomotores Puch (1981), el verde sustentado por la misma marca (1982), el rojo de Licor 43 (1983), el otra vez verde pero esta vez apoyado por Galerías Preciados (1985) y, por último, de nuevo con el apoyo de Galerías Preciados, el rojo de 1986.

Las razones del mecenazgo son tan poderosas que, en lo que al textil se refiere, se dan situaciones curiosas, inéditas en el universo de las tres grandes vueltas por etapas. Entre 1993 y 1998 conviven dos maillots realmente muy parecidos, uno de tono rojo y otro de color rubí. El primero es el de las Metas Volantes, patrocinado por Whisky DYC; el segundo, el de la Regularidad, cuyo apoyo llega del Banco Natwest (posteriormente Solbank). En estas seis campañas la firma que suministra los maillots oficiales varía hasta en tres ocasiones: Model Sport, empresa castellonense propiedad del exciclista y expresidente federativo Fulgencio Sánchez, trabaja con Unipublic entre 1992 y 1996. La multinacional estadounidense Nike desembarca también en la Vuelta en el marco de una apuesta expansiva en el ciclismo que la impele a firmar el maillot amarillo del Tour de Francia esos años. En el caso de la ronda española la colaboración, efímera, se centra en 1997. En marzo de 1998 se confirma la rescisión del acuerdo y la llegada de Adidas.

En 1999, en el marco del estreno en competición del Angliru, desde Unipublic se aprovecha para reestilizar y darle una mayor consideración a su jersey de líder. La Vuelta deja atrás el jersey amarillo y evoluciona hasta el jersey oro, o dorado. El objetivo, que el público pudiera identificarlo mejor y, en términos publicitarios, pudiera aportar también un plus tanto a nivel de reconocimiento como a la comercialización de sus espacios. El gran premio patrocinado por una multinacional como Telefónica y la confección de la prenda por parte de otro gigante universal como Adidas, sin duda, le dan lustre a la asociación. Lo cierto es que la mención al oro, sin ser real, tiene algún precedente mediático, cosas de las licencias periodísticas. En 1956, el diario *Libertad* publica la crónica de la segunda etapa bajo este titular a cuatro columnas (sobre una mancheta de seis): "El italiano Conterno, maillot de oro".

La vuelta de tuerca vinculada al aúreo permanecerá vigente una década, once ediciones; pero no termina de cristalizar. Ni tan siquiera su consideración. El Jersey Oro oficial deriva en las más variopintas menciones periodísticas, desde maillot dorado hasta reincidentes menciones, aún, sí, al amarillo. Su entrada en servicio no terminará de ser del todo satisfactoria y el propio Enrique Franco lo esboza incluso antes del arranque de la edición de 1999: "A la luz del día sobresale y destaca muchísimo, pero aún no hemos dado con el matiz deseado". Adidas firma el Jersey Oro hasta 2001, inclusive. A partir de 2002 la firma estadounidense de tejidos técnicos Polartec se encarga de vestir a los líderes de las clasificaciones dos cursos. Y con su marcha, de cara a la Vuelta 2004, se crea un vacío inédito en el universo reciente de las tres grandes vueltas que se extiende hasta la entrada de Spiuk en 2008. Cuatro años sin patrocinador técnico oficial, otro síntoma de la crisis que afecta a la carrera durante estos años.

Aunque con la llegada del Jersey Oro como identificativo del líder parecía que se abría una nueva época y una nueva concepción en lo que a los maillots oficiales de la Vuelta se refiere, lo cierto que el ímpetu de los nuevos tiempos apenas dura dos años. La primera década del siglo XXI, de hecho, resulta frenética: ningún año se repiten exactamente los mismos colores con respecto al precedente y algunos colores que se van acaban volviendo, mientras otros varían de titularidad en lo que a clasificaciones secundarias se refiere. Y un matiz, la entrada de algunos diseños peculiares. ¿Ejemplos de todo lo anterior? El ya citado del naranja reconociendo al mejor escalador entre 2001 y 2003 y desapareció después, para volver en 2006 por última vez. El verde, sustentado por Turismo de Canarias, para la clasificación de las Metas Volantes de la edición de 2001, la última de existencia de una histórica y 'muy la Vuelta' clasificación secundaria que durante el período 1997–2000 había contado con un maillot azul y, previamente, entre 1992 y 1996, otro rojo. En cuando a diseños, tres propuestas inolvidables son el maillot de pececitos que durante tres años (2004–2006), con apoyo del FROM, reconoce la clasificación de los puntos; o el verde-blanco-dorado de la combinada de 2005; y por supuesto el jersey blanco y rojo auspiciado por la candidatura olímpica de Madrid, una vestimenta con algo más de recorrido y gran versatilidad, puesto que reconocerá las generales de la regularidad (2001), los puntos (2002) o la combinada (2003). Este último año (2003) la Generalitat Valenciana sustentará un maillot para la clasificación por puntos que es idéntico al actual diseño de la montaña, pero con topos naranjas…

Al final, todos estos diseños, todos estos cambios, toda esta versátil volatilidad, son un reflejo de la inestabilidad vivida por la carrera durante estos años, real y cierta y tan amenazadora que incluso estimulará la creciente entrada de ASO en el accionariado de Unipublic. No es una problemática directamente ocasionada por la elección del color en sí, más bien una cuestión coyuntural: los años de vigencia del Jersey Oro coinciden con una época de crisis que, particularmente, ahoga a la carrera en secreto y se deja notar para mal en la salud financiera de su organización. Una prenda cotizadísima en términos de explotación tanto a nivel técnico como publicitario, esto es, la marca que elabora el maillot y la que nombra el gran premio, se queda casi desierta y con muy poco poder de seducción. La oficialidad del Jersey Oro llega a su fin con la implantación del jersey rojo. A caballo de ambas épocas, la firma textil vasca Spiuk, patrocinador técnico entre 2008 y 2011.

El jersey rojo, como maillot que reconoce al líder de la carrera, es una elección oficialmente impuesta de cara a la edición de 2010 y que, emocionalmente, de manera indirecta, pero con su grado de responsabilidad, viene a beber del espíritu de los éxitos deportivos de los combinados españoles en otros deportes de equipo (Mundial de Balonmano de 2005, Mundobasket de 2006, Eurorocopa 2008 y Mundial 2010...). La idea original se le atribuye al periodista extremeño, ya fallecido, Chema Bermejo. El marketing bendice la idea. El runrún comienza a escucharse durante el invierno de 2008. La Vuelta viene de tiempos muy duros, no ha pasado sus mejores momentos, se ha concretado un cambio accionarial mediante el cual Amaury Sport Organisation ha entrado en la carrera. La Vuelta es ahora propiedad del Tour de Francia. Un equipo humano diferente llega a la primera línea de la gestión. Hay paradigmas que comienzan a cuestionarse. También van variando los proveedores y comienzan a aparecer nuevos patrocinadores. Spiuk disfruta su último año en 2011. La edición 2012 ya cuenta con la marca francesa Le Coq Sportif, que se mantiene hasta 2016. En 2017 es relevada por la italiana Santini Maglificio Sportivo.

En febrero de 2009, recién ascendido a la dirección de la carrera, un joven abogado madrileño llamado Javier Guillén Bedoya es cuestionado en una entrevista para *ABC* sobre sus proyectos para reflotar la carrera. Y lo deja claro: "Quiero implantar el maillot rojo para el líder. El Tour tiene el maillot amarillo; el Giro, el rosa, y nosotros, el oro. Pero este no ha funcionado. El rojo sería una seña de identidad potente. Y nos gustaría que fuese «la roja», no el maillot rojo. Suena bien un titular, «al asalto de la roja», ¿no? No sé si lo haremos esta temporada, porque precisamos de más estudios de marketing, pero para la próxima estará". Y así es. Incluso con el aliciente de ver involucrado en su bautizo a todo un diseñador de prestigio mundial como el barcelonés Custo Dalmau. Otro intento de transversalidad desde el deporte al campo de la moda.

La Vuelta de 2010 arranca desde Sevilla el sábado 28 de agosto y lo hace con una contrarreloj por equipos nocturna en la que la estructura Team HTC-Columbia estadounidense logra el mejor tiempo. Su ciclista Mark Cavendish, un británico que viene de ganar cinco etapas en el Tour de Francia, quince entre las últimas tres ediciones precedentes, es el primer corredor que luce el nuevo distintivo.

De manera paralela, otro de los aportes que ha conllevado la instauración y la consolidación del jersey rojo de la mano de Javier Guillén desde su ascenso a la dirección general de Unipublic ha sido la estabilidad en los colores de los maillots que distinguen las diferentes clasificaciones de la Vuelta Ciclista a España: no solo lo bermejo está vinculado al líderato, también se consolida que el líder de la montaña porte un jersey blanco con puntos azules, que los puntos/regularidad recuperen su histórico verde y que el blanco quede para premiar la clasificación de la combinada.

El único punto de fricción, muy edulcorada, de este período es el de la clasificación de la combinada en tiempos en los que el blanco reconoce tanto en el Tour como en el Giro al mejor joven de cada edición. A Javier Guillén se le preguntaría en diversas ocasiones por qué su carrera no adoptaba ese modelo, a lo que él siempre responderá que la combinada es una clasificación 'muy de la Vuelta' que, además, cuenta con un sólido apoyo de esponsorización de la mano de uno de los patrocinadores más añejos tanto del evento como del ciclismo: Fertiberia.

Efectivamente la combinada ha estado muy presente en la carrera en los años 80, con un diseño multicolor en la misma onda que el Tour de Francia, pero no se recupera hasta 2003; y tanto en 2004 como en 2007, 2008 y 2009 no tendrá un jersey oficial propio. Quizá porque la carrera en sí, tal ha sido su sino, ha estado muy vinculada a la explosión de jóvenes talentos del deporte del pedal, alineados por sus equipos en la ronda española para que fueran conociendo la realidad de las tres semanas, lo cierto es que la mayoría de los años no ha existido una general para los jóvenes como tal. Con un par de excepciones; en 1970, con el antes citado Maillot Tigre que reconocía al mejor neoprofesional de esa edición; y en los primeros 90, con un estético jersey celeste. Desde luego, eso de Maillot Tigre o Jersey Celeste suena curioso, pero es historia y, llegados a este punto si hay que crear esa clasificación, ¿por qué no beber de ellas? De cara a 2019 se concreta el cambio y el jersey blanco pasa a la clasificación de los jóvenes. Fenie Energia, presente en la carrera desde 2017, se encarga de apadrinar esta modificación. A partir de 2022 Plenitude coge ese testigo.

Fertiberia, por su parte, se mantiene aún entre la nómina de firmas patrocinadoras. La firma de fertilizantes y productos para la agricultura desembarca en la carrera en 1996 con el eslogan 'La fuerza de la Vuelta' y ha permanecido fiel hasta los tiempos presentes en un caso de longevidad inédito en la historia de la prueba. Un caso que invita a acercarse a otros muchos de los patrocinadores que ha tenido la carrera desde su alumbramiento.

AUSENTES

"Sería para mí muy útil competir en España como entrenamiento para la Vuelta a Italia. Estoy seguro de que los aficionados españoles no me censurarán si participo en la Vuelta solo para probar mi fuerzas y sin planes ambiciosos"

(Fausto Coppi, 1956)

Cuando la filial ibérica de la firma automovilística FIAT apadrina un especial sobre la temporada ciclista 1993 desde el prisma del recorrido de las tres grandes para ese año, que se encarga de confeccionar el equipo de *Bicisport*, a la hora de abordar una previsión de la ronda española se refleja: "Las grandes figuras (Bugno, Chiapucci, Lemond, Chioccioli, Hampsten, incluso el 'local' Induráin) rechazan tomar parte en una Vuelta a España donde saben que se corre 'a muerte' desde el banderazo de salida y donde correr para prepararse significa hacer día tras día el más absoluto ridículo. Así las cosas, la Vuelta 93 que comenzará y acabará en tierras de Galicia, tendrá un claro color español. Y es que son nuestros equipos los que aportan las estrellas a la carrera". Este pasaje resume a la perfección las particularidades de la Vuelta en lo que a su participación se refiere en aquellos días. Da igual la organización que haya estado detrás de la carrera hasta entonces. Todas, por diferentes motivos, por causas distintas, han tenido que abrazarse a la realidad de que ni los 'ases' del momento ni muchos de sus grandes nombres del panorama coyuntural acuden a la carrera. Sus asistencias son puntuales. Circunstanciales.

La confección del pelotón es una constante fuente de preocupaciones y de quebraderos de cabeza, un recurrente enfoque mediático y un periódico foco de falta de autoestima que genera, aunque no se reconozca, sus buenos complejos de inferioridad. Ser una de 'las tres grandes', pero con la conciencia de ser la más pequeña o la menos importante. Cuatro décadas de esa reincidente dinámica acaban de alguna forma enraizando. Se interiorizan. "Las figuras no quieren correr la Vuelta a España". Un titular implacable de Javier de Dalmases aparecido en 1989. Son tiempos en los que en el Tour de Francia y en el Giro de Italia destacan corredores como Greg Lemond, Charly Mottet, Andrew Hampsten, Stephen Roche, Urs Zimmermann, Jean François Bernard, Steven Rooks, Laurent Fignon o Erik Breukink, entre muchos otros. Ninguno de ellos se apunta a la aventura de la prueba ibérica esa temporada. Y de la lista hasta cinco vienen, como máximo, en una única ocasión. Hampsten o Zimmermann de hecho nunca pisan la Vuelta. Todo ello hace más especial la castellanoparlante andadura del francés Fignon, que acude en tres ocasiones, logra varios triunfos parciales y acaba tercero en la general de 1987. "Los esfuerzos de Alberto Gadea resultan inútiles porque los hombres-Tour la consideran contraproducente", sigue De Dalmases. Por otro lado, el periodista catalán también constata: "En los equipos contratados las ausencias son más espectaculares que las presencias". Un ecosistema de once escuadras profesionales propias permite campear con holgura este temporal durante un buen trecho entre los últimos ochenta y los primeros noventa. Los setenta son mucho más baldíos.

Uno de los grandes complejos que ha arrastrado la Vuelta a lo largo de su historia ha sido el de la consideración y su impacto en el pelotón participante. La más joven entre 'las tres grandes', la primera que se disputa cada año, la que llega en un momento del calendario con mucha más oferta y de más pedigrí y calidad. Para muchos, la más prescindible. La menos importante. La más pródiga en desdenes. La que las grandes estrellas de turno de cada época esquivan por su ubicación. Y sin embargo por ese mismo motivo, cuando toca, a la que acaban acudiendo para añadirle una guinda al pastel de su palmarés. O en el ocaso de sus vidas deportivas, la de un último baile, sin margen alguno en las fuerzas propias para poderlo concretar. La del pedigrí relativo, sin el poder de convocatoria del Tour de Francia o la fortaleza intramuros del Giro de Italia. El peso de la historia y el poder de la pasión de las citas gala y transalpina son escenarios inasumibles para la carrera. Un pulso cara a cara es imposible. Especialmente con la 'Grand Boucle'. "El Tour es la única carrera verdaderamente internacional", proclama en alguna ocasión el comentarista técnico Eduardo Chozas. El madrileño, quien no se pierde ninguna edición de la Vuelta entre 1980 y 1993, nunca va a poder ga0nar al menos una etapa como sí logrará, y hasta en tres ocasiones, tanto en el Tour como en el Giro.

La Vuelta es una carrera con vocación internacional desde el primer momento, pero siempre con mucho apego, tan lógico como inevitable, por lo propio. Una querencia y un afecto que se convierten, así vienen dadas, en las materias primas fundamentales para la confección de los pelotones de las ediciones posteriores a la Guerra Civil y la Segunda Guerra Mundial. La Vuelta entonces es casi autarquía. A la fuerza. Una autosuficiencia impuesta porque faltan materiales, recambios y componentes; donde el carburante para la caravana es un bien escaso y también parvo es el papel de los medios que, en teoría, deben propagar el acontecimiento. Atracción cero para las figuras extranjeras. Si triunfa la desconsideración, se propaga el desinterés. Javier de Dalmases tiene un don para condensar en pocas palabras este fenómeno y su influencia: "El gran obstáculo de siempre: la participación". La confección del pelotón de muchísimas ediciones ha sido una labor ardua, ingente y compleja. Para rizar el rizo, la tarea se ha visto afectada por la vertiente local: la presencia, o no, de algunos de los mejores corredores nacionales del momento ha deparado situaciones complejas.

Tanto 1935 como 1936 son muy internacionales, pero a su manera. El ciclismo español debe mejorar su nivel, en general, y limar la fricción de muchos egos. Luego llega la Guerra Civil, la posguerra de luto y penuria y un contexto global marcado por la Segunda Guerra Mundial que arrasa con todo lo demás. Toca volver a empezar. Entre las siete ediciones celebradas entre 1941 y 1950, los años más artesanales, los de más fatigas, no faltará nunca la representación extranjera. Y está irá madurando de año a año en cuanto a número. Pero es muy testimonial. De los cuatro suizos que compiten en 1941 ya se pasa a una delegación diplomática mucho más consistente en 1947. Y salvo en 1941, cuando tanto todos los éxitos parciales como los absolutos son una cuestión patria, en todas las demás ediciones no faltan los triunfos foráneos e incluso Portugal, en su estreno participativo, también se suma a esta dinámica. Salvo excepciones, no son corredores de primera fila.

Lo anterior también plantea la constatación de una realidad: la Vuelta se configura como una 'tierra de las grandes oportunidades'. Muchos corredores se anotan en la península ese gran éxito que reluce en su palmarés y esta cuestión será una constante. Una parte del ADN de la prueba que, eso sí, también sufre una mutación a medida que la carrera evoluciona: esa gran victoria, aséptica, solitaria, pasa a ser la primera, la desencadenante, el origen de otras muchas. Otra lectura para la Vuelta.

Centrada en lo foráneo, la Vuelta en estos primeros años es una mina para unos pocos, aventureros o lúcidos, que tienen piernas para ello. El belga Edward van Dijck cuenta en su currículum con victorias de etapa tanto en el Tour de Francia como en la ronda por etapas de su país, pero la general de la Vuelta de 1947, de la que también extrae un par de etapas contrarreloj, se ubica por encima de todos. Muchos otros corredores no se asoman por la zona alta de la general, pero amasan su patrimonio en fracciones: el italofrancés Félix Adriano, en 1947, o el italiano Umberto Drei, en 1950, levantan los brazos hasta en cuatro ocasiones, y sendos botines les ubican durante muchos años en la cúspide de los foráneos más laureados, solo por detrás de Gustaaf Deloor. El belga Jean Lesage, el portugués João Rebelo, el italofrancés Celestino Camilla, los franceses René Vietto y Louis Thiétard son algunos de los nombres propios que pescan en el mar de la ronda española por, al menos, partida doble.

El caso del triunfo de Van Dijck, otro hombre 'ibéricamente' tutelado por la figura de Fons Vernsnick como en su día lo son los hermanos Deloor, también plantea la génesis de otro argumentario mediático muy recurrente en el futuro: el extranjero que se acaba imponiendo pese al brillo durante muchos días de unos corredores nacionales que acaban siendo presa del caos de sus rencillas. Muchos ciclistas foráneos son pescadores que sacan su ganancia en el mar revuelto de la Vuelta. Van Dijck, en la Vuelta más extensa de la historia, la de las 24 etapas, se mantiene en un segundo plano en el pulso entre Delio Rodríguez y Manuel Costa para aprovechar la primera crono, olvidar las pérdidas de tiempo generadas por un pinchazo camino de Oviedo y quedarse a 15 segundos del liderato. En la segunda crono se hace con el maillot blanco con franja roja.

Con el retorno de la prueba al calendario concretado en 1955, con la labor diplomática de *El Correo* y sus esfuerzos económicos paralelos, la Vuelta comienza a conseguir atraer durante las siguientes décadas a muchos de los grandes nombres del universo ciclista. Aunque sus apariciones son más a cuentagotas que en tromba y dependerán de la capacidad de seducción que tenga la organización en cada momento. Hasta la elección inicial de las fechas de la propia carrera pivotan en torno a esta idea y de hecho de cara a 1956 aún se sopesa seriamente una ronda española íntegramente ubicada en el mes de mayo, del 3 al 20. Entre las muchas aportaciones a destacar, la organización encabezada por Alejandro Echevarria y Luis Bergareche dinamita el aislamiento 'político' de la prueba en el contexto internacional y le da presencia en los principales foros de su deporte. Esto es clave para un rápido crecimiento y una más rápida consideración como actor del calendario ciclista. Aunque surgen amenazas, aunque se encuentra piedras en el camino y aunque le ponen palos en sus ruedas, la Vuelta avanza aferrada a la dualidad de desear la presencia de los mejores corredores internacionales y nacionales del momento y la realidad de ser 'una carrera trampolín' para muchos nuevos talentos. Un pasaje escrito por Francisco Yagüe en febrero de 1961, cuando habla sobre uno de los hipotéticos equipos foráneos que van a participar en la edición de ese año, resulta muy ilustrativo al respecto: "Todo el equipo belga de Groene es muy posible que participe. Grandes muchachos, mejores deportistas. La Vuelta a España les dio dinero y prestigio. Llegaron a ella con la etiqueta de 'petardos' y ahora son figuras en las que el ciclismo belga abriga las máximas esperanzas".

Con *El Correo* la Vuelta comienza a ser considerada una 'grande', pero inicialmente solo en términos de calendario. El mayor hincapié se hace de puertas para adentro. El apoyo de la afición, el buen trato a la prensa extranjera y la mejora de las infraestructuras tanto viarias como hoteleras aportan también su cuota de emergente reputación. Las estrellas van a ir brillando más en territorio ibérico. Y para que esto pase, claro, no se puede ignorar el dinero. Las pesetas como llamada de atención. En la parcela de los premios directos, por supuesto. Y también de una forma más discrecional, con esas fórmulas que incentivan y estimulan su participación. A través de los equipos, sí, también directamente con los protagonistas. La Vuelta ni es pionera ni tampoco un caso aislado en esto.

El concepto sigue de plena vigencia, aunque ahora impulsado por otros actores. Varias ediciones recientes del Giro de Italia han contado con un cabeza de cartel al que el evidente atractivo deportivo le ha venido acompañado con algún tipo de refuerzo positivo. Discrecionalmente. Un 'premio presenza'. El británico Chris Froome, el esloveno Peter Sagan, el belga Remco Evenepoel, los eslovenos Primoz Roglic y Tadej Pogacar… Partidas extraordinarias para estimular una participación y, con ello, incrementar el caché de la carrera. De estas cantidades no existe, como tal, una constancia oficial, aunque entre las bambalinas del ciclismo se dan por ciertas. La existencia de 'algo' queda subrayada en muchos acercamientos periodísticos. Y hasta es cuantificable en unos dos millones de euros. Patrick Lefevere, mánager del Soudal-Quick Step, ha sido el último en poner de relieve su existencia cuando, en mayo de 2024, airea un desencuentro con la organización. "Hasta hace unos meses, había una disputa financiera con RCS al respecto. Como Remco no terminó el Giro, no querían pagar la cuota de salida acordada", señala en su recurrente columna en las páginas de *Het Nieuwsblad*. El corredor belga, ganador de la Vuelta un año antes, acude a la Grande Partenza desde la Región de los Abruzos como uno de sus favoritos. Gana la primera contrarreloj y se viste de rosa, pierde la *maglia* y la vuelve a recuperar en la crono de Cesena. Pero en la etapa siguiente no toma salida (hay una jornada de descanso entre medias) porque da positivo por COVID-19. Aunque el ciclismo ya no está sujeto a las restricciones de movilidad de los días del *lockdown* derivados de la emergencia sanitaria, Evenepoel abandona. Mauro Vegni, director del Giro, dirá que el líder ha dejado la carrera como 'un ladro nella notte'.

La Vuelta actual ya no necesita de estas prácticas. En una entrevista con *El Confidencial* publicada en 2017, el actual director de la carrera Javier Guillén explica: "Son los corredores los que eligen venir, nosotros no les pagamos ni nada parecido para que vengan, lo cual podría ser algo legítimo, pero no lo hacemos porque no tenemos capacidad económica para ello y abriríamos un mercado que se podría disparar". La reorganización del ciclismo, por un lado, pero sobre todo el cambio de fechas al mes de septiembre y, por qué no decirlo, también el cambio de propiedad de Unipublic, han sido dos factores fundamentales. Decisivos. Desde ese punto de vista Guillén tiene toda la razón cuando habla de su carrera en estos términos ante la Asociación de la Prensa Deportiva de Valladolid: "La Vuelta ahora es un objetivo, no una excusa. Ahora los que vienen, lo hacen para disputarla». Todo el que quiera venir, bienvenido es.

Pero esto no ha sido siempre así y durante muchos años se ha hecho necesaria algún tipo de inducción. La cuestión de los fijos es una realidad universal para una inmensa mayoría de pruebas. Oficialmente los fijos son una invención. Y reglamentariamente no están tolerados. Ya en 1959, y refiriéndose a la ronda española, Francisco Yagüe aborda el tema en las páginas de *Pueblo* cuando escribe: "Se llamen 'fijos' o se llamen 'garantías sobre premios', lo cierto es que las cantidades ofrecidas antes de que se inicie la carrera existen". Aunque la lucha por la general no siempre se beneficia, es suficiente con que sí lo haga la nómina de asistentes. En la Vuelta de 1956 son de la partida tanto el francés Louison Bobet como el suizo Hugo Koblet. Tres ediciones del Tour en el palmarés del primero. Un Giro y un Tour en el del segundo. El histórico periodista Francisco González de Ubieta reflejará: "Tanto el francés como el suizo, han venido a la Vuelta a España a por la gloria y a por la "tela".

En el momento en el que *El Correo* se lanza a recuperar la prueba, de cara a 1955, una de sus prioridades es mejorar su capacidad de atracción. El ideal se mueve entre el equilibro de los mejores ciclistas patrios y los mejores foráneos. Los primeros son más factibles, aunque la llegada de los equipos de firmas comerciales, y el éxodo de algunas figuras, no siempre lo hace posible. Para los segundos, siempre más complicados, se apela a la cuestión económica. Del presupuesto de unos seis millones de pesetas de la época con el que cuenta la carrera en 1955, hasta un tercio está destinado a la parcela de los premios. Alejandro Echevarría, primer director de la Vuelta en los tiempos de *El Correo*, señala: "Sobre la base de conceder a los corredores, a través de las distintas clasificaciones, un millón quinientas once mil pesetas en premios, suponemos que puede montarse con grandes garantías de éxito la complicada construcción de la Vuelta Ciclista a España 1955". Una estrella italiana como Fiorenzo Magni, un emergente compatriota como Gastone Nencini o el francés Raphaël Géminiani, dentro de las ocho selecciones nacionales foráneas, son de una partida en la que no faltan Federico Martín Bahamontes, Miguel Poblet, Jesús Loroño o Bernardo Ruiz. Al francés Gaston Benac, decano de los periodistas deportivos especializados en ciclismo, la carrera le parece muy atractiva; pero también le lanza a la organización una sugerencia: reducir los fijos entregados a algunos corredores para incrementar aún más la partida de los premios y que así puedan acudir formaciones extranjeras más potentes con sus mejores corredores.

El 'señuelo monetario' es imprescindible para que la prueba interese, por mucho que en el plano teórico estos 'fijos' no estén permitidos. En 1956 toman la salida, entre otros, los franceses Louison Bobet y Roger Walkowiak, el suizo Hugo Koblet o el belga Rik Van Steenbergen. No acude Fausto Coppi, pero algún medio especula con un ofrecimiento de medio millón de pesetas. Estos cuatro nombres generan un clima de cierta animadversión hacia la ronda española desde varios foros mediáticos franceses e italianos que ponen el foco en las "cifras exorbitantes" y "contratos espeluznantes". A comienzos de marzo de ese año la Unión Ciclista Internacional celebra un congreso en París y hasta allí se desplaza Ángel Ezquerecocha Iturrioz, secretario general de la organización durante estos primeros años, para aclarar las cosas y calmar los ánimos. Cuando la organización negocia ciertas presencias, y firma ciertos contratos, se hace en base a gastos como las dietas diarias o los desplazamientos de ciclistas, materiales y (aún pocos) auxiliares. En la edición previa, los gastos de viaje de los corredores, la manutención de los equipos y los "restantes gastos que corren a cuenta de la organización" se elevan a 483 000 pesetas.

En las siguientes ediciones de la Vuelta no van a faltar los corredores ilustres, con buenos puestos y con éxitos significativos en otras competiciones, pero ya entonces es evidente que otros muchos nombres con recurrentes buenos resultados en Giro, Tour o pruebas de un día belgas no dan el paso de competir durante abril y mayo en la gran carrera española. Más allá de los premios, y pese a las bondades de sus itinerarios, la Vuelta parece haberse ganado cierta reputación como "indigesta" o "insidiosa" por su ubicación en el calendario y sus circustancias. Dentro de las fronteras, esto gusta. Pero es una lectura cortoplacista. En 1962, cuando Jacques Anquetil opta por retirarse a las puertas de Bilbao por problemas físicos, Julián de Sollube destaca sus implicaciones: "(Esta) circunstancia convierte a la Vuelta en 'tabú' para los grandes favoritos (Magni, Koblet, Bobet, Coppi, Riviere, Van Looy, Anquetil, etcétera), que en ella participaron". Como reclamo, poco atractivo.

Los ases, de primeras, y oficialmente, ni ven la carrera con buenos ojos ni bendicen estos 'contratos' con contraprestación económica. La normativa internacional tampoco resulta de ayuda. La legislación que se estimula es partidista y contraria a las conveniencias de la Vuelta. Tras una primera experiencia centrada en el contexto belga durante 1958, la Unión Ciclista Internacional se lanza a la protección del nivel de varias pruebas de un día, que denomina clásicas, y para ello induce la obligatoriedad de la participación de los corredores de primera categoría. La París-Roubaix, la París-Tours, el Tour de Flandes, la París-Bruselas y la Lieja-Bastoña-Lieja son las primeras privilegiadas con este don y, dadas las fechas de celebración de algunas, el choque de intereses con la Vuelta es evidente. Y devastador. Luis Bergareche, con vistas a 1960, tilda la situación de "debacle para el ciclismo español". No solo eso. Bergareche llega a poner encima de la mesa la posibilidad real de no organizar la ronda peninsular. "Todos los corredores belgas, franceses e italianos de primera categoría están obligados a correr en las clásicas protegidas o abstenerse de cualquieras otras pruebas coincidentes. Y ello significará relegar a la Vuelta a España a una segunda categoría al no poder contar con los *vedettes* internacionales. Esta protección a las carreras clásicas no crea ningún problema al Tour ni al Giro, por cuanto no hay coincidencia de fechas, pero sí a la Vuelta Ciclista a España, ya que hay clásicas que se corren a primeros de mayo en los mismos días de la Vuelta", denuncia.

En términos de confección de su pelotón, durante años la Vuelta no puede tener 'lo que quiere' y hace 'lo que puede'. De curso a curso. A la competición en la carretera le antecede otra, burocrática, diplomática, en los despachos. Solo su ingreso dentro de las puntuables para el Super Prestige Pernod, concretado de cara a la temporada 1964, atempera el panorama y permite reconducir la situación. En 1965, con vistas a contar con otro equipo belga, la organización brega arduamente con la Liga Velocipédica Belga y obtiene su veredicto favorable para que la estructura Wiels-Groene Leeuw de Albert de Kimpe pueda participar, uniéndose así al Solo-Superia. Con sus dificultades, con sus singularidades, con la evidencia de una predilección por el Giro de Italia y el Tour de Francia, la Vuelta prosigue con su crecimiento. En febrero de 1963 Francisco Yagüe visita la concentración de la vertiente española del Faema: "La Faema italiana obliga, como es natural, a correr el Giro. Y ahora la duda está entre la Vuelta a Esapaña o la Vuelta a Francia, puesto que correr las tres grandes rondas no es aconsejable ni para las figuras ni para los domésticos. ¿De cuál de las dos se prescindirá? Hay división de opiniones y de intereses, según los corredores. Por lo que respecta a los responsables de la Faema en Barcelona, su deseo indudable es correr la Vuelta, aun comprendiendo que el Tour da mayor resonancia al corredor y a la marca y tanto económica como publicitariamente es mejor para las dos partes".

Cuando Chico Pérez le pregunta a Luis Bergareche su creencia sobre si la nómina de 1965 es la que reúne a más figuras de toda la historia de la carrera, el vasco es rotundo en su respuesta: "Sin duda alguna". Todo hay que decirlo: esa es una cuestión recurrente en las previas. Pero este año se anuncia al francés Raymond Poulidor, dorsal 1 por su triunfo el año anterior, al belga Rik Van Looy y a los alemanes Rudi Altig, Hans Junkermann y Rolf Wolfshohl; y por el lado local, a Julio Jiménez, José Pérez Francés, Patxi Gabica, Valentín Uriona, Joaquin Galera, Antonio Suárez, José Luis Talamillo, Jesús Isasi, Antonio Karmany y José Segú. El broche de oro llega con Federico Martín Bahamontes, quien regresa tras cuatro ediciones de ausencia y mucho 'tira y afloja' anterior con la organización, precisamente por la cuestión económica. La de 1965 es la última de las siete apariciones del toledano por la ronda nacional, algunas muy mitificadas; y también su última campaña en activo.

Apenas ocho años más tarde, Chico Pérez aborda la cuestión de la participación de la edición de 1973, la única en la que participa el belga Eddy Merckx, en estos términos: "La Vuelta Ciclista a España 1973 no se parece en nada, al menos en cuanto a participación se refiere, a la de 1972. Sí; porque si la de 1972 pasó a la historia, exceptuando el triunfo de Fuente, como la ronda de la mediocridad en cuanto a participantes, no podemos decir lo mismo, ni mucho menos, de la del presente año, que hoy por la tarde se ha iniciado en la magnífica avenida de los Ejércitos de Calpe. La actual habría que definirla como la Vuelta de la calidad. O más bien, parodiando un símil publicitario, como la ronda de 'doble calidad', pues la participación de Merckx y Ocaña la hacen acreedora de todos los honores".

La andadura de los pelotones foráneos de la Vuelta se moverá en los siguientes años en ese prisma entre la ramplonería y el pedigrí, donde no faltan los astros, pero también se echan en falta a otros nombres propios que, por lo menos, puedan engalanar el despliegue. Entre los que vienen, no todos llegan en su mejor nivel o con las máximas ambiciones. El exciclista y director Javier Mínguez se refiere a esta circunstancia en estos términos, perfectamente atemporales, más enfocados a casuísticas concretas de finales del siglo XX: "La participación no fue mala, pero claro: una cosa es estar y otra, disputar". Luis Ocaña, nueve presencias, fidelidad y compromiso, barniza la carrera durante toda la década de los setenta con su renombre y con su ambición deportiva: uno de sus mejores embajadores de siempre. Desde Estepona, donde arranca la edición de 1976 con un pelotón de 100 participantes, Bergareche se queja con amargura: "A Maertens le teníamos contratado, pero luego Flandria nos dice que no, que no viene. Con los italianos es imposible, porque dicen que Vuelta y Giro son incompatibles. Y a los franceses se les tiene que descartar, porque en las fechas de la Vuelta se disputa los Cuatro Días de Dunkerque. Nos hace organizar con lo que queda y esto es injusto. ¿Qué diría (Felix) Levitan si en las fechas del Tour le colocaran otra prueba?". Unos años antes, como se ha visto, la instauración del control antidopaje también le genera un gran perjuicio a la carrera con la renuncia de tres formaciones extranjeras.

La irrupción de un jovencísimo Bernard Hinault, que logra la primera de sus diez generales en vueltas de tres semanas en la ronda española de 1978, comienza a reforzar ese carácter de la Vuelta como escenario ideal para marcar puntos de inflexión. Vivero de primeros espadas. No es un enfoque novedoso. Dos décadas atrás se pueden encontrar referencias en esta línea: "A la edición de 1966 de la Vuelta a España se la ha bautizado con el nombre de la 'Vuelta de la Juventud'. Mejor diríamos la Vuelta de la oportunidad. Pero no porque la ausencia de grandes 'ases' extranjeros faciliten la victoria de un español, sino porque la Vuelta, una de las primeras carreras por etapas del mundo, puede servir esta vez para consagrar a un corredor nacional". Poco se ha explotado ese papel de la carrera como escenario donde florecen y explotan nuevos talentos del deporte. Donde descubren sus posibilidades y donde exploran su techo. Esto, textualmente, es algo que ha llegado a formular el propio Chris Froome a la hora de explicar su cariño y su aprecio hacia esta carrera.

La salida voluntaria de *El Correo* en 1979 y las dudas que surgen sobre la celebración de la Vuelta, aunque fugaces, tambalean la presencia de algunos de los nombres que inicialmente habían aceptado el reto. Es algo puntual. De hecho, a Joop Zoetelmelk, el ganador final de la ronda española en 1979 hay que convencerle de que participe porque al conocer la suspensión de la carrera se ha comprometido con otras organizaciones. Con la sinergia entre la Federación Española de Ciclismo que encabeza Luis Puig y la Unipublic que lidera Enrique Franco, de alguna forma, se vuelve a la casilla de salida. Siempre, claro, con las fechas como corsé. Las de los ochenta son ediciones en las que, de nuevo, a la hora de confeccionar la nómina de participantes foráneos, se apela a muchas estructuras de clase media, mucho apego a Portugal y a alguna que otra estructura más sorprendente que procede del bloque soviético, como las selecciones de Polonia y de la URSS o un combinado estadounidense bajo la denominación Xerox - Filadelfia. Semanas antes del arranque de la edición de 1987 desde Benidorm, entre el lamento y el reproche, Alberto Gadea declara: "No es fácil contratar a las figuras. Aquí no es como en el Tour, que llaman a la puerta. Hay que ir en su busca. Me hubiera gustado tener al Toshiba, el equipo de Lemond; el Carrera, el de Zimmermann, Visentini, Bontempi y Roche; el Seven Eleven, de Hampsten... Los últimos están asegurados para el próximo año. Pero la Vuelta tiene ya el suficiente prestigio como para que los que vengan lo hagan para ganar, no para entrenarse".

Ese reconocimiento lo aprovecharán otros. Cuando Vladimir Malakov levanta los brazos en la meta de Madrid de la edición de 1985, se convierte en el primer ciclista de esta extinta nacionalidad que logra una victoria de etapa en una grande. Viktor Georgevich Demidenko sigue sus pasos un año después en Benalmádena. Y ya con el talento del Este más asimilado por estructuras deportivas italianas, especialmente el Alfa Lum tutelado por Primo Franchini, tanto la regularidad de Ivan Ivanov como la velocidad de Asiate Saitov, dobles vencedores de etapa, encuentran el respaldo de Viktor Klimov. Nacido en Crimea, y neoprofesional en 1990, Klimov porta durante cinco días el jersey amarillo patrocinado por Caja Postal.

"No tengo ni idea de lo que puedo conseguir, ni hasta donde puedo resistir. Soy un corredor completo, pero esta es la primera gran vuelta por etapas de mi vida y por ello todo es nuevo para mí. No conozco a mis rivales y ni siquiera el terreno por el que pasamos", dirá. Este contexto participativo también supone una enorme oportunidad, sin duda aprovechada, para un ciclismo como el colombiano.

Todo lo anterior no es óbice para que durante esta década no falten los ilustres de turno cada año. Especialmente en su primera mitad. Bernard Hinault, Joop Zoetelmelk, Lucien van Impe, Michel Pollentier, Sean Kelly, Giovanni Battaglin, Hennie Kuiper, Giuseppe Saronni, Roger de Vlaeminck, Francesco Moser, Robert Millar, Laurent Fignon... Alguno, como Moser, viaja proclamando sus ganas y su ambición, aunque el Giro de Italia siempre le queda a la vuelta de la esquina a los italianos. "Viajo a España a intentar ganar la Vuelta; cuando compito en una prueba, por pequeña que sea, siempre salgo a ganar. Por tanto voy a España en busca de la victoria", declara un hombre que, una década después, ya retirado, representa al colectivo ciclista y lucha por salvaguardar sus intereses. Pero a la Vuelta le falta coralidad en este apartado. También 'clase media' que no sea local. Y, sobre todo, una pluraridad de postulantes foráneos en una misma edición. Y con piernas para sostener la pugna en todos sus escenarios.

Las estrellas extranjeras que iluminan la Vuelta vienen a competir por el objetivo deportivo con ciertas garantías económicas. Condiciones ventajosas con las que seducir su presencia. Y las bondades del clima o, por qué no decirlo, puntualmente los recorridos. Por supuesto, se dan notables excepciones. La edición de 1983 se apunta el tanto de contar con los últimos ganadores del Campeonato del Mundo, el Giro de Italia y el Tour de Francia. Saronni e Hinault, equipos Del Tongo y Renault-Gitane, le dan mucho empaque a una carrera en la que se estrena la televisión. El presupuesto de la Vuelta para ese año se incrementa en veinte millones, subiendo de los 65 de 1982 a los 85. En su número de marzo, la revista *Sprint* indica que el francés va a recibir unos 350 000 francos de la época, al cambio unos siete millones de pesetas. El año 1983, sin duda, es especial en la historia de la carrera.

Aunque el pedigrí no equivale a combatividad, el cambio de fechas que afronta la Vuelta en 1995 permitirá modificar sustancialmente el paradigma. De inicio, más nombres propios que hechos concretos. Y también, curiosamente, con ediciones globales desde lo local: la potenciación de fichajes de corredores nacionales por formaciones foráneas, a la postre, supone que estos en muchos casos acaben liderando sus estructuras en la carrera. Esto repercute necesariamente, y no siempre de forma positiva, también en la participación genérica. Hasta marca una tendencia, a futuro, temporal, en el mercado de fichajes. Pero en esencia el cambio es positivo. Y lo será más aún con las futuras modificaciones del universo ciclista implementadas por la UCI, y los matices surgidos de sus pulsos con los grandes organizadores, esa tendencia de los mejores equipos y los mejores corredores en las mejores carreras. La Vuelta en septiembre gana autonomía, eleva su notoriedad, encuentra un espacio propio donde ofrece una oportunidad de redención a los rendimientos discretos, o desgraciados, en el Giro de Italia y el Tour de Francia; y también propone un escenario inmejorable, de fondo y de clima, para la puesta a punto de los Campeonatos del Mundo. El siguiente aspecto a mejorar con una singularidad propia es el modelo de carrera, una temática que para entonces ya se encuentra en proceso de maduración.

La ronda española muta su rol histórico de "la primera, demasiado pronto" al de "última oportunidad del año". Se populariza el mantra de que todo aquel que suspenda en julio, por el Tour, puede recuperar en septiembre. Y la ronda gala, al final, solo la gana un corredor. Septiembre consolida la ronda española, que también refuerza su papel como gran escenario para preparar los Mundiales. Unipublic recibe hasta 34 peticiones para tomar parte en la edición de 1998. Y un año antes, también con una treintena el buzón de entrada, tampoco ha mostrado muchos apuros en aceptar la renuncia del T-Mobile, inicialmente seleccionado, porque su líder, el danés Bjarne Riis, no se encontraba en forma. "Por primera vez en muchos años podemos decir que tenemos un verdadero *overbooking* de solicitudes de equipos para tomar parte en la Vuelta a España. De este modo tenemos la posibilidad de escoger los conjuntos participantes en función de los líderes que traigan", comenta con la finalización del Tour un exultante Alberto Gadea. Cómo han cambiado las tornas.

Al filo del cambio de siglo, el movimiento en el calendario le ha dotado de una potestad y de una independencia desconocidas. La irrupción del Angliru en el recorrido y el tsunami de interés mediático por el evento que le acompaña suponen una sacudida de prejuicios y complejos sin precedentes. "Vamos a echar el resto para traer a Ullrich y a Pantani", llega a proclamar un Enrique Franco muy consciente, y disfrutón, con el nuevo estatus de su carrera: "Es verdad que la grandeza de la carrera la aportan, sobre todo, los equipos y los ciclistas españoles. Pero este protagonismo se agiganta si los rivales son las escuadras y las figuras principales del reparto internacional".

Efectivamente. Aunque el ciclismo ha cambiado muchísimo en unas décadas, hay cosas que nunca podrán mutar. Ni el mejor ni el más potente de los *marketing* puede sustituir el calor de unas palabras de afecto y respeto. Las mejores promociones son las orgánicas, las sentidas. El cariño que se extrae de la naturalidad de una conexión y una sintonía que pueden sorprender y resultar hasta cierto punto inexplicables. El prestigio es más sólido por ese camino.

La Vuelta ha pasado muchos apuros para contar con pelotones de calidad, pero con el cambio de fechas y la consolidación que deparan más de dos décadas, han florecido compromisos impagables. Embajadores en ejercicio emparentados con la nobleza ciclista del momento. Antes de esa mudanza, cómo ignorarlo, el suizo Tony Rominger, que compite para un equipo de casa. Después del cambio, tanto el británico Chris Froome como el esloveno Primoz Roglic emergen como sus dos más grandes exponentes. La evolución de nuevas plataformas de comunicación amplifica mensajes para una audiencia que, herencia de la universalización impulsada desde finales del siglo XX, también es más internacional. En Froome y en Roglic se encuentran dos de los mejores reclamos que ha tenido nunca la Vuelta y ambos lo son por su compromiso, su constancia y su reincidencia. Y su discurso. Sin saberlo, sin ser plenamente conscientes, su vertiente deportiva encuentra implicaciones diplomáticas. Froome y Roglic, embajadores de la Vuelta contemporánea.

Roglic, claro, se ha labrado un espacio propio en el sanctasanctórum del evento. Cuatro triunfos en su general, entre otros motivos. Roglic no solo ha encontrado en esta carrera un ecosistema de gloria y éxito, también ha confirmado en él que la veteranía tiene margen para grandes logros. Su primera victoria en la Vuelta se fragua cuando frisa la treintena. "Para mí esta carrera es especial", le reconoce a Dani Miranda, periodista del diario *As*. "Y lo es por todos los éxitos que he conseguido en ella. En cuanto a resultados, no hay otra mejor. Me gusta, pero no deja de ser siempre una carrera muy exigente. Cada año hay grandes cimas, etapas de todo tipo, perfiles duros, gente entusiasmada, calles abarrotadas... correr la Vuelta es genial".

Y de tanto que es así, hasta alimenta ironías que, lejos de caer en la chanza más inoportuna, son todo un piropo. A comienzos de la temporada 2022 le preguntan por sus objetivos, siempre con el Tour como espinita clavada: "Todo el mundo sabe que únicamente hago el Tour porque así puedo prepararme mejor para la Vuelta". Un guiño simpático que, al mismo tiempo, y sin quererlo, es toda una consideración para la carrera. Cuando ese mismo 2022 se impone en la general del Criterium Dauphiné, recuerda: "Me voy a coger unas vacaciones ahora en junio y luego toca el Tour, que será la preparación para la Vuelta". Roglic ha hecho más grande la Vuelta. Y la Vuelta a Roglic. Red Rogla. El esloveno se ubica en la parte alta de muchos de sus apartados estadísticos. Y tras Eddy Merckx, pionero en 1973, se ha convertido en el segundo ciclista de toda la historia que encadena triunfos en Lieja-Bastoña-Lieja y la Vuelta.

Si el caso de Roglic se refuerza con sus éxitos, en el del británico Froome es gracias a su insistencia. En la Vuelta Froome se descubre a sí mismo. Destapa su potencial. Y aunque lo despliega en otros horizontes, con el Tour de Francia al frente, en ese proceso se muestra muy comprometido con lograr también una victoria final en la ronda española. Sin embargo, ese resultado se le resiste, entre lesiones y abandonos, fortalezas ajenas, despistes tácticos, desventuras y sinsabores, y toda esa andadura le aporta una mística impagable. El proceso llega un momento de especial exposición del ciclismo al universo anglosajón que, de forma paralela, refuerza la consideración internacional de la carrera, su modelo, como acontecimiento de primer nivel. Aunque en el seno de Sky Procycling el objetivo es pelear la general de 2011 con Bradley Wiggins, retirado del asalto al Tour por una fractura de clavícula, Chris Froome entra en erupción desde la labor de gregario.

El británico vive un hechizo con la Vuelta. Allí llega su primer liderato en la carrera por etapas y en ella llega su primer triunfo en una grande. En la ronda española se acaban ubicando algunas de sus localizaciones más admiradas. La ciudad de Salamanca o la estación de esquí de Cabeza de Manzaneda son otros de esos emplazamientos. La ciudad universitaria, tras una crono, por ser el lugar en el que se viste por primera vez de líder en una gran vuelta. El centro de actividades de la montaña ourensano, por albergar la meta del primer día en el que Froome luce el rojo y lidera, por primera vez, una Gran Vuelta. Será un liderato fugaz, porque en la cumbre pasa a espaldas de su compañero de equipo y jefe de filas Wiggins. Pero días después, en el Angliru, el líder cede demasiado tiempo y la Vuelta se convierte en un mano a mano entre el nuevo rojo, Juanjo Cobo, y un Froome que se encuentra a 20 segundos y que logrará acercarse hasta los 13. En ese pulso llega Peña Cabarga. "Es una de mis victorias favoritas, mi primera como profesional", dirá. Cuando la carrera regresa unos años después, se marca el objetivo de repetirlo. Es el mismo enclave. Es el mismo nombre. Pero con un estatus deportivo muy diferente.

Froome acaba revitalizando la posibilidad real de concretar un encadenado entre el Tour y la Vuelta. Universo ASO. Un reto factible. Con el cambio de fechas afrontado por la carrera en 1995 no son muchos los ganadores de Tour de Francia que optarán por competir en España después de la resaca del éxito en París. Carlos Sastre, en 2008, de hecho, es el primero; Óscar Pereiro y el luxemburgués Andy Schleck lo van a acabar siendo con retroactividad, dadas las anulaciones de los triunfos de Floyd Landis y Alberto

Contador en 2006 y 2010, respectivamente. Lo que Froome hace es darle valor y contenido a ese reto. Froome se exprime en la Vuelta. Él es el gran abanderado de esta insistencia del doblete y en el periplo rubrica circunstancias pioneras: es el primer corredor en toda la historia que encadena tres victorias en el Tour de Francia con presencias posteriores en la Vuelta.

Cuando Froome, a la sexta, logra por fin su ansiado jersey rojo en Madrid, no puede ocultar su especial satisfacción. La Vuelta 2017 es especial. La de 2011 llega desde los despachos, cuando se recupera de una terrible caída que le impide volver a su nivel: "He estado luchando por este triunfo durante seis años. Es increíble estar esta vez en el escalón más alto. Después de ganar el Tour, mi siguiente gran prioridad es la Vuelta. Es la carrera en la que mostré por primera vez mi potencial para una clasificación general". Únicamente dos corredores han sido capaces de sumar el triunfo en una misma temporada en la Grande Bouclè y en la Vuelta, y en ambos casos, los dos franceses, el 'Tour-Vuelta double' llega con la cita ibérica en los meses de la primavera. Jacques Anquetil, en 1963, un éxito que paralelamente le permite inaugurar la 'triple corona' en lo que a las grandes vueltas se refiere, y Bernard Hinault, en 1978, son sus firmantes. Un normando. Un bretón.

La Vuelta ingresa en otro nivel. De los ausentes, a los presentes.

CERVECITA

"El factor económico nos trae todos los
años por la calle de la amargura"

(José Luis Albéniz, 1973)

1989. El paso bajo la pancarta de los esprints intermedios, una clasificación secundaria de las varias que conviven en esos días, está auspiciado por una marca de cerveza; la etapa de la jornada cuenta con el soporte introductorio diario de una firma de vinos, entre la todavía comedida diversidad de vallas que acompaña el ecosistema de la carrera es factible dar con una marca de anís que, además, y más importante, se encarga también del mecenazgo de la *flamme rouge*, el último kilómetro; no se puede obviar que en los últimos metros ciclistas y aficionados se encuentran acompañados por indicaciones diversas de una importante marca de tabaco de origen estadounidense que, paralelamente, también deja su impronta en el firme a ambos lados de la línea de llegada. ¿Es todo? ¡En absoluto! El paso por los últimos diez kilómetros se concreta bajo una bebida espirituosa muy vinculada durante años a la puesta en marcha de la carrera. Y además de la escrupulosa presencia de estos benefactores comerciales en el libro de ruta oficial, todos tienen la compañía adicional de una firma de brandy de Jerez. Águila, Paternina, La Castellana, Lucky Strike, DYC y el 1900 de las gaditanas Bodegas Terry son esas marcas que sustentan la parcela promocional de la competición. Varias de las mencionadas ya llevan alguna que otra edición. Otras seguirán manteniendo su apoyo en el futuro. E incluso incrementándolo.

Para 1994, por ejemplo, el *whisky* persevera firme en el amparo de su apoyo tanto a nivel de recorrido, líneas de meta mediante, como de competición y señalización, abrazando las pertinentes pancartas de los últimos 25 y 10 kilómetros y, también, la del kilómetro final con su respectivo cartelón; DYC adicionalmente le da soporte al gran premio de las metas volantes y a la inserción publicitaria presente en las torres de cronometraje que flanquean la línea de llegada.

La cerveza Águila, menudo ascenso el suyo, patrocina desde este mismo año el gran premio de la carrera. Una ambiciosa inversión de la que trasciende, de manera aproximada, su montante y su duración: un acuerdo de 300 millones de pesetas por cada uno de los cinco años firmados. Al bautizo del jersey aún amarillo y del televisivo arco de meta se le añaden, en esta edición concreta, la pancarta de salida y una importante cantidad de la publicidad estática que aparece en las cunetas de la carrera. Participada por Heineken desde 1984, cuando la multinacional neerlandesa se hace con algo más del 30%, Águila protagoniza la introducción de la marca Amstel en el mercado español, un proceso del que la Vuelta es testigo privilegiado en la imagen corporativa que la acompaña: del Águila Cerveza de 1994 y 1995, en el 1996 en el que Heineken se hace con la totalidad de la compañía ya se hablará hasta el final del acuerdo de Águila Amstel. ¿Y qué pasa con el tabaco en 1994? De los cigarrillos rubios antes citados, a la variedad del negro: Ducados, una marca creada por Tabacalera en los albores de la década de los años sesenta, se vuelca a fondo con el engalanado de la señalización vertical y horizontal de la zona de meta.

Durante las décadas de los años ochenta y noventa, la Vuelta tiene una dimensión de copa y de puro. Pero el alcohol ya ha aparecido en el menú anual de la ronda española en alguna edición anterior. En los setenta, por ejemplo, y sirva la de 1973 como abanderada, se dan ediciones con el apoyo oficial de Ponche Caballero, Cervezas Estrella Dorada, la ginebra Burdon´s o por supuesto el mismo licor Karpy, el bautizado por las Carmen y Pilar de la tercera generación de la familia Acha, que durante una década también apadrina desde Amurrio una estructura ciclista. Brandy Soberano, Coñac Felipe II, Ginebra Bols, Cervezas San Miguel y Cervezas Norte, Vino Ardau y las bodegas de Federico Paternina habrán ido apareciendo más o menos testimonialmente en ediciones anteriores. En 1959 Soberano apadrina la clasificación de la montaña, Anís La Asturiana premia al mejor equipo de cada etapa y Martini, al mejor español en la general durante cada fracción. El fenómeno trasciende la Vuelta: licores, espirituosas y picaduras de tabaco son parte del ecosistema ciclista del calendario nacional, especialmente en todas aquellas carreras en las que Unipublic se encarga de la gestión comercial.

El ciclismo es promoción. Relaciones Públicas. Y sobre todo su modalidad de ruta, que no es la única, pero sí ha acabado siendo la portadora de la quintaesencia mediática de esta disciplina. La publicidad ha encontrado en su alta competición uno de sus grandes canales de difusión dentro del universo deportivo. Las características inherentes a su ser, la itinerancia, el calado entre el público, su capacidad de trascender más allá de unas fronteras, convierten al ciclismo en un embajador, en un altavoz, en un trampolín. Y muy eficaz. Sobre todo, en términos económicos.

Siempre se ha destacado la rentabilidad de la inversión publicitaria en el ciclismo. En los últimos años se está poniendo especialmente el foco en los retornos directos y la vinculación de estos con la Vuelta ponen sobre la mesa cifras que rondan los 400 000 euros, como concretamente sucede en agosto de 2024 en el contexto de la llegada de la carrera a la ciudad de Córdoba. Se estima, y así lo ha puesto de manifiesto durante el último lustro el periodista especializado en la dimensión económica del deporte Miquel López Egea, que en torno a un 80% de los ingresos de Unipublic proceden de los acuerdos de patrocinio, esponsorización y mecenazgo. Sea así o sea más matizable, el impacto es muy alto frente a un gasto que comparativamente es mucho menor que en otras actividades deportivas. El ciclismo genera rédito. No todas las marcas lo logran, por supuesto, pero la mayoría de las que han pasado o están en el ciclismo tienen un recorrido muy interesante en cuanto a popularidad y notoriedad que trasciende la afición más especializada y proactiva. Todo ese ejercicio resulta especialmente entretenido por la evolución de la tipología de los anunciantes, sus sectores y sus objetivos mercantiles.

La Vuelta, y en esto, la ronda española obviamente ni es ni puede ser una excepción, es imposible sin el apoyo de patrocinadores y esponsors. El ciclismo tiene unos costes fijos muy altos, no es un deporte sencillo en cuanto a organización, y por ello el concurso y la participación de firmas comerciales es crucial. A medida que el involucramiento de estas se ha hecho más patente, constante y robusto, también ha embastecido la salud financiera de las organizaciones. Las carreras son mejores carreras, ofrecen mejores premios, cuentan con mejores medios y hasta las escenografías logísticas, que son las únicas que pueden controlar, mejoran. También crece el número de medios materiales y esto, en términos deportivos, puede dificultar llegar a sitios donde sería interesante hacerlo o donde se ha hecho en el pasado. Lo que viene siendo el "albergar la caravana de la carrera". De hecho, y esto tampoco es excepcional de la Vuelta, las grandes pruebas itinerantes cuentan con responsables que estudian minuciosamente las ubicaciones donde instalar las salidas y las metas. En el caso de la Vuelta, desde hace más de tres décadas, Pedro Lezaun Baquedano. Diariamente, durante tres semanas, se mueven varias toneladas de material en el acompañamiento de la carrera. No todo son bicis, no todo son pedaladas.

Por las pancartas, las vallas, las señalizaciones y hasta la caravana publicitaria de la Vuelta a España han pasado decenas y decenas de firmas comerciales de productos y servicios en estos noventa años de existencia. Un recorrido que permite esbozar un acercamiento curioso a la evolución de los usos y costumbres de la sociedad española, incluso a su emprendimiento, si no ya a un punto de vista muy interesante de la historia misma del país. Esa presencia en los soportes de la carrera no ha sido constante en el tiempo, al contrario: ha sido fruto de una evolución que entronca con la maduración misma del evento. Al más puro estilo de algunos de los brandis que ha contribuido a promocionar.

Al principio la gran publicidad no existe como tal y el mecenazgo se circunscribe a la denominación de los equipos, los premios y el gran premio final. El peso organizativo lo soporta una empresa periodística o una institución de naturaleza política; sobre esa base, diferentes instituciones o personalidades aportan a título propio sus dineros y sus trofeos. Con el relanzamiento de la carrera a manos de *El Correo Español-El Pueblo Vasco*, en 1955, la cuestión publicitaria vive una primera revolución. Precisamente uno de los argumentos que justifican la recuperación de la carrera a cargo de Alejandro Echevarría, Luis Bergareche y compañía, no el único ni el más importante, es la seducción que en ellos despierta el paso de la caravana publicitaria del Tour de Francia en alguna de las etapas que viven in situ en los primeros años de la década de los años 50. Ese despliegue, trasladado a una carrera en territorio nacional, y con el trasfondo de vender más ejemplares de su periódico que los rivales y líderes de *La Gaceta del Norte*, resulta muy interesante. A más notoriedad, más interés; a más interés, más publicidad; a más publicidad, más ingresos; a más ingresos, mejor carrera; a mejor carrera, más notoriedad… Como la rueda de la bicicleta, avanzando hacia adelante. Una retroalimentación de éxito garantizado.

La marca de bicicletas BH auspicia el Gran Premio de la Vuelta 1946, la firma de transistores madrileña Agris Radio el de la edición 1948 e Iberia Radio el de 1950. Son exposiciones pioneras en un contexto donde lo primordial es un punto de equilibrio entre padrinos del sector, como marcas de tubulares o fabricantes de bicicletas, bienhechores privados y las siempre necesarias aportaciones de las localizaciones por las que pasa la carrera.

Con *El Correo* la Vuelta vive una primera edad de oro en lo que los patrocinadores se refiere, aunque esto tampoco se traduce en términos de rentabilidad. De hecho, la Vuelta prospera desde cierta insostenibilidad. También para los equipos es un momento importante, ya que comienzan a ser 'comerciales' a partir de 1963. Pero la carrera, en términos de *cash*, es compleja. A Luis Bergareche se le pregunta de tanto en cuanto sobre la cuestión y su discurso no se mueve ni un milímetro en tres lustros: pérdidas, por un lado; pasión, mucha, por otro. Se lo dice a Bobby Deglané en 1964 en una ceremonia de premios y se lo refresca a J. J. Paradinas en 1973: "Tenga en cuenta que la Vuelta no se ha organizado nunca con la intención de ganar dinero". El problema de la carrera es estructural y va de la mano con los ímprobos esfuerzos que cada año se llevan adelante para hacer crecerla. Uno de esos esfuerzos invisibles que el equipo organizativo de *El Correo* ha aportado, sin rédito de reconocimiento suficiente. La cuestión económica también está detrás del agotamiento, la frustración, el desencanto que, solo en una parte, explica la renuncia a sacar la carrera adelante en enero de 1979, pero este punto merece un capítulo propio.

Con *El Correo* comienzan a llegar firmas comerciales privadas, surge la consideración de "Amigos de la Vuelta" en los libros de ruta e inserciones periodísticas paralelas y se pone en valor una pequeña caravana publicitaria. En 1961, bajo un titular 'nada amarillista' como "sensacionales novedades en la Vuelta a España", se destaca la incorporación a la caravana publicitaria que acompaña a la carrera del camión de Máquinas de Coser y Bordar Sigma, desde el que se reparten boletos gratuitos para participar en el sorteo de veinte unidades, y de otro vehículo especial en el que el grupo musical guipuzcoano Los Xey, muy de moda entonces y con gran fama en el mercado mexicano, amenizan al personal.

También van madurándose cuestiones de adaptación al que quiere poner su dinero: si se trata de una marca de electrodomésticos y bienes de consumo que desea patrocinar el gran premio, el trofeo que reciba el ganador final también va a estar influenciado por este. Y lo mismo si el mecenas es una firma de cuchillas de afeitar. Por supuesto aquello del 'el que paga, manda' trasciende más allá de las ediciones de *El Correo* y con Unipublic, que no deja de ser una agencia de publicidad en un sentido más puro del término, no solo es algo que se mantiene, sino que también, como se verá, se perfecciona.

Con el equipo de Alejandro Echevarría y Luis Bergareche al frente comienzan a aparecer patrocinadores y proveedores de largo recorrido. Para 1966, Festina lleva varias ediciones encargándose del cronometraje de la competición. Más que amigos de la Vuelta. Y en este rol se mantiene ininterrumpidamente hasta 1973, año en el que es relevada en ediciones posteriores por Reloj Orient, Reloj Camy o Longines. La Vuelta de *El Correo* implementa y perfecciona las relaciones públicas, es una escuela, un campo de actuación único, el mejor de los másters: entre 1968 y 1972 un barcelonés llamado Luis Bassat se encarga de la dirección de esta área dentro de la organización de la Vuelta. Unos años después fundará Bassat y Asociados, germen del Grupo Bassat, Ogilvy & Mather. Referentes internacionales del sector de la publicidad.

En la Vuelta que se impulsa desde el País Vasco una de las primeras manifestaciones de patrocinio privado de la historia de la carrera se concreta en la nomenclatura de las etapas. En 1955 no todas las fracciones están cubiertas, pero ocho de las jornadas se disputan bajo una etiqueta. La influencia del área geográfica es clave. Cementos Rezola, Gran Hotel y Hotel Goya, Sánchiz Bueno S.A., Valca, Crema Nieva, Marca, Reloj Nivada y Vespa portan el honor de este amadrinamiento de fracciones concretas. Un año después, en la edición de 1956, el *naming* de las etapas se lo reparten entre las marcas de bicicletas BH y Velosolex-Orbea, alternándose entre las pares y las impares como criterio de distinción. ¿Etapa 1? Etapa BH. ¿Etapa 2? Etapa Velosolex-Orbea.

Este fenómeno, con diferentes mecenas, se produce durante varios años. Vermout Martini, Insecticidas Condor, Caubania, Suquets, Transportes Ochoa, JIM Fabrilmalla, Cervezas DAMM, San Rafael, Talleres Madurga, Auto Exposición, Alime, Moto Vespa, Agroman, Manufacturas Gabarró, Almacenes e Industrias Eduardo Sanchiz Bueno, Frenos Urra, Talleres de Levante, Coca-Cola, DKW-Ciadasa, Sigma, Aguas de Lanjarón, Industrias De Mendoza, Bilbao y Goyoaga, Jabones Bilore, Detergente Secopón, Velosoles Orbea, Leches y batidos Gurelesa, Galerías Preciados, Club Drink, Abonos Biona, SEB-Magefesa, Estufas Rally Matic, Cervezas Norte, frigoríficos Westinghouse, Muebles El Modelo, Electrodomésticos Rutón, los periódicos *Informaciones*, *El Correo de Zamora*, *Heraldo de Aragón*, *El Mundo Deportivo* o *El Diario Vasco* emergen aislada o periódicamente en el período 1955-1963 como mecenas.

En 1964 Electrodomésticos Ruton encara el *naming* de todas las etapas e idéntica circunstancia se da en el trienio siguiente,

1965-1967, cuando Westinghouse asume el mismo rol, diversificándolo entre lavaplatos, lavadoras, frigoríficos, televisiones y acondicionadores de aire. Soluciones más evidentes que imaginativas para comercializar un deporte con muchos gastos organizativos. El caso de Westinghouse es si cabe más peculiar. La histórica marca estadounidense entra con un gran apoyo y hasta estimula el seguimiento mediático de la carrera impulsado un certamen que premia con 25 000 pesetas de la época a la mejor colección de crónicas de la carrera "en las que se reflejen las gestas de los corredores, aspectos turísticos, cuestiones históricas, monumentales y folklóricas de aquellas localidades por donde pase la Vuelta". Por contextualizar, en ese año los precios de su gama de frigoríficos oscilan entre las 8500 y las 15 000 pesetas. En 1968, el mecenazgo concreto no se articula; o no al menos como en ediciones previas. En 1969 todo el recorrido es Filomatic y esa dinámica se mantiene explícitamente mencionada en los libros de ruta hasta la edición de 1972, inclusive.

Agencia de publicidad con presencia previa en el mundo del deporte, sobre todo el atletismo, y posteriormente también diversificada, especialmente al baloncesto, Unipublic no solo es una tabla de salvación para la Vuelta en momentos muy difíciles. Su concepción más promocional aporta un soplo de aire fresco, revoluciona la carrera. Puede gustar más o menos esta afirmación, pero la evolución histórica apuntala de razones al aserto. No se puede saber qué hubiera pasado con la Vuelta sin Unipublic, pero desde luego hay una historia exclusivamente 'unipública' en lo que a la Vuelta se refiere. Unipublic no se hace directamente con las riendas de la Vuelta, como se verá en otro capítulo; lo suyo inicialmente es la captación de firmas comerciales que permitan salvar la carrera. Gracias a su concurso, la ronda española sale a la carretera en 1979. El libro de ruta de este año presenta una portada peculiar e inédita, con hasta trece firmas comerciales y sus logotipos presentes en la misma. A un libro, dicen, no se le puede juzgar el contenido por la portada, pero a esta tipología y en este contexto se le puede calificar sin temor a la equivocación como un termómetro infalible del estadio de la cuestión. En el de la edición de 1980 crece hasta las diecisiete. En 1981 vuelven a ser trece; en 1982, veintidós. En 1983, realmente el último de la colaboración entre Unipublic y la Real Federación Española de Ciclismo a través de ese 'Comité Organizador de Manifestaciones Ciclistas' impulsado tres años antes por Luis Puig (en 1984, empero, se mantiene su presencia en el libro de ruta), nada menos que veinticinco. Al año siguiente esta fórmula de presentación, llamativa, realmente poco estética, deja de ser utilizada; pero la impronta de una mayor captación publicitaria permanece.

Con Unipublic llega la gran publicidad. A Unipublic también le toca capear una gran crisis económica que también deja su huella en la fortaleza de la organización y estimulará la idoneidad de un proceso de venta. Por la caravana de la Vuelta han pasado cientos de patrocinadores, privados, públicos, mixtos, e incluso inclasificables en el más honesto sentido del término. La capacidad de captación de patrocinios para la carrera resulta en ocasiones un tanto voraz. Si una firma se interesa en el ciclismo, en algún momento es muy posible que sea directa o indirectamente tanteada por Unipublic. Circula alguna leyenda urbana sobre la cierta falta de filtro y mesura, sobre una insaciabilidad que incluso hace tambalear proyectos deportivos. Al final el asunto tiene un sustrato de lógica de mercado. Y allí el pez grande se impone al chico.

Unipublic también hace lo contrario: durante varias ediciones de los años 80, y gracias al ecosistema mediático con el que cuenta, estimula, intermedia y propicia el acceso de patrocinadores nacionales a estructuras extranjeras, una idea con la que busca atraer en la medida de lo posible a mejores escuadras y a primeros espadas; ya se sabe: la participación siempre ha sido un caballo de batalla real hasta la mudanza a septiembre. En ese sentido es posible encontrar a El Corte Inglés apoyando a una formación portuguesa o a la empresa de camiones y vehículos industriales Pegaso, hoy en día (y desde mediados de los años 90) integrada en la italiana Iveco, colaborando con el Systeme U-Böse de Cyrile Guimard. Lois, la empresa textil valenciana que avala el gran premio en la conocida como 'Vuelta del milagro' de 1979, se une a la modesta formación belga Fangio Sinergias puntuales de naturaleza promocional.

Acaso una de las grandes particularidades de la Vuelta, durante lustros, y en un contexto relativamente reciente, es esa presencia de varias marcas de tabaco y de bebidas alcohólicas, espirituosas o no. Una aparición que ha apoyado el fortalecimiento de la carrera, sin duda, pero también ha supuesto una asociación un tanto compleja de digerir, porque la práctica deportiva y el fumar, o la ingesta alcohólica, no son actividades precisamente complementarias. Pero ahí están esas fotos ochenteras de la Vuelta en la que la zona de meta apela al Lucky Strike, al Sombra, al Diana. Son tiempos en los que la consideración del tabaco es muy diferente, a nivel social es un hábito muy extendido y mucha de la gente que conforma la caravana de la carrera es fumadora. Enrique Franco, sin ir más lejos, es fumador. Y fumadores también ha llegado a haber entre los propios ciclistas profesionales. Un doble ganador de la carrera, José Manuel Fuente, Tarangu, fue un gran consumidor de cigarrillos. El alcohol, igual. Unipublic también tutelará durante años una entidad de atletismo profesional vinculada al Club Atletismo Moratalaz que cuenta con el sustento económico de la Ginebra Larios.

Otro de los patrocinadores más longevos y activos de la carrera es el Whisky DYC, una colaboración que es posible en gran parte por la afición de Manolo Piñera al ciclismo. La segoviana Destilerias y Crianza del Whisky apadrina la carrera, alberga salidas y metas, también señalizaciones e incluso clasificaciones secundarias con sus maillots específicos a lo largo de una vinculación que se remonta a 1982. Lo de las etapas en instalaciones industriales o pertenecientes a un patrocinador no lo inventa DYC, pero sin duda sí que contribuye decisivamente al desarrollo y la consolidación de un fenómeno en el que es líder y referencia absoluta: entre 1982 y 1996 la firma de espirituosas alberga una quincena de presencias en los recorridos de la carrera como línea de llegada de etapas en línea o contrarreloj.

Lo de las "etapas de empresa", no obstante, hay que remontarlo hasta 1977, cuando se programa un final en la factoría de la firma Super Ser, ubicada en Cordovilla (Navarra). Desde entonces, camino de los cincuenta años, el fenómeno se dirige al medio centenar de casuísticas. Este honor ha recaído en factorías automovilistas, fábricas de productos alimenticios, instalaciones de televisión y, tan reciente como la sede de Aluminios Cortizo de Padrón, en A Coruña, de 2024; este mismo año la Vuelta ha llegado a tener una salida de etapa desde el interior de un supermercado: la sexta etapa de esta edición, en una acción de gran visibilidad en términos de activación de patrocinio, parte desde el interior de las instalaciones del Carrefour Sur de la población gaditana de Jerez de la Frontera. El gigante de distribución de origen francés apoya el gran premio de la carrera desde la edición 2013 y su presencia ha trascendido el jersey rojo o mucha de la infraestructura de la carrera para saltar también a la versión femenina de la carrera. Cuando la ronda española cumpla los 90 años de vida, en 2025, Carrefour podrá presumir de haber estado, de momento, apoyando el gran premio de la carrera durante trece ediciones. Posiblemente ese rol suponga ser el patrocinador de mayor visibilidad, algo que físicamente en términos de infraestructura es real, y por tanto el aporte económico tiene que ser mayor.

Carrefour se ha convertido con esta apuesta en la firma comercial más longeva en el cargo, superando los once años de la desaparecida entidad bancaria Caja Postal (1981-1991), las seis ediciones no continuas de la firma de neumáticos Firestone (1955-1961, con la margarina Tulipán ostentando el honor en 1959 en el décimo aniversario de la creación de la marca) o las cinco de la hoja de afeitar Filomatic (1968-1972) o cervezas Águila (1994-1998). Entre 1999 y 2002, Telefónica se encarga de apadrinar el jersey oro y también el Xacobeo de Galicia asume esa visibilidad para la promoción de su Camino de Santiago y su Galicia Calidade en dos épocas: el bienio 1992-1993 con el cénit del enorme protagonismo gallego del segundo caso y el año 2003.

Askar Radio y Televisión (1962-1964), Westinghouse (1965-1967), El Corte Inglés (1973), Hiconsa Renta (1974), Tónica Finley (1975-1976), Butano (1977), Ebro Motor Ibérica (1978) o Lois (1979-1980) son otras de las firmas que apoyan el gran premio de una carrera que, durante un lustro, síntoma de una época complicada que merece un acercamiento propio en estas páginas, carece de una firma asentada tanto en el apadrinamiento como en la confección técnica de las prendas de honor. Entre 2004 y 2008 se suceden Turisme Comunitat Valenciana (2004), IFEMA en colaboración con Wurth (2005), ExpoZaragoza2008 (2006), DHO (2007) y Placo (2008). La campaña gubernamental Ahorra Energía, que sostiene el gran premio entre 2009 y 2011 a través del Instituto para la Diversificación y Ahorro de la Energía, le vuelve a aportar estabilidad a un rol en el que la aseguradora online Verti, perteneciente al grupo Mafre, aparece testimonialmente durante 2012.

El mundo del deporte, el patrocinio de actividades competitivas de primer nivel, emerge como una excelente puerta lateral de acceso al gran público con la que esquivar las crecientes restricciones normativas. A finales de 1988 se aprueba la Ley 34/1988, de 11 de noviembre, General de Publicidad, una norma que intenta prohibir la publicidad tanto de tabaco como de alcohol en la televisión. La medida tiene su impacto, pero presenta sus letras pequeñas. Muchas campañas se mudan a otros soportes o apelan a envites imaginativos con los que conculcar el espíritu de una norma muy centrada en la televisión. El negocio siempre se busca las alternativas, los recodos en los que poder mantener la actividad. La legislación, aunque vaya un paso por detrás, irá endureciéndose. Europa es también clave.

Con la entrada en la Unión Europea y el progresivo impulso de medidas de control sobre la publicidad para proteger colectivos vulnerables, como la infancia, se endurecen las facilidades para la promoción del tabaco y el alcohol y, consecuentemente, en lo que a la Vuelta se refiere, ambos productos desaparecen de la escenografía de la carrera. El tabaco aparece como patrocinador de la Vuelta en 1979 e incluso conlleva la llegada al ciclismo de firmas relacionadas, como marcas comerciales del sector fosforero. La relación con la caravana se extiende hasta 1996 y Ducados es la última firma representante del sector. Whisky DYC, en días donde una de sus últimas campañas publicitarias apela a la 'gente sin complejos', sigue la misma andadura y se somete a idéntico plazo para la despedida. No quedan tan lejos aquellos últimos días de noviembre de 1991 en los que la carrera presenta la siguiente edición en el contexto, sorprendente, de unas bodegas de la localidad gaditana de Jerez de la Frontera.

Con el tabaco el adiós es definitivo, pero no con firmas que presentan intereses en un sector de las bebidas alcohólicas que también es consciente de la necesidad de adaptarse a los tiempos y buscar nuevos mercados, generarlos o expandirlos. Ya para el cambio de siglo, 2001 y 2002, una marca como San Miguel 0.0 apela al consumo de una cerveza sin alcohol. Bajo la fórmula de la Denominación de Origen, con ese inclusivo punto de conglomerado industrial, vertebrador de entornos rurales y dinamizador turístico, entre 1999 y 2001 los vinos de Cariñena, en Aragón, cuentan con espacio en la carrera como "vino oficial" al menos durante un par de años. También forman parte de la prueba, con un rol más diplomático, pero todo el peso del protocolo de las ceremonias de podio, los cavas de Segura Viudas.

En lo que la Vuelta no es ningún verso libre con respecto a otros eventos ciclistas de primer nivel internacional es en la necesidad de un cuerpo de proveedores que alimenten y cubran las necesidades organizativas. La logística, las motos de enlace, los coches oficiales, las telecomunicaciones... Un armazón para aportar estabilidad, fortaleza y garantía a un panorama organizativo con implicaciones mastodónticas. Patrocinadores estratégicos, no tanto, o no siempre, por su confianza y su reincidencia, siempre agradecida, sino por el sector en el que se desenvuelven y por el producto o el servicio del que también se puede hacer valer la carrera. La Vuelta es una máquina enorme. Debe estar bien engrasada. Marcas de coches, motos e incluso camiones, por la logística y el acompañamiento vehicular de la prueba. Aseguradoras. Bancos. Telecomunicaciones... Durante 90 años la identidad de estos inquilinos bien avenidos ha sido variada. Por la parcela de los coches, donde la checa Škoda lleva asentada desde 2011 (y seguirá hasta 2025), han pasado oficialmente Ford, Citröen, Peugeot, Toyota y también la italiana FIAT. Las motos vizcaínas de Lube-NSU, las Peugeot, las Lambretta, las Derbi, las Yamaha, las Aprilia, las Suzuki o en los últimos tiempos Kawasaki han provisto en virtud a acuerdos comerciales de eficaces servicios de información, control y enlace a diferentes ediciones de la prueba. Iveco, DKW, Pegaso o DAF aportaron músculo en vehículos de gran tonelaje antes de la mutación de la parcela logística en el acuerdo con grandes compañías del sector y la introducción del concepto "operador logístico": especialmente extensas resultarán las vinculaciones con Azkar o con el Grupo Dascher.

Por los apoyos de la Vuelta han pasado desde compañías ferroviarias, navieras y aerolíneas, tanto españolas como colombianas, hasta multinacionales del sector de los hidrocarburos. De los helados a las empresas de trabajo temporal. De firmas de alta tecnología de consumo a ropa vaquera. De seguros médicos a destinos vacacionales. En la Vuelta han convivido marcas de televisiones con autopistas de peaje, desde aspiradores a aperitivos. ¿Exagerado? Cuatro pinceladas, presentes además en un mismo año. Entre los apoyos a la carrera de 1970 se encuentran televisores Werner, la Europista Bilbao-Behobia, aperitivos CYNAR y los aspiradores Valet. A nivel electrodomésticos esta edición se enmarca en el apoyo superior y más relevante de Fagor, otra marca histórica de este deporte. Y esto permite hablar también de la evidente certeza de que hay relaciones más esporádicas, más puntuales. Pero otras son mucho más sostenidas en el tiempo. Se dan las que buscan perpetuarse, pero acaban siendo cercenadas. Existen parches, oportunidades específicas para uno y tablas de salvación para otros. También se dan casos de los que llegan, ven, 'flipan' y optan por quedarse. Kelme es un ejemplo prototípico de este caso, en 1979 con la carrera, y unos años después con equipo propio en un deporte donde no tiene intereses concretos siendo una firma deportiva. A mediados de los noventa un caso inverso puede ser el de Campofrío, que llega a plantearse el patrocinio del equipo vinculado a la organización, el de la sociedad Deportpublic, pero este acaba vinculado a la marca Cavas Castellbanch: como se da un problema de última hora, sobrevenido, con un patrocinio institucional con Galicia Calidade para el Gran Premio de la Montaña que se cae, la empresa cárnica de origen burgalés acude al rescate para ese mecenazgo concreto y volverá en otros momentos posteriores futuros a la caravana de la carrera.

Una mención especial como ejemplo de fidelidad se merece Fertiberia: esta firma de fertilizantes y productos para la agricultura desembarca en la carrera en 1996 con el eslogan 'La fuerza de la Vuelta' y ha permanecido fiel hasta los tiempos presentes en un caso de longevidad inédito en la historia de la prueba durante el que ha impreso su logotipo en cartelería, vallado y el maillot blanco. De hecho, con motivo del acto de presentación del recorrido de 2025, la firma cuenta con un espacio especial conmemorativo, agradecimiento institucional, en el que varias fotos de gran tamaño y una prenda original de la edición 2012 recuerdan el antiguo patrocinio del jersey blanco. En la escena destaca la imagen de un enrabietado Alberto Contador, puño derecho en alto, cruzando la meta en Fuente De. El lema que todo lo preside: '30 años Fertiberia x La Vuelta'.

Uno de los grandes, y, sin embargo, olvidados, hitos de la Vuelta en su predisposición a satisfacer los intereses comerciales de las firmas que se involucraban en su apoyo llega en la edición de 1997, la primera que arranca en el extranjero de la mano del vecino Portugal. Unipublic llega a un acuerdo con la rama española de la multinacional neerlandesa Philips para la promoción de un nuevo televisor de formato panorámico 16:9 durante la disputa de la carrera. Son días en los que la organización sigue experimentando con las estructuras hinchables para darle más empaque a las tradicionales pancartas y, en este contexto, idea un nuevo punto kilométrico en la parte final de cada día que ni avisa de que la carrera está dentro de sus últimos 17 kilómetros ni dentro de los 16: el nuevo arco, que imita un televisor, indica que a la etapa le restan 16,9 kilómetros. Como materialización de un acuerdo, la idea es brillante. No tenemos constancia de muchas carreras ciclista en las que la entrada de un potente patrocinador del mundo de los electrodomésticos estimule la creación de un punto kilométrico que rompa con los cánones habituales. Pero si en un evento es posible, sí, ese es la Vuelta.

ONDAS

"Para los que andamos en el mundillo rodante de la Vuelta, el calendario es el libro de ruta. Es curioso: todos los días nos parecen festivos, pero la orden del día nos tiene que decir cuándo son días de precepto. Y es que en el trayecto se hace fiesta por donde pasamos. ¡Qué afición se ha levantado por toda España! Realmente es un espectáculo único. ¡Y pensar que se la está alimentado con drogas de papel!"

(Julián de Burgos, 1960)

La prensa siempre ha tenido un papel clave en la creación de acontecimientos deportivos; por supuesto, también en la génesis de carreras ciclistas. Detrás de su organización, como norma general, ha acabado estando un medio de comunicación impreso importante o con la ambición de hacerse con una cuota de mercado mayor. La cantidad de casos a lo largo de la historia, y sin acotamiento geográfico, avala el aserto desde el origen mismo de este deporte y el desarrollo de la triunfante modalidad de ruta. Ya fueran pruebas de un día, las consideradas clásicas, o ya carreras por etapas, una cabecera periodística se ha encargado en infinidad de ocasiones de la compleja labor organizativa para la puesta en marcha de la prueba en cuestión. Después, claro, el rédito de la cobertura y, con el desarrollo del fenómeno, también la explotación comercial. Pero en el origen, la prensa como institución propiciante.

El Tour de Francia ve la luz gracias al empeño del diario *L'Auto*, antecedente del futuro *L'Equipe*, en su pugna con otro diario que acabará echando el cierre, *Le Velo*. El Giro de Italia nace impulsado por *La Gazzetta dello Sport* de Milán, una cabecera que ya había puesto en marcha años antes el Giro de Lombardía o la Milán-San Remo y que se atreve con la carrera por etapas sobre todo el territorio ante la evidencia de que *Il Corriere de la Sera*, con el que hoy en día comparte grupo empresarial en RCS MediaGroup, también se plantea su organización. Primero el papel, después la radio, más tarde la televisión y ahora, sí, un universo multimedia donde la palabra escrita y la foto, la voz y la imagen en movimiento tienen cabida en nuevos y diferentes formatos y narrativas.

La Vuelta, cuyas prehistorias ya están generosamente alimentadas por la prensa, nace de igual manera del empeño de una empresa periodística, la editora de *Informaciones*. De la mano de este rotativo y también en varias ediciones del diario *Ya*, impulsado por la Editorial Católica, se consumen las primeras diez ediciones, aunque en un ciclo de veinte años. Otro periódico, *El Correo Español-El Pueblo Vasco*, aparece a mediados de la década de los 50 para recuperar la carrera del olvido y revitalizarla. En su empeño, en su obstinación empresarial, el liderazgo en el mercado vizcaíno que por entonces disfruta *La Gaceta del Norte*. Y en su periplo, que se salda con ese éxito, la gestación del embrión de un futuro grupo de comunicación compuesto por cabeceras regionales. Prensa Reunida, futuro Grupo El Correo, hoy en día Vocento, nace como una alianza entre medios de comunicación que se vertebra, qué cosas, en la organización de la Vuelta de los cincuenta y los sesenta.

Con motivo de la salida del Tour de Francia 2023 desde Bilbao el periodista Jesús Gómez Peña señala[4]: "El ciclismo es de papel. Detrás de cada gran carrera hay un periódico y unos cuantos empresarios y periodistas que, con la meta final de vender ejemplares, inventaron este deporte y crearon las clásicas y las grandes vueltas que hoy forman parte del corazón del ciclismo. Corazón de papel y, ahora, también digital". Una excelente síntesis, a nuestro parecer, de la realidad. Años antes, en otro foro, plasmábamos:

4 Este artículo es uno de los que se incluye en el libro "Crónicas sobre ruedas. El Tour de Francia", editado por Libros de Ruta en 2025.

"El ciclismo es un deporte que vive del y por el periodismo. Vive del periodismo en la medida en que la prensa se hace eco constante tanto de las distintas competiciones que tienen lugar a lo largo de la temporada como de los pequeños rumores, chascarrillos o cotilleos que acaecen en el seno del pelotón. En este sentido, el ciclismo es uno de los pocos deportes que han logrado aparecer en la primera página de un diario, que ha logrado quebrar la sempiterna presencia del fútbol en la radio y, sobre todo, que ha conseguido que la televisión realice despliegues impresionantes no solo en las principales rondas por etapas, sino en otras carreras menores dentro del calendario ciclista".

Cuando *El Correo* abandona la organización de la Vuelta en enero de 1979, la Federación Española de Ciclismo que entonces preside Luis Puig promueve un comité organizador de manifestaciones ciclistas en el que el ente federativo se encarga del aspecto más deportivo y delega todo lo comercial en una agencia de publicidad madrileña con experiencia, especialmente en el atletismo. Unipublic, que así se llama la compañía, acaba haciéndose con la organización integral de la carrera en cuatro años, al tiempo que se expande con rapidez por el calendario ciclista estatal bien con pruebas de viejo cuño que tutela, apoya o asesora, bien con carreras nuevas o que recupera tras largos parones. La Vuelta a Aragón es un buen ejemplo de lo primero; la Vuelta a Castilla, de lo segundo. Unipublic aporta una capacidad de captación publicitaria desconocida por cualquiera de las organizaciones precedentes, pero marca una diferencia clave con respecto al Tour o el Giro: no cuenta con el respaldo directo de un grupo mediático hermano. Esto no significa que la ronda española viva al margen de los medios, en absoluto. La Vuelta contará todos estos años con sus medios oficiales, pero son acuerdos comerciales, vinculaciones concretas. Sinergias específicas. De ahí que esa titularidad sea susceptible de variación entre ediciones. La Vuelta es pionera en anteponer el aspecto publicitario al respaldo mediático y en gran parte se debe al hecho de su propia supervivencia y cómo se gesta contrarreloj su existencia.

La identidad del medio oficial de la Vuelta pasa a ser una cuestión coyuntural. Y en absoluto garante de exclusividad. Entre 1979 y 1981 el diario oficial de la carrera es el periódico madrileño *Pueblo*, pero este último año también se incorporan a la nómina de 'amigos de la Vuelta' otros medios impresos como *Dicen*, *El Mundo Deportivo* (que conmemora en esos días su 75 aniversario) o *El Diario Montañés*. En 1982 el asunto se complica porque la consideración es compartida: *Pueblo* y *Diario 16* disfrutan del honor, mientras que *El Diario Montañés*, *El Mundo Deportivo* y una festiva *La Voz de Galicia* que alcanza su centenario figuran como colaboradores. La del 82 es especialmente significativa, porque en el libro de ruta oficial también figura publicidad de *La Gaceta del Norte* y se califican como 'medios informativos colaboradores' a la Cadena Ser, la Cadena Cope y Radio Intercontinental. El *roadbook* de 1982, donde figura una página de publicidad del espacio radiofónico Ser Deportivos, promocionado bajo el lema 'la radio sobre ruedas', anticipa una de las señas de identidad mediática de la Vuelta: el poder de la radio.

Las narraciones radiofónicas también forman parte de la historia del Tour y del Giro. Mario Ferretti y el *un uomo solo è al comando* con el que sacralizó a Fausto Coppi en la etapa entre Cuneo y Pinerolo de 1949 es el mejor ejemplo. Pero en la Vuelta alcanzan otra dimensión. Ya no se trata de la descripción pormenorizada de las evoluciones deportivas de la competición en su entorno geográfico concreto. Durante más de una década, el asunto alcanza cotas de lucha entre industrias culturales y egos personales con la excusa de la audiencia y el trasfondo del ciclismo. Las ondas cobran un poder inusitado, hasta el extremo de condicionar agendas, generar debates o alimentar conflictos y polémicas… Está la Vuelta deportiva, la de los ciclistas, y luego una carrera paralela por la audiencia en la que la meta es la inmediatez. La competencia por ofrecer la mejor conexión en directo desata una increíble contienda en la que se involucran ingentes cantidades de medios humanos y materiales. En la tierra y en el aire. La Vuelta no tiene un medio oficial, serán varios y se encuentra con el decisivo apoyo de un nutrido y diverso contingente; tan intenso que la radio contribuye decisivamente a moldear el cariño, la simpatía y la consideración hacia la carrera.

Muchísimos aficionados se enganchan al ciclismo en esta época gracias no ya a los relatos radiofónicos por sí mismos, sino por la intensidad con la que se vive cada jornada. No hay vueltas como las de los ochenta, dicen. Una época dorada desde ese prisma mediático, durante algunos años no tanto desde la parcela participativa, cuyo inicio coincide con la llegada de la televisión. Este período se extiende hasta que la carrera se mueve al mes de septiembre, a mediados de la década de los noventa. La Vuelta sueña con una mayor proyección internacional, envidia a sus semejantes tanto en lo orográfico como en lo reputacional, pero al mismo tiempo goza de buena salud dentro de sus fronteras. Con sus cosas, con sus peros; también con sus fortalezas. Informativamente, la Vuelta es especialmente autárquica en este periodo. La tarta principal es la nacional.

El pistoletazo de esta edad dorada radiofónica, el punto de partida, es la edición de 1983 y curiosamente llega de la mano de la televisión. De fondo, suena el dúo murciano de música electrónica Azul y Negro. La segunda victoria de Bernard Hinault en la general de la prueba se anticipa como una pugna entre el francés, el italiano Giuseppe Saronni y lo más granado de un ciclismo español que comienza a revitalizarse a muchos niveles. Hinault para entonces cuenta en su palmarés con tres ediciones del Tour de Francia, dos del Giro de Italia, un campeonato mundial de ruta, dos Lieja-Bastoña-Lieja, un Giro de Lombardia o una París-Roubaix, entre otras, sin olvidar la Vuelta de 1978. Saronni acude luciendo el arcoíris tras proclamarse campeón del mundo en Goodwood, una general de la (1979) algún podio más y hasta diecinueve etapas, un Monumento (Lombardia 1982) y otros muchos triunfos en pruebas diversas del calendario italiano y continental. Marino Lejarreta, Ángel Arroyo o Alberto Fernández, con permiso del más veterano Faustino Rupérez, son algunos de los cabecillas de esa nueva generación ibérica. La contienda despierta bastante expectación. Que la retransmisión televisiva se incorpore con desconocida fuerza al menú, cobertura en directo de la última media hora de carrera, con inicio a las 16:00 horas, y un resumen de quince minutos que se emite después del Telediario de la noche, es algo que lo cambia absolutamente todo. Se estima que las veinte jornadas de competición van a suponer quince horas de emisión en directo. El prólogo, celebrado en la localidad valenciana de Almusafes, se emite íntegramente porque el formato lo permite.

La televisión viene para revolucionar la Vuelta y sentar las bases de su modernización. Con sus críticas, también hay que decirlo, porque en muchos foros no hace gracia que parte de los medios empleados, entre ellos los operadores de cámara, sean franceses. Tampoco parecen enganchar los comentarios del periodista de TVE Antolín García, atleta en su juventud, actor de doblaje, también con vinculación accionarial en una Unipublic donde es uno de sus socios fundadores. Alguna crítica le cae hasta a José María Calviño, director general de RTVE desde finales de 1982. No gusta el estilo de García y se le achaca falta de conocimientos. Del aporte galo, en cambio, se conculca la opinión anterior. "Las imágenes realizadas por los cámaras de la televisión francesa han rozado la perfección", se le puede leer al periodista Julio de la Fuente. Lo cierto es que RTVE apuesta por la Vuelta.

Un año antes, sin directo, destina quince millones de pesetas de la época a su cobertura de la carrera. De cara a 1983 esta cantidad se incrementa hasta los 70. Un equipo humano de 110 personas se encarga de producir la señal televisiva y los medios técnicos también mejoran sustancialmente, con un helicóptero, dos unidades móviles, dos motos para cámaras, otra para sonido y varios vehículos más para enlaces. Más gasto, también más inversión. El directo da más margen para los ingresos publicitarios. Las públicas, las únicas cadenas entonces existente, admiten publicidad. Pello Ruiz Cabestany, diez participaciones como ciclista y hasta tres victorias de etapa, todas contrarreloj, recoge en su maravilloso *Historias de un ciclista*: "El ciclismo visto por televisión tiene un componente estético, y sobre todo épico, que lo hace siempre atractivo. Pase lo que pase, e independientemente de los protagonistas, siempre hay un interés especial por ver a unos hombres luchando hasta el límite de sus fuerzas encima de una bicicleta. Es difícil quedarte indiferente ante la imagen de un deportista en pleno esfuerzo, luchando contra sí mismo y contra las fronteras de su capacidad".

Ese desembarco de la radio se concreta con un poderío inédito en las décadas anteriores. Aunque este medio ha gozado de una importante presencia en la difusión de la carrera. En 1960, por ejemplo, Radio Juventud de España propone seis conexiones diarias entre las 14:00 y las 19:30 horas. El *Video killed the Radio Star* preconizado por The Buggles en agosto de 1981, el primer videoclip emitido por la MTV, no se cumple con la Vuelta. En la ronda española la implementación de la imagen en directo trae de la mano una edad de oro para las ondas radiofónicas. José María García, la gran estrella de Antena 3 Radio, encabeza una cobertura inédita que casi de manera inmediata será replicada por los conatos de competencia. Conatos, sí, porque el punto de partida de García es el liderazgo. El periodista ha estrenado en mayo del año anterior su histórico 'Supergarcía en la hora cero' y es el incuestionable rey de la información deportiva. Por eso su seguimiento de la Vuelta le da al evento un plus mayor de notoriedad y alcance. Un seguimiento que además es físico, en vivo, sobre el terreno. La Vuelta es uno de los pocos acontecimientos que hacen que García abandone sus estudios centrales. Y esa presencialidad le hacer ser otro de los objetos de aplauso y reconocimiento. La afición no solo aplaude el paso de los ciclistas, también jalea a García (y lo hará, más adelante, con otros profesionales). Este desembarco de la radio supone una evolución de la mera información que conecta con el postulado académico del 'informar, formar y entretener', con creciente importancia para la recreación y el divertimento. Vicente Ferrer, en su excepcional *Buenas noches y saludos cordiales*, no lo duda: "[García] Situó la Vuelta, como espectáculo, al mismo nivel que la Liga".

García, quien tiene y siempre tendrá una excelente relación con Enrique Franco, llega a la Vuelta avalado por el eslogan promocional "Para ver la Vuelta por la radio" y con una promesa: "El ciclismo tiene otra dimensión con Antena 3". Se dirá que García mantiene intereses comerciales en Unipublic, cosa desmentida por él mismo; más bien es una cuestión de incentivos y comisiones. "Joder, era socio… no constaba en ningún sitio, pero era socio", le cuenta Santiago Revuelta, patrón del célebre equipo Teka, a Marcos Pereda en el verano de 2023. Con tanta difusión mediática, la Vuelta emerge con un buen escenario para la promoción que despierta el interés de firmas de productos y servicios. Acuerdos tácitos y agradecimientos mediante, García se involucra a fondo en lo que al despliegue se refiere tanto en medios materiales como en humanos. Cuatro coches, una furgoneta, un camión escenario móvil… hasta un helicóptero. El célebre periodista también se hace acompañar de José Manuel Fuente, el Tarangu, uno de los tres únicos dobles ganadores que hasta ese momento ha tenido la carrera (Gustaaf Deloor, en 1935 y 1936; Julián Berrendero, en 1941 y 1942).

La cobertura pasa por conexiones en directo cada hora, por una previa antes del arranque de la etapa, por la retransmisión del final y por un programa resumen de media hora. La idea es clara: "Las antenas, las cámaras, los micrófonos se mezclarán entre las bicicletas, intentando llevar a todos y cada uno de los receptores el último esfuerzo, la última pedalada, el ganador, la noticia, en definitiva, allí donde se produzca; en cualquier kilómetro de cualquier carretera". Un ejemplo concreto: para la mitificada etapa Salamanca-Ávila, la de la brega del Puerto de Serranillos y Bernard Hinault asaltando una clasificación general que comanda Julián Gorospe, Antena 3 Radio comienza a emitir contenidos de la carrera con 'El primero de la mañana', espacio que arranca a las 06:00 horas. Los boletines de las 10:00, las 11:00, las 12:00, las 13:00 y las 14:00 incluyen información; en 'Crónica 3', espacio de noticias vespertino, también se produce una conexión y a partir de las 16:00 horas llega la retransmisión del desenlace. Tanto a las 17:00 como a las 18:00 se emiten resúmenes especiales, a partir de las 19:00 llega el programa especial con las evoluciones del día, una penúltima mención se produce durante la emisión de 'Hora Cero', que comienza a las 23:00 horas, y finalmente el último grueso informativo llega a partir de la medianoche, con Supergarcía. La Vuelta es un acontecimiento omnipresente.

La cobertura de Antena 3 Radio agita el sector. Algunas emisoras de la competencia buscan bien potenciar su apuesta propia, o bien tratar de imitar el modelo de García dentro de sus posibilidades. La SER, la casa de García entre 1972 y 1981, por supuesto acepta el envite. También Radio 80, la emisora de Editorial Católica y futura M-80 por eso de los vaivenes accionariales y las fusiones, recurre al gancho de la primera comentarista femenina presente en la caravana, Marta García, que casualmente también es la hija de Antolín García. Radio Inter, por su parte, cuenta con la vedette y actriz Bibi Andersen para hacer un seguimiento de la carrera un tanto diferente. Radio Cadena Española, emisora de titularidad pública de vocación y ámbito local (y que en 1989 se integrará en Radio Nacional de España, se inspira en los postulados de Antena 3 y propone una hora diaria de información sobre la Vuelta que se desglosa en la media hora del resumen diario que se emite a las 19:30 horas, la síntesis de la jornada de doce minutos en el programa de la noche, los cuatro minutos de presentación matinales, tres conexiones breves durante la mañana, cinco minutos en el informativo de la tarde y ocho minutos para la narración de la llegada. Sí, desde luego el tiempo es oro. "Magníficos soportes publicitarios para marcas, productos y servicios", defienden. La Vuelta no es que tenga una cobertura excepcional: directamente abre los boletines. Son días de detallismo entre hipérboles y metáforas.

Cuando Pierre Chany escribe en *L'Équipe* sobre la resurrección del ciclismo español, la loa sobre el gran nivel de los ciclistas ibéricos en esta edición de la carrera realmente es exportable, aunque ese no sea su ánimo, a una remozada y creciente fortaleza de la competición deportiva. La radio, como fenómeno, tiene su porcentaje de (bendita) culpabilidad.

La Vuelta, mientras tanto, disfruta de la creciente apuesta de la televisión por el producto y, por supuesto, prosigue confiando en cabeceras diversas como medios oficiales, sin hacerle ascos a su especialización o incluso la periodicidad. En 1984, por ejemplo, la revista *Interviú* figura en la nómina de 'amigos de la Vuelta'. En 1985 *Ya* releva a *Diario 16* como 'diario oficial de información general' y *Marca* emerge como 'diario oficial de información deportiva' para ese año, siendo sustituido para tal condición al año siguiente por *As*. No resulta difícil fabular con la importancia que le dan a los medios de comunicación cuando el cartel oficial de esta edición de 1986 está dedicado precisamente a estos. El objetivo de una cámara de fotos capta a un pelotón en plena acción y un pequeño lema, a un lado, explica: "A los que la filman. A los que la escriben. A los que la radian". De cara a 1988 regresa *Diario 16*, y el rotativo se mantiene como el medio oficial hasta la primera edición de septiembre, con algún retorno puntual posterior (1999, 2001). Pero en esa fase es *Marca* el que centra ese rol. Con la carrera en septiembre la cobertura se revitaliza desde un prisma internacional gracias a Eurovisión. Las intensas coberturas radiofónicas de la década anterior evolucionan. La carrera no es la misma, tampoco el público, por supuesto no lo es el ciclismo en sí. En el libro de ruta de 1999, el año del Angliru, la única mención a la radio que aparece es la de Supergarcía, entonces en la COPE. Hasta ese cambio de fechas, incluso hasta el cambio de siglo, es innegable que el aporte de la radio es fundamental.

La primera cobertura de Antena 3 Radio marca unas nuevas reglas de juego. Una nueva época encabezada por cortinillas musicales de naturaleza electrónica. Los medios de los rivales van evolucionando en las siguientes ediciones y a finales de los ochenta y principios de los noventa se puede ver una mayor igualdad. En las llegadas, micrófono inalámbrico en mano, son las estrellas de los programas deportivos los que pugnan por los protagonistas. Insultos, groserías, gritos y otros desmanes son la tónica habitual del ecosistema. En la Vuelta, los reyes de la noche meten codos o dan empujones. Y no solo figuradamente. En un segundo plano, pero no invisible, la carrera inicialmente se convierte en el escenario de la batalla entre Antena 3 Radio y las demás emisoras para acabar siendo un cara a cara, con permiso de los demás, entre la COPE, el nuevo destino de García desde 1993, y la SER. Supergarcía contra De la Morena. De la Morena contra García. Las dos Españas... deportivas. En esa batalla ambos bandos cuentan con sus aliados, con sus bastiones, con sus fortalezas. Y con sus helicópteros.

Los cielos de la Vuelta se llenan de aeronaves. Entre las radios reúnen casi más helicópteros que los que tiene la organización, contando las fuerzas de seguridad y la producción de la señal televisiva. Con el paso de las ediciones su presencia cobra un valor adicional: el evidente ahorro de tiempo en los traslados que aporta es un excelente aliado para tener al personaje y al protagonista con un punto de exclusividad frente al resto. Los desplazamientos en helicóptero son escenario de entrevistas en vivo y de confesiones e indiscreciones en privado. Durante una década los grandes ciclistas que participan en la Vuelta aceptan las invitaciones con agrado, porque el ahorro de tiempo en viajes se traduce en masaje, recuperación y descanso. Todavía en 1994 Pedro Delgado y Mikel Zarrabeitia disfrutan de las comodidades de un vuelo en la aeronave de la SER desde Valencia hasta tierras catalanas. El uso de helicópteros también alimenta alguna leyenda negra, como que su empleo con destreza puede facilitar un desempeño en una etapa contrarreloj y que Álvaro Pino, quien niega la mayor, se benefició de ello en 1986. En 1987 Sean Kelly, nuevo líder de la prueba tras una crono celebrada en Valladolid, acepta volar en el helicóptero de Antena 3 Radio desde la capital pucelana hasta el entorno de El Barco de Ávila, salida al día siguiente; el aparato, se cuenta, tiene que dar la vuelta cuando ya está en el aire porque el irlandés ha olvidado pasar el protocolario control *antidoping*.

Si la 'influencia' de los helicópteros posiblemente tiene más de habladuría, la de las emisoras en los coches es una realidad en la que José María García, su equipo, su cobertura, se lleva todo el mérito. Gracias a una serie de emisoras en los coches de los directores de equipo, García puede conectar de manera rápida con los directores y conocer, dentro de sus posibilidades, la opinión sobre las situaciones de carrera al momento. La primera la instalará en el coche del equipo Teka y casi de manera inmediata esto supone la indignación de Juan Manuel Gozalo, periodista de Radio Nacional de España, cuando a ellos no se les permite. Gozalo y García, compañeros de redacción en *Pueblo*, no tienen la mejor de las sintonías. Javier Ares también ha contado en alguna ocasión cómo la primera victoria de Pedro Delgado en la Vuelta, la de 1985, le debe un poco al sistema. Cuando el segoviano se mete en la escapada, esta poco a poco va cogiendo tiempo gracias a la inacción de unas escuadras españolas que, pese a sus diferentes intereses, acaban dejando hacer ante la sugerencia de García. Esto es uno de los factores, también cuenta Ares, por el que Supergarcía llevará fatal que unos años después Pedro Delgado comience a colaborar con la Cadena SER. Es muy posible que la primera gran batalla de la guerra entre García y la SER sea precisamente la de 1988, cuando Pedro Delgado no toma parte en la carrera para afrontar la experiencia del Giro de Italia en su camino hacia el Tour de Francia. Esa Vuelta 1988 arranca desde las Islas Canarias y allí, entrenándose, está Pedro Delgado. El segoviano, ausente en la competición, sí que va a comentar las evoluciones de la carrera. "A José María García esto le dolió mucho más que mi ausencia de la Vuelta. Digo yo, porque a partir de entonces empezó a criticarme de una manera desmedida, según su estilo", recuerda Delgado en su libro *A golpe de pedal*. La invitación para que el número uno del ciclismo estuviera con el número uno de la radio no cristalizó. "Tienes que elegir bien a tus comunicadores", le emplazó. A su equipo, el Reynolds, le comienza a denominar por sistema "el equipo navarro", obviando la marca que hace la inversión.

Otra de las grandes aportaciones de la radio a la Vuelta, y de la ronda española al medio, son los espectáculos. La animación. El *show* posetapa que algunas emisoras promueven después de cada jornada, actuaciones musicales y espectáculos variados donde no falta el humor, convocan a miles de personas. Muchedumbres acuden también a los programas nocturnos en directo que, durante la carrera, son itinerantes. La magia de la radio en vivo. Algunas veces, como por ejemplo en la edición de 1994, en Córdoba, se emiten desde instalaciones de hoteles donde se hospedan cadenas rivales, momentos en los que se acuñan sornas, chanzas y sigue cocinándose a fuego lento un pique que trasciende la lucha por la audiencia. Programas en directo con una atmósfera festiva impresionante, donde no faltan las actuaciones en vivo, donde el estruendo de los aplausos en ocasiones es ensordecedor, que son el caldo de cultivo comunicativo en el que se crían muchos jóvenes aficionados al deporte que hoy en día frisan los cincuenta años. La Vuelta, en su itinerancia, estimula durante algún que otro lustro un fenómeno absolutamente vinculado a su particular historia.

Resulta curioso comprobar cómo la pugna por la audiencia se materializa también en las promociones publicitarias de las cadenas antes y durante la carrera. Una guerra de lemas publicitarios, de *leads*, de textos persuasivos que apelan al oyente recurriendo muchas veces al doble sentido. En esa batalla figurada, siempre es importante contar con el mejor comentario técnico posible. Pedro Delgado siempre será un hombre de la Cadena SER, como Anselmo Fuerte, Vicente Belda o Marino Lejarreta. Luis Ocaña acabará con José María García, al igual que Rafa Carrasco o, durante las etapas gallegas de la edición 1987, Álvaro Pino. "Nuestros mejores medios están en la Vuelta", esgrime Antena 3 Radio en 1986; "porque para dar bien la Vuelta hay que ponerse por todo lo alto. Hay que estar por encima. Como está Antena 3. Con los mejores medios. Oiga Antena 3. Verá que Vuelta le damos". En 1990 la Cadena Rato promociona su cobertura afirmando "A España hay que darle la Vuelta".

Especialmente picante, la edición del año siguiente. En 1991 el clima mediático deportivo se está crispando, cayendo en un pulso, una lucha de poder soterrada, y no tanto por una cuestión de estilos. Antena 3 Radio proclama: "Antes de empezar, la Vuelta ya tiene líder. El de siempre, el que marca la diferencia, José María García. El equipo de Antena 3 capitaneado por Supergarcía le hará llegar la información más clara, más precisa, más abundante, en conexiones permanentes en todos los servicios informativos, en directo al final de cada etapa y en el resumen diario de Supergarcía. Un equipo técnico sin igual, helicóptero, motos, camión plataforma, enlace por satélite, cuatro unidades móviles y todo lo que haga falta para ser líder de la Vuelta. Como debe ser. Como siempre es. Como es José María y Antena 3". La Cadena SER, en el contexto de su campaña 'Mira la ser', publicita: "La Vuelta tiene un favorito: la SER. El equipo más fuerte de la información deportiva. Doscientas emisoras retransmitiendo en cadena. Veintitrés profesionales destacados en cada etapa. El tirón informativo de Perico Delgado y el esprint de José Ramón de la Morena, Vicente Belda, Manuel Lama, Julio Jiménez y Tito Irazusta. Un equipo en plena forma con todos los medios a su alcance. Date la Vuelta con la SER. Verás qué fuerte".

En la COPE, por su parte, se preguntan retóricamente "¿Quién ganará la Vuelta?": "Con posibilidades hay muchos. Con seguridad uno solo: Agustín Castellote al mando del equipo COPE. Profesionales del ciclismo para informarle al minuto de lo que pasa en cada etapa. Conexiones en directo desde las distintas unidades móviles, helicóptero, motocicletas, automóviles… Información puntual en boletines horarios, Especial Vuelta Ciclista a España, Popular Deportivo… y en FM, viviendo en directo el esprint final. Con posibilidades hay muchos. Con seguridad uno solo: Agustín. No le dé más vueltas. Sintonice con la COPE. Esta Vuelta la vamos a ganar". La recién nacida Onda Cero, por su parte, apela a un mensaje muy directo y diferenciador en todo este contexto pseudobélico: "Despégate del pelotón". La general de esa edición se la lleva el catalán Melcior Mauri. ¿Saben quién está entre los acompañantes del ciclista de Vich en su visita al Palau de la Generalitat? La misma persona que le acompaña en el helicóptero de Antena 3 Radio al homenaje posterior en la población de Balenyà.

José María García se mantiene como la referencia, pero en el camino surgen nuevas estrellas del medio, el formato deportivo vive paralelalmente una evolución en su estilo, algunas cadenas desaparecen o mutan en otras nuevas y también se dan las que crecen e incrementan su importancia. Más allá de las absorciones, fusiones y cambios de propiedad, de igual manera se producen fichajes y cambios de cromos. En 1993 José María García ya no está en Antena 3. La emisora ha sido comprada por la SER y la operación ha provocado un movimiento sísmico de gran calado en el sector. El periodista se ha marchado a la COPE y su lugar lo ha ocupado el pucelano Javier Ares, quien a su vez acabará un tiempo después en la SER. En la emisora de la conferencia episcopal García consigue que no se emita el rezo del Ángelus durante los días de disputa de la Vuelta para que entren las conexiones en directo con las etapas, algo impensable menos para García, con un enorme poder de movilización entre la audiencia. "Póngase a rueda con la COPE, llegará antes que nadie" es el eslogan publicitario de la cobertura de ese año. "García les da la Vuelta a todos", el del año siguiente. Proyecta ser intocable. Inalcanzable.

En esa Vuelta 1994, la última de la primavera, se llega a uno de los cénit de la rivalidad entre José Ramón De la Morena y José María García. Javier Ares ya ha mostrado públicamente su malestar por el monopolio de Supergarcía de las unidades móviles. De la Morena considera que desde la organización de la Vuelta se favorece descaradamente al 'Butano', como le llaman, perjudicando el trabajo de las demás. El periodista de Brunete denuncia que su cadena está siendo perseguida de manera escandalosa por los comisarios cuando intenta hacer su trabajo. "Cualquier novato sabe que esos comisarios hacen cuanto les piden los organizadores, permitir o prohibir", llegará a escribir en su libro *Los silencios del larguero*. De la Morena denuncia que le han impedido terminar una entrevista durante una etapa con final en Granada, porque no se puede hacer de coche a coche, y monta en cólera cuando ve a García charlando con Gabino Ereñozaga, director de Banesto que sigue una fuga en la que rueda su corredor Marino Alonso. La gota que colma su vaso. Protesta, se encara con la organización, se indigna porque a él le amenazan con la expulsión de la caravana, pero no ve el mismo trato a García; choca especialmente con Alberto Gadea, uno de los hombres de confianza de Enrique Franco, y eso que el catalán ha charlado con el italiano Giovanni Miraviglia, presidente del jurado técnico, para limar asperezas con la problemática de las motos de prensa en carrera. En *El Larguero* de esa noche, en Segovia, ante la afición de Perico, De la Morena muestra su indignación, carga contra la organización y se llega a cuestionar la legitimidad de Unipublic para explotar la Vuelta si en teoría es una carrera de la Federación Española. "La Vuelta es un coto privado, una especie de cortijo donde los demás somos los currantes o los plebeyos; mientras hay quien va a caballo, como el señorito, otros tenemos que ir a pata", denuncia con vehemencia. Ondas expansivas, pero también, para la Vuelta, ondas vitales. "Mi gran envidia del Giro y del Tour es que detrás de Unipublic no estuviese ningún grupo mediático importante. Nosotros hemos suplido eso con una apertura a todos los medios de comunicación", dirá Enrique Franco tras la edición de 2000.

'MONTAÑASMEDIAS'

"La verdad, antes de tomar la salida en la Dehesa de Campoamor temí exageradamente las montañas españolas. Ahora me he dado cuenta que no son tan terribles"

(Freddy Maertens, 1977)

Abril de 1968. La vigésimo tercera edición de la Vuelta parte desde Zaragoza y al patrón de la carrera Luis Bergareche le preguntan sobre la montaña que adereza el terreno de juego. La carrera presenta un menú de 27 puertos puntuables, de los que seis son de primera categoría y siete, de segunda. Es un guarismo elevado con respecto a los años anteriores. "Se dice que esta Vuelta tiene poca", le traslada un periodista en alusión a los obstáculos orográficos. "Yo creo que tiene más puertos que el año pasado", responde el dirigente bilbaíno. Bergareche está avalado por la razón de la evidencia. Ninguna de las trece ediciones anteriores que ha puesto en circulación *El Correo*, mucho menos las diez previas, ha presentado tantos grandes premios de montaña. Independientemente de la categoría asignada, el quid del asunto pasa por la entidad. Y en cuanto a sustancia, se viene de batir cotas y encarar retos en alguna edición reciente.

"Pero de primera solo hay seis", le vuelven a cuestionar a Bergareche, apelando a la categoría de las cimas que sustentan este apartado. La prensa es incansable. Cuando quiere. El director no se amilana: "Sí, pero es que nosotros no podemos poner las montañas en nuestro camino. Tenemos que ajustarnos al recorrido de la Vuelta". "España tiene fama de país montañoso", le insisten. "Pero no tenemos grandes montañas; somos un país de abundantes montañas medias, pero carecemos de un Aubisque o de un Tourmalet", zanja. Es un cruce de verdades. Pero en torno a esas abundantes montañas medias va a pivotar la dificultad principal de la carrera durante más de una década. El número de 'primeras categorías' tampoco es vinculante. Un año antes, en 1967, el recorrido ha incluido cinco altos de esta consideración. Y uno de ellos supera por segunda vez en la historia de la carrera, holgadamente por encima de los 2000 metros de altitud. Una excepcionalidad. El techo de 1968 se encuentra en los 1511 metros del Alto del León, en las proximidades de la localidad madrileña de Guadarrama. Una montaña del Sistema Central. El primer gran puerto de montaña afrontado por la carrera, en 1935. El menú de esta clasificación en la primera edición de la Vuelta está conformado por diez altos y durante seis de las quince etapas, todas ellas consecutivas, no puntúa ninguna cuesta. Porque en los albores de la carrera más que de puertos o altos muchas veces se habla, sí, de cuestas.

Bergareche señala que no hay un Aubisque o un Tourmalet en España, algo cierto, y esa idea se mantiene inmutable en el tiempo, aunque con sus respectivas variaciones de toponimias o de referencias. En 1969, entrevistado por José María García, Luis Bergareche es rotundo: "En España no hay montaña. Y las estribaciones nunca han decidido la carrera". No tenemos los puertos del Tour de Francia, que lamenta años después Luis Puig. No tenemos los Alpes ni Dolomitas, que dice en su momento Enrique Franco. Carencias que son susceptibles de alimentar complejos, y en cierta forma lo harán, e impiden explorar las particularidades propias. La consigna de la orfandad en lo que a altas montañas se refiere que esboza Bergareche en los albores de los años sesenta del siglo XX es recurrente. Y encuentra un asidero robusto en la prensa de la época. A la postre, más allá de la existencia o el estado de las infraestructuras, es un lastre autoimpuesto. Poco a poco, también se va a ir superando. En 1976 se estrenan El Fito o La Palombera, "todos ellos de primera categoría y de extrema dureza para los pedales". Recoge en un despacho de prensa la agencia Alfil: "La Vuelta del 76 contentará seguramente a los que reclaman mayor dureza y más montaña. Es una edición que hubiera hecho felices a los Bahamontes y Loroño, a los Trueba y Martín Mancisidor".

No es que las "montañas medias" de Bergareche calen hondo en el imaginario colectivo: ese sentir ya es compartido desde años antes y el altavoz del periodismo amplifica el discurso. El fallecido Juan Manuel Gozalo, uno de los grandes de la radio española, escribe en sus días como redactor de Alfil una previa de la edición 1966: "Y obsérvese cómo no aparece en la lista [de favoritos] ningún escalador nato. ¿Por qué? Por dos razones. La primera que hoy no pesa tanto en la decisión final de una carrera por etapas el veredicto de la montaña. La segunda, porque la Vuelta a España no posee, nunca los ha tenido, grandes puertos –al estilo del Tour– en su recorrido". Cuando la Vuelta apura las horas para comenzar la edición de 1970, desde Cádiz, un despacho de la misma agencia recoge a modo de previa un pasaje con este espíritu orográficamente derrotista: "Si bien en la Vuelta a España no hay grandes puertos de montaña y nunca los ha habido, con excepción de Pajares y El Escudo, son cuestas suficientes para que los holandeses pierdan muchas posibilidades". En términos de recorridos, la convicción de las montañas medias también se concreta con reincidencia y, por qué no decirlo, con resignada tozudez. Acabada la Vuelta de ese año, victoria para Luis Ocaña, el periodista Julián Rodrigo, Julián de Sollube, escribe en *La Gaceta del Norte*: "La montaña ha sido ridícula. Tan solo Montserrat, Alisas y Orduña merecieron respeto". Francisco Chico Pérez, desde *Pueblo*, aporta en 1969: "La Vuelta no tiene montaña. Al menos puertos que merezcan tal nombre".

España es uno de los países más montañosos de Europa, y su altitud media solo está por detrás de la de Suiza, pero en lo que a la Vuelta se refiere durante muchas ediciones la orografía no ha sido un reto que resultase especialmente achantante. Al contrario, la montaña de la ronda española, y no solo vista con el prisma de la actualidad, es bastante testimonial con respecto a toda la realidad existente. Tampoco, por supuesto, se puede caer en la consideración de que su presencia es anecdótica. Pero desde luego ha sido, y viendo la actual política de recorridos también está siendo, poco detallista con su riqueza y su variedad. La inclusión de la montaña en la Vuelta, en términos de entidad y cantidad, supone un interesante proceso evolutivo moldeado por la concepción de los itinerarios, la evolución de las infraestructuras, las necesidades de innovación, las nuevas formas de negociación a la hora de diseñar los trazados y una pizca, importante, de adaptación a las particularidades propias de cada edición. Todo un camino que justifica que Javier Guillén, actual director general de la carrera, pueda aseverar en el marco de la presentación del recorrido de 2023: "La montaña está en el ADN de la Vuelta". Ahora, desde luego. Esa genética ha sufrido una mutación.

La montaña va ingresando de aquella manera. Con sus cimas que, a lomos de la asiduidad y de la reincidencia, acaban siendo míticas, sí. Pero sin explorar todo el potencial peninsular. Ni tampoco, al menos aparentemente, la vocación de hacerlo. El aserto no viene a negar la evidencia de que los puertos de montaña, y sus primas económicas paralelas, tienen en todo momento presencia en los recorridos. No podría. Es un tratamiento superficial. Sin ir más lejos, como se señaló hace unas líneas, la primera etapa de la primera edición atraviesa el Alto del León apenas 60 kilómetros después del pistoletazo inicial. El suizo Leo Amberg cruza el primero por la cima a las 10 horas 22 minutos y 32 segundos de la mañana del 29 de abril. Un momento histórico que tampoco puede eclipsar la realidad de encontrarse un primer encadenado de cierta entidad (y más adelante toca centrarse en la cuestión de los encadenados) en los 199 kilómetros de la tercera etapa entre Santander y Bilbao dados los pasos por el Puerto de Alisas (674 m), el Puerto de La Sía (1246 m) y el no puntuable Puerto de Los Tornos (920 m). O los 235 kilómetros de la cuarta, entre la capital vizcaína y San Sebastián con Urkiola (754 m) y Elgeta (473 m) en el recorrido.

Pero en la mayoría de las ocasiones la concepción de los diseños, la idea del recorrido de estos años, pasa por unir un punto con otro dentro de los márgenes de kilometraje aceptables para los usos y costumbres de la época y por las mejores vías de comunicación al alcance de todos. Rutas principales. De este prisma, las montañas que se encaran son los obstáculos que aparecen en el camino. Las sierras se atraviesan, raramente se hilvanan. Los puertos están, son los que son, no se buscan como tal. El 'tenemos que ajustarnos al recorrido' mentado antes por Bergareche. No se induce su inclusión, pese a su conocimiento. Cuando el Puerto de Pajares, que sin lugar a dudas y aferrados a este marco contextual es uno de los grandes iconos de la carrera en sus primeros años, presenta serios problemas para el paso de la carrera en la edición de 1956 por un temporal de nieve, el periodista Francisco González de Ubieta ya recoge en un artículo algunas de las alternativas de paso existentes en la Cordillera Cantábrica, inviables por el excesivo incremento de kilómetros en la ruta hacia Valladolid o por la misma nieve que cubre Pajares. Pero que existen y, por tanto, serían viables. Pasos históricos. Pasos con su historia.

"Casi seguro que no pueda realizarse la etapa hasta Valladolid, pues no hay otra salida a León que la indicada de Pajares, puesto que los otros itinerarios sitúan a la capital de esta provincia a muchos más kilómetros de distancia y también sus accesos están obstruidos por la nieve. Los puertos de Leitariegos, Pontón, Tarna, situados a mayor altura que el de Pajares, están asimismo cerrados y son los los únicos accesos a León", escribe. La cita permite esbozar con trazo grueso cuánto tardan, de hecho, en ingresar en alguno de los recorridos de la carrera: Pontón (1290 m), al que erróneamente le atribuye más altitud, no se estrena en la carrera, y por su lado fácil, hasta 1983; Tarna (1490 m), por su parte, lo hace en 1986, un año en el que Pontón entra por la vertiente larga y más exigente. Leitariegos (1525 m) y sus más de veinte kilómetros es mucho más reciente: la etapa de Villablino de 2024. Ayer.

Pajares es el primer gran mito orográfico de la Vuelta. Cuando lo afronta en 1964 en una etapa camino de León, con victoria para Julio Jiménez, se dice: "Ha ganado un escalador, el mejor de esta Vuelta y por eso es también rey de la montaña, la etapa que tenía en su recorrido el puerto más difícil de la carrera".

La Península Ibérica presenta un perfil especialmente accidentado, pródigo en serranías y colinajes, rico en montañas de las más diversas entidades. En términos ciclistas, tal ha sido la proyección internacional, histórica cuna de grandes escaladores. Y sin embargo la Vuelta no ha comenzado a ser realmente una carrera más montañosa hasta los ochenta. De 1948, un punto de partida al estado de la cuestión: "Hoy, Bilbao a Santander, 213 kilómetros, con los montes de Alisas, Asón y Fuente de Varas. Es la etapa reina". Algún antecedente en los sesenta, algún titubeo en los setenta... Y un punto de inflexión rotundo en 1979. El primer final en alto de la historia de la Vuelta llega bajo la fórmula de la cronoescalada, al Puerto de Pajares, en 1965. En una etapa en línea, en 1972, en la aragonesa estación de esquí de El Formigal (1600 m). Cuando en febrero de ese último año se hace público el recorrido de la primera Vuelta que ganará José Manuel Fuente, esa llegada causa furor. Son jornadas en las que la organización trabaja para tratar de contar con un duelo entre Luis Ocaña y el belga Eddy Merckx. "Máxima novedad es la aparición del Formigal en la Vuelta a España como final de etapa. El Formigal será, efectivamente, el primer puerto español final de etapa, tal y como se hace en el Tour de France", se puede leer. Curiosamente el segundo final en alto de la carrera llega al día siguiente, en el Santuario de Arrate, aunque este no levanta tanto comentario en las páginas de los diarios. Pero a nuestro juicio es la inclusión de Sierra Nevada en el recorrido de 'la Vuelta del milagro' el verdadero punto de inflexión de esta temática. Y un brío nuevo en la cuestión de la altitud.

La Vuelta es un verso suelto en el universo de las tres grandes por múltiples razones, pero una de las más potentes es su relación con la montaña y las particularidades de esta. En la gran carrera del país de los escaladores, durante varias décadas ha sido realmente poca la presente. O de entidad relativa. Un 'en casa de herrero, cuchillo de palo' ciclista. Y toda esa herencia ha acabado interiorizada hasta el punto de escuchar, décadas después, aquello del "en España no hay puertos". Y esta afirmación es absolutamente falsa. Una infamia. De la misma forma que algunos clasistas, desde exciclistas con galones a periodistas y comentaristas, han apelado a la distinción entre "saber de ciclismo" y "entender de ciclismo", con esta materia se puede apelar a la diferenciación entre el "no hay puertos" y el "no se usan puertos". Realmente España no tiene unos Alpes y su vertiente de los Pirineos, aunque no sea realmente así, aparentemente es la menos favorecida en términos ciclistas. Pero la cantidad de pasos de montaña repartidos por todas las cordilleras ibéricas es apabullante. Otra cuestión es la entidad de su dificultad. Y con todo, cuando se escriben estas líneas, en las últimas semanas de 2024, a la ronda española aún le quedan importantes sistemas serranos vírgenes. Y con puertos que en algún caso frisan los dosmil metros de altitud. Las montañas de las comarcas de Sanabria o La Cabrera, en el Macizo Galaico-Leonés entre Galicia y Castilla y León, o la comarca catalana del Berguedá, en el corazón de los Pirineos, son el gran paradigma de una realidad que concierne a otros muchos pasos de montaña de sistemas montañosos más recurrentes y recorridos. La cuestión alpina y pirenaica ha sido reiterativa hasta el nivel del desdén. Cuando la Vuelta llega a Granada en 1975, Antonio G. Rimada incluye en su crónica para la agencia Pyresa este pasaje: "Los altitos de Las Pedrizas y el Santuario no son nada para estos hombres, acostumbrados a escalar Alpes y Pirineos". No se trata de una fracción montañosa, aunque la meta está ubicada en el interior de La Alhambra, incomparable enclave, tras un repecho final de gran exigencia. Pero el recurso lírico bien condensa una cosmovisión sobre la orografía propia.

Más allá de la evidencia geográfica, ¿qué significa exactamente que la Península no cuenta con puertos como los de, por ejemplos, los Alpes? ¿Altitud? ¿Longitud? ¿Entorno paisajístico? Algún baremo es aceptable. Hay verdades incuestionables. Sin embargo, otros aspectos están sujetos a la matización propia de la idiosincrasia específica que propone la geografía ibérica. ¿Es por la dureza, con todo el componente subjetivo que puede plantear? También caben aquí las enmiendas. En los primeros años de la década de los años 90, la irrupción del Passo di Foppa en muchos hogares a través de las retransmisiones del Giro de Italia también crea un fenómeno social asimilado culturalmente con ávida rapidez. El Mortirolo emerge como sinónimo de exigencia extrema. En los años siguientes también habrá margen para el mantra "En España no hay un Mortirolo". Pero este tiene caducidad gracias al Angliru.

Sin ser el mismo tipo de subida, el ascenso asturiano salta directamente del debut al olimpo de los mitos. Si el debut de Sierra Nevada en 1979 marca un antes y un después, la aparición del Angliru también supone un salto cualitativo de profundas y extensas ramificaciones. El Angliru, su efecto, acaba alumbrando una nueva forma de concebir la globalidad de la carrera al tiempo que estimulando la proactividad de aficionados, entidades ciclistas e instituciones en la carrera por descubrir el nuevo coloso. Tal es el éxito de la cumbre riosana, revulsivo mediático, turístico y deportivo. Angliru solo hay uno, pero hay muchos otros Anglirus. Dado su significado y su simbolismo, el Angliru se merece un capítulo aparte.

Desde cierto punto de vista, la idea predominante durante años ha sido que no todas las cordilleras montañosas peninsulares ofrecen 'chicha'; pero en la práctica, al final, todo se reduce a una cuestión de que sus posibilidades no han sido ni tan siquiera mínimamente explotadas. Por diversos motivos, por los condicionantes que sean. Con todo, tanto la Cordillera Cantábrica, por la evidente vocación norteña de la carrera, como el Sistema Central, especialmente la Sierra de Guadarrama por la innegable influencia de la capitalidad cercana, se llevan la palma en cuanto a la asiduidad. Presentes desde la primera edición. Son las montañas pioneras. Y ambas cordilleras, además de muy lineales, con esa dualidad que ofrecen dos caras muy diferentes en función de su vertiente en lo que a longitud, desnivel, y en definitiva dureza, ofrecen.

Con más o menos peso, enjundia o entidad, el Sistema Central y la Cordillera Cantábrica están presentes en la Vuelta desde su nacimiento en 1935. A los Pirineos hay que esperarlos veinte años, con otra organización e inicialmente de forma más tangencial y periférica. Otxondo (602 m) y Belate (847 m) reciben el paso de la carrera en 1955, aunque aún hay que aguardar un tiempo para ver alguno de los 'grandes', o más históricos, pasos pirenaicos. Serán tanto la vertiente más fácil del Puerto de Somport (1640 m) como del Puerto de Monrepós (1265 m), que inicialmente es bautizado como Puerto de Arguís, los que concretan ese estreno de entidad durante una fracción entre Huesca y Bayona de la Vuelta 1957, aunque para el apartado de 'lo que pudo ser' quedará la posibilidad, valorada, de haber introducido el Col d'Aubisque (1709 m) ya en 1956 en una etapa, finalmente no materializada, entre Pamplona y Pau. Para hablar del Sistema Ibérico aún habrá que esperar un año más: en la Vuelta de 1958 se programa un paso por el Puerto de Piqueras (1710 m) en una undécima etapa que conecta Soria y Vitoria. Y el retorno de esta cordillera se dilatará unos cuantos años.

El de Somport es muy reseñable. Un estreno del histórico Summus Portus que el fotógrafo Jaime Pato inmortaliza para la posteridad. La imagen es absolutamente icónica: la cámara, en una posición elevada, capta a una veintena de esforzados ciclistas que son seguidos por varios vehículos en un contexto paisajístico majestuoso que preside un rocoso pico con sus cumbres tomadas por la nieve. A sus pies, en un vallezuelo donde se percibe perfectamente el trazado de la carretera, se intuyen otros ciclistas y vehículos que viajan más retrasados. No hay aficionados. No hay ambiente. Pero las cumbres circundantes embelesan. La escena recoge al hombre, a su máquina y a la naturaleza. La periodista catalana Kris Ubach, en su fascinante *Pirineos, más allá de las montañas*, señala que las Aiguilles d›Ansabère, más al oeste, aunque cercanas y visibles desde la bajada, son toda una versión pirenaica de las Tres Cimas de Lavaredo. Los Belate, Otxondo, Monrepós o Somport, también Izpegi (672 m), tendrán presencia periódica en este momento histórico cuando el recorrido lo permita. Impera la adecuación. Son montañas que están en la ruta ideal de forma natural. Y si como se ha mencionado previamente es obvio que hay encadenados, desde luego estos no son forzados. La búsqueda, la indagación, la inducción se irá cociendo a fuego lento. De la misma manera que el convencimiento por situar una meta en una montaña, esto es, un final en alto.

Los Pirineos, testimonialmente, también emergen para aportarle altitud a la carrera. El techo de la Vuelta durante años será el Puerto de Navacerrada (1860 m), el punto de paso más alto de la Sierra de Guadarrama y el segundo de todo el Sistema Central. En la edición de 1965 se concreta la escalada del primer puerto por encima de los 2000 metros, el andorrano Envalira (2409 m), antecedido por los 1920 m del francés Coll de Puymorens. El Port d´Envalira, que marca la frontera franco-andorrana, repite en la ronda española en 1967. Pero después es necesario esperar doce años para volver a ver al pelotón de la Vuelta superar esa cota tan referencial a partir de la cual, se dice, el organismo no comienza a responder de la misma forma. En otras latitudes, en otros países, existen rutas de mucha mayor altitud. Colombia, por ejemplo. Pero dada la tradición y el legado aportados por el Tour y por el Giro, estas son las pruebas que han marcado un poco la pauta. Sus montañas, sus alturas, son referencia. Y con la mística del origen de su inclusión en el recorrido. El Tour de Francia se atreve con los 2114 metros del Tourmalet en 1910 y un año después con los 2645 m del Galibier. El Giro, también en ese 1911 tan lleno de osadías, supera la cota de los dos mil metros con el paso por Sestriere durante su quinta etapa.

Tras la experiencia de Envalira en la Vuelta de 1965 y 1967, es necesario arrancarle hojas al calendario hasta abril de 1979, con el debut de Sierra Nevada. Y entre medias, un cambio de organización que la perspectiva del paso del tiempo refrenda que, en cuestiones orográficas, es un punto de inflexión. La geografía manda. Lo cierto es que, siendo España un país orográficamente muy rico y variado, los pasos montañosos de la Península que superan los 2000 metros de altitud no son especialmente abundantes. Pero la vida también está llena de contradicciones. Hay pocos dosmiles, pero curiosamente también hablamos del mismo país que posee la carretera más alta de Europa, la del Collado del Veleta, que supera los 3000 metros de altitud. Más arriba del complejo de deportes de invierno de Sierra Nevada, el del Veleta se mantiene como un reto deportivo pendiente que ya ha sido tanteado sin éxito por los organizadores por encontrarse dentro de los límites de protección de un Parque Nacional.

Son pocos los 'dos miles' patrios, especialmente de paso. El catalán Port de La Bonaigua, 2072 metros en los Pirineos, atravesado por el Tour en 1974, y por la Volta a Catalunya desde 1940, no debuta en la Vuelta hasta 1980 y desde entonces se ha visitado en siete ocasiones. El andaluz La Ragua, 2000 metros, se estrena en 1997 y solo se ha pasado una vez más, en 2009, aunque por su otra y más dura vertiente: 25 kilómetros donde se salvan más de 1500 metros de desnivel positivo. La vertiente norte del también andaluz Escúllar, 2036 metros, solo se ha encarado en 2011, aunque en los libros de ruta es bautizado como Alto de Filabres, posiblemente por la serranía en cuya parte más occidental se encuentra la carretera. La decimosegunda etapa de la edición de 2004 y la decimosexta de la de 2006 proponen una etapa de alta montaña con tres subidas y final en alto en la que se afronta un primer ascenso hasta Calar Alto, con sus 2160 metros de altitud… En cuestión de altura e infraestructuras la geografía desde luego deja en buen lugar a las Cordilleras Béticas, especialmente al Sistema Penibético.

La historia nos dice que más allá de estas experiencias concretas, reales, los hábitos de superar los 2000 metros también están estrechamente asociados al establecimiento de líneas de llegada. Y por supuesto, conllevando la consideración de 'cima Alberto Fernández', un trasunto de 'Cima Coppi' o 'Souvenir Henri Desgrange' con el que el Giro y el Tour premian a los primeros al paso por el punto más alto de cada edición. Desde 1979, y contando la edición 2025, la Vuelta ha programado hasta 52 ascensiones que superan los 2000 metros, aunque en 1991 La Bonaigua no se puede subir (ni la etapa finalmente disputarse) por cuestiones climatológicas y en 2020, la edición del otoño, el paso a suelo francés para encarar el Col du Tourmalet se pospone por todas las restricciones y las mesuras que exige la pandemia. Únicamente en ocho ocasiones el techo de la carrera es un puerto de paso. Y tres han tenido lugar en el extranjero, bien Andorra, bien Francia.

Durante años, en lo que la Vuelta y la montaña se refiere, la recurrencia es más importante que la novedad. Desde el prisma actual es impensable no valorar el desaprovechamiento sistemático de las montañas. Un ejemplo prototípico es el Puerto de Lunada, con sus 1350 metros de altitud: es uno de los pasos más importantes de la Cordillera Cantábrica entre Castilla y León, a través de su provincia de Burgos, y Cantabria. Su vertiente norte arranca en Liérganes, a más de treinta kilómetros de la cima, aunque los primeros diez kilómetros son muy llevaderos. Todavía con una veintena de kilómetros, es una ascensión larga. Y paisajísticamente espectacular. La Vuelta solo ha afrontado esta vertiente norteña, bien total, bien parcialmente, en cuatro ocasiones. Desde su estreno en 1990, este lado de la montaña regresó en 1993, 1996 y el reciente 2024. El resto de pasos, como los de 2008, 2010 o 2011, se encaran por el lado sur. Otro caso es el del Puerto de San Glorio: otra kilométrica ruta por su lado norte que se corona por encima de los 1600 metros de altitud, es incluido por la Vuelta por primera vez en 2014. La segunda ocasión llega en 2021.

Sucede que como muchas de las históricas jornadas clave de la Vuelta se celebran en el País Vasco, los protagonistas son sus puertos más célebres. Sollube, Orduña, Urkiola, Herrera... En una edición como la de 1963 el techo de la carrera precisamente es Orduña, que se corona a los 900 metros de altitud. Un poco más alto, pero inferior a los 1000 metros, es el Coll de La Pullosa (917 m), el punto más alto de la Vuelta 1969. Esta casuística resulta imposible de encontrar tanto en el Tour de Francia como en el Giro de Italia, donde no falta nunca una cumbre por encima de los 2000 metros. Indudablemente, estamos ante otra particularidad genuina de la Vuelta dentro del universo de las tres grandes carreras por etapas. La abundancia de esas *'montañasmedias'* y las necesidades que plantea el itinerario, porque al final la carrera va allí donde se solicita y la adecuación del recorrido conlleva no pocos condicionantes, hacen que muchas ediciones de la Vuelta presenten muy pocos pasos de montaña por encima de los 1000 metros de altitud. De los 27 grandes premios de la montaña de 1968, solo tres sobrepasan los 1000 metros: Los Leones (1511 m), Carrasqueta (1020 m) e Ibañeta (1057 m). Y al año siguiente, año de la citada escalada a La Pullosa, ninguno. Son ejemplos extremos. El León o Navacerrada (1860 m) son pasos más recurrentes en los recorridos de la Vuelta de finales de los cincuenta y principios de los sesenta. Ediciones en las que el periplo hacia Madrid y el paso por el Sistema Central ponen las mayores cotas sobre el nivel del mar. La etapa de los puertos, así llamada en sentido literal. Entre 1955 y 1979 el Alto del León es el techo de la Vuelta en cuatro ocasiones y el Puerto de Navacerrada, nada menos que en ocho. A título anecdótico, el Puerto de Somosierra (1440 m) es el de 1970.

Otro de los terrenos pantanosos de la montaña en la Vuelta ha sido el de las catalogaciones de los ascensos. En el fondo es una etiqueta, sujeta a factores de interés y conveniencia que en muchas ocasiones fuerzan la lógica de los números. De la misma forma que la Vuelta incorpora e intensifica el hábito de los 'dosmiles' a medida que avanzaba la década de los años 80, la ronda española también acaba siguiendo a la organización del Tour y en 1986 incorpora el concepto de la "categoría especial" de la misma forma que el de 'cuarta categoría'. Si el segundo apenas mantiene su vigencia un par de años, con excepciones puntuales a las visitas concretadas en territorio de los Países Bajos o más recientemente de Portugal, el primero triunfa y vende. Al principio no se da el distingo: el gran premio de la montaña es, independientemente del empaque de la cuesta. En 1955 se comienza a distinguir entre pasos de primera y de segunda categoría. Dos años después, en 1957, se introduce la 'tercera categoría'. Desde 1986, incluyendo el recorrido de 2025, la carrera ha programado hasta 121 puertos con esta consideración que solo desaparece fugazmente de los libros de ruta en las ediciones de 2010 y de 2011, acaso camuflada en la referencia a "finales en alto". Y es que este punto permite introducir una realidad dentro de la cosmovisión de la Vuelta: un gran porcentaje de las ascensiones que han puntuado para el gran premio de la montaña como 'categoría especial' han acogido al mismo tiempo la meta. Esto es, final en alto como recurrente *hors categorie*.

Algunos especiales que lo fueron, dejarán de serlo después. Decisiones. El gaditano Las Palomas (1187 m), en 1986, se estrena con honores. Pero los perderá en el futuro. El asturiano San Lorenzo, en su estreno en 2006, ídem en su posteridad. En este casi medio siglo de existencia de la categoría especial en el universo de la carrera, solo trece puertos (el decimocuarto, el Col d´Aubisque, no se puede finalmente subir en 2020) han sido 'especiales de paso'. Y en este guarismo vuelve a encontrarse mucha influencia foránea. Hasta seis se han ubicado en los Pirineos franceses y otras tres ocasiones, en el Principado de Andorra. La categorización, a otros niveles, también depara situaciones curiosas. En las primeras ediciones de la Vuelta no falta quien minusvalora la entidad de algún que otro obstáculo. Es el caso, verbigracia, del periodista bilbaíno Jacinto Miquelarena en su cobertura para el *ABC* de la primera edición cuando escribe al hilo del gran premio de montaña de la duodécima etapa, entre Sevilla y Cáceres: "La pendiente es de broma. He aquí otro col como el de La Pajanosa, que no tiene nada. Los organizadores han inventado esta cuesta sobre el papel, pero sobre la madre tierra no es una cuesta".

En alguna ocasión más reciente, como acaece en 2014, se da un caso absolutamente opuesto: la organización puntúa de tercera categoría el Alto de El Cerro (1110 m), un paso montañoso del Sistema Central que se incluye en una etapa con final en La Covatilla. La subida a El Cerro, límite provincial entre Cáceres y Salamanca, remonta 600 metros de desnivel en poco menos de diez kilómetros. La pendiente media es muy constante, 6,3%, y difumina la existencia de dos tramos de tres kilómetros con pendientes que rondan el 8% y el 9% y rampas del 14%. Posiblemente, el 'tercera' más duro de la historia de la carrera. Y todo un homenaje a esas ediciones del Giro de Italia de los noventa en las que proponen ascensiones complejas a las que intentan emboscarle dificultad con una consideración inferior. Ese otro mantra, narrado, radiado, redactado del "esto en España sería de primera". Las rutas de las carreras, sus dificultades, siempre han partido con rasero diferente y un pasaje de una crónica de 1976 nos parece especialmente relevador: "La dureza del recorrido, pues, estaba más en razón directa del sinuoso terreno (curvas y más curvas, ruta estrecha) que de la calidad de la montaña como tal obstáculo ciclista. Una etapa muy peligrosa, con repechos y descensos constantes, curvas invisibles a veces –como la misma llegada que privó a Perurena de la victoria–, toboganes... eso sí, parajes casi solitarios a los que la 'serpiente' multicolor dio todavía más brillantez en una jornada no muy luminosa, pues a partir de Antequera el cielo se nubló".

Con la altitud no se puede fabular, por mucho que en territorios cercanos vivieran reyes que promocionasen torres en la cumbre más alta de un país, el romántico caso de Torre, Portugal,

João VI y la Serra de Estrela. Esa dificultad no se puede impostar. Pero a la hora de confeccionar recorridos, y desde el prisma de un deporte que pivota en la acumulación de esfuerzos y en el gobierno del desgaste y la fatiga, el concepto de los encadenados de dificultades montañosas es el que permite valorar la exigencia de los accidentes geográficos que luego son los ciclistas los que los tienen que aprovechar. Y poner en valor, por qué no decirlo, sus orografías. De una etapa de la edición 1969 entre Nules y Benicassim puede leerse: "Que la montaña de la Vuelta en la presente edición no es tal montaña ha quedado bien probado en la octava etapa (...), en la que figuraban dos puertos de segunda y uno de primera categoría. Digo puertos por llamarlos de alguna manera, ya que, en realidad, eran una cuesta arriba de no más allá de ocho kilómetros de subida, la que más. Para colmo, sin ninguna dureza, pues cada dos por tres había un falso llano en el que los llaneadores tenían tiempo para recuperarse del esfuerzo –pequeño esfuerzo– que habían realizado para ascender lo que en el libro de ruta de la Vuelta se denominaban puertos". Chico Pérez, el autor, se refiere así a los altos de Albocácer, que es el primera, Cabanes y La Basa, todos ellos en la provincia de Castellón.

La Vuelta se entrega a la montaña realmente con Unipublic, con los diseños de Ramón Mendiburu y sobre todo de Alberto Gadea; a una montaña auténtica. Es un hecho cierto, evidente, fácilmente comprobable, con el cénit de presentar en 2015, el ochenta aniversario de la creación de la carrera, un pleno de finales en alto inéditos en una misma edición: nueve sobre nueve. Más recientemente, en el contexto de la presentación del recorrido de 2022, su ahora director Javier Guillén deja todo un titular de recorrido atemporal: "Me sigue sorprendiendo la capacidad de España para aportar cada año finales en alto diferentes". Las metas en alto o en cuesta han revolucionado este apartado hasta el extremo de encontrar, en los desgloses de los recorridos, con un sumario como "etapa llana con final en alto". La montaña se ha empapado de esta vertiente y, bien no ha mimado el cultivo de diseños de etapas de alta o media montaña sin final en alto, bien ha limado al máximo el recorrido intermedio, la dureza previa, el desgaste precedente. Con los años, la Vuelta tiene muchos finales en alto, pero paradójicamente se le puede echar en falta en alguna que otra edición una gran etapa de montaña.

Y aquí es donde emerge un caballo de batalla de lo que es la montaña de la Península. Ese ADN montañoso de la Vuelta está demasiado aferrado a los finales en alto. Desde la edición de 1980, la última sin metas en cumbre, este apartado crece y se embastece hasta el extremo de fagocitar, y encarnar, el concepto 'etapa de montaña'. Comentaba Javier Ares en su canal de Youtube tras la presentación del recorrido de 2025: "El recorrido, enormemente atractivo, qué queréis que os diga, a lo mejor barro para casa, creo que no, porque todos los que nos gusta y nos impone el ciclismo sabemos qué es lo que da cada una de las carreras y dónde están los verdaderos atractivos.Y sobre todo donde están la personalidad y la idiosincrasia de cada una de las carreras. ¿Cómo es la Vuelta Ciclista a España? Pues lo definía bien Javier Guillén, el organizador de la carrera: una carrera que intenta aprovechar la orografía española. ¿Y qué es la orografía española? No hay grandes etapones de cuatro o cinco puertacos de alta montaña, pero hay muchas subidas exigentes; hay territorios, ya conquistados, enormemente atractivos". No creemos que se descontextualice la idea extractándola de su ubicación original, porque en cierto modo conecta con el mantra de las *'montañasmedias'*.Y, muy por el contrario, es posible diseñar etapas de esas características, absolutamente factibles y en absoluto geolocalizadas.

La demostración llega desde la afición.Y por amor a la carrera, se plasma en un documento de un valor innegable. Otra particularidad de la Vuelta con respecto al Tour de Francia o el Giro de Italia. A mediados de la primera década del siglo XXI un grupo de forofos del ciclismo con intereses e inquietudes comunes, en muchos casos pivotando al foro de participación existente en la página web Altimetrias.com, impulsan un intercambio de conocimientos, experiencias y hasta aventuras surgidas ex profeso que se concretan en un trabajo impresionante, más de 270 páginas, de nombre clarificador: *Estudio para las mejoras de los recorridos.* Muchos son cicloturistas; todos, aficionados. Las rampas más duras del

Puerto de Abantos, al paso de la antepenúltima etapa de la edición de 2007, no solo presentan pintadas que animan a varios nombres propios, como el abulense-madrileño Carlos Sastre o el vizcaíno Igor Antón; también proclama consignas como 'En España hay montañas' o 'Pradell en la Vuelta'. El contexto lo permite. No son los mejores días a nivel de reputación para la carrera, sobre todo lastrada por la parcela económica y con un desarrollo deportivo en el que la vertiente orográfica ha generado ciertas críticas. A través de su acción como 'Plataforma Una Vuelta mejor es posible', ponen en valor y reivindican tanto una serie de perfiles de etapas hipotéticas de carácter innovador como la presentación de puertos desconocidos para el gran público que son 'café para los muy cafeteros'. El trabajo, arduo, basto, no duda en plantear sinergias totalmente factibles con entidades, instituciones u organismos. No hay, en definitiva, ninguna propuesta que no sea realmente viable si se dan las circunstancias.

La Plataforma enviará este dossier tanto a los medios de comunicación como a la propia organización. Entre los primeros, indiferencia y desdén, con algún caso muy específico de vergonzante altanería que nos vemos en la obligación moral de reflejar aquí para la posteridad. En Unipublic, por el contrario, interés. Y agradecimiento. Varios miembros del colectivo se reúnen en noviembre con Javier Guillén en las oficinas de Unipublic, por entonces en la localidad madrileña de San Sebastián de los Reyes. El trabajo, sin duda, lo merece. También la organización puede exponerles algunas letras pequeñas de los recorridos, particularidades organizativas que condicionan mucho la elaboración de los trazados y que no pueden dejar de ser tenidas en cuenta. Lo cierto es que en la última década y media han ido apareciendo en los recorridos de la Vuelta algunos de los puertos de montaña que aparecen en el dossier. El Angliru tuvo su carta. También la tendrá La Pandera. Ambas con nombres propios en los autores de las misivas. Miguel Prieto. Juani Zafra. Muchos otros puertos encuentran su irrupción ciclista, al menos en un pequeño porcentaje, en un dossier de autoría coral. Una joya de la que ni la organización del Tour de Francia o del Giro de Italia pueden presumir. Si eso no es amor por una prueba, si eso no es cariño, afecto y compromiso... ¿Qué lo es entonces?

Los grandes premios de la montaña no van a faltar nunca en la Vuelta. Pero, como se ha esbozado en estas líneas, con unas configuraciones de diseño muy alejadas de las montañas presentes en el Tour de Francia o el Giro de Italia. Nos encontramos en un tiempo en el que aquello del 'en España no tenemos ni Alpes ni Pirineos' es un mantra que, impulsado desde la propia organización, cala muy hondo en el ecosistema mediático. Casi un lema, a caballo entre el lamento y la justificación, que va a ser muchas veces repetido. Y con su parte de razón, cierto, pero también con un aporte muy negativo para la consideración de una diversidad montañosa peninsular que aún mantiene vivos algunos rescoldos. El número de grandes premios de montaña incluidos en los trazados ha ido creciendo tanto en número como, sobre todo a futuro, en entidad. Todo ello en el marco de un proceso en el que también se ha producido una evolución en cuanto a la consideración de los mismos.

Cuando se presenta la de 1971 se llega a destacar: "En lo que al itinerario se refiere, se aprecia cierta tendencia a introducir más montaña con respecto a la Vuelta anterior, que se significó también por sus carreteras llanas y fáciles, que si bien aportaron excelentes promedios privaron de romper la clasificación de una serie de hombres que corrieron durante muchos días con ínfima diferencia de tiempo entre ellos. Así, pues, la montaña puede proporcionar fases de mucho interés a esta Vuelta, pues los puertos puntuables alcanzarán este año la cifra de treinta y tres y aparecen en casi todas las etapas del itinerario, hasta el extremo de que tan solo tres de ellas se verán libres de estos obstáculos o cotas, lo que obligará a los corredores –habrá bonificación en cada cima– a emplearse a fondo para coronar aquellos altos y reforzar su clasificación".

La singularidad de la Vuelta se ha aferrado al número de finales en alto y en cuesta, pero dada esa mencionada riqueza de 'montañas medianas', tanto la media montaña como la montaña con intensos encadenados de puertos no debieran de perder su cuota de presencia. A la hora de valorar cuál ha sido la etapa más dura en la historia de la carrera desde su creación, varias son las que dan un paso adelante. Por lo que supone, la Vielha-Luz Ardiden de 1992, con el paso por el Puerto del Portillón (1295 m), el Col de Peyresourde (1569 m), el Col d´Aspin (1489 m), el Col du Tourmalet (2115 m) y la ascensión final (1720 m), es especial por sí misma. Es una etapa que condensa toda una edición y que avala la presentación que, por ejemplo, se hace desde el diario *Marca*: "Los Pirineos del Tour". Pero otras son las jornadas más destacadas en este campo. Y más recientes.

La undécima fracción de la edición 2015, 138 kilómetros íntegramente andorranos, son presentados por Unipublic como "la etapa más dura de la historia de la Vuelta" debido a sus más de 5000 metros de desnivel positivo acumulado gracias a los pasos por seis puertos puntuables: la Collada Beixalis (1795 m), el Coll d´Ordino (1980 m), el Coll de la Rabassa (1820 m), la Collada de la Gallina (1910 m), el Alto de la Comella (1350 m) y Els Cortals d´Encamp (2089 m). Un modelo que, con menor kilometraje e introduciendo varios cambios de orientación en la ruta, inspira el final de fiesta de una edición de 2018 que propone seis puertos en menos de 100 kilómetros. Diez años antes, la novena etapa de la edición 2006 tampoco se queda atrás: más larga en cuanto a kilometraje, los 207,5 km entre A Fonsagrada y La Cobertoria también reúnen más de 5000 metros de desnivel positivo. El Alto de Miñide (620 m), el Puerto de Connio (1315 m), el Puerto de Rañadoiro (1181 m), el Puerto de Cerredo (1359 m), el Puerto de San Lorenzo y el Alto de La Cobertoria (1170 m) componen un menú que incluye también, aunque no puntuable, el Puerto de Somiedo (1486 m). El periplo por la Comunitat Valenciana de la edición 2009 también depara dos jornadas con un importante número de puertos encadenados, aunque de categoría diversa. La etapa Alzira-Aitana, sobre 206 km, presenta ocho ascensiones puntuables. Al día siguiente, novena fracción, el recorrido entre Alcoy y Xorret de Catí afronta siete. También con una vocación foránea, con todos sus altos puntuables fuera de las fronteras españolas, la undécima etapa de la Vuelta 2001 propone seis ascensiones en los Pirineos franceses y andorranos para llegar, tras 154 km, a la estación de esquí de Pal. En el fondo, propuestas. Los recorridos los acaban haciendo duros los corredores. Una cuestión de provecho.

El componente montañoso, desde un prisma de meta en alto o en cuesta, se ha acabado convirtiendo en un elemento dinamizador del bienestar y la robustez de la carrera. Dentro de la nueva política de confección de recorridos y de la estabilidad que llega con la entrada de ASO en el accionariado, las cumbres se encuentran entre las grandes protagonistas de las novedades de cada año. La montaña siempre es un aliciente y un reclamo, sea cual sea la carrera. Pero en el caso de la Vuelta, más aún. El volumen de nuevos enclaves en los recorridos se ha incrementado sustancialmente desde 2010 y, en muchos casos, se trata de las localizaciones de las etapas con su meta en una cumbre. El cénit llega en la edición 2015, con un pleno de finales en alto inéditos. "Queremos que uno de los elementos transversales sea que nuestros 80 años de tradición combinen con un 80 aniversario de innovación", que había adelantado previamente Javier Guillén. La Vuelta, lecturas colaterales de su modelo, ha alimentado la idea del 'cuestacabrismo' para referirse a esa tipología de ascensión no especialmente larga, pero sí muy empinada y, normalmente, sobre una plataforma estrecha y algún tipo de firme especial, como el cemento.

La montaña, por los menos algunas, también exigen sus tiempos. Como si fueran mosto en una barrica. Los Lagos de Covadonga se estrenan en el recorrido en 1983 y con ellos, primer símbolo orográfico, se inicia una época diferente para la Vuelta. Pero la ruta ya estaba en el radar de la organización desde al menos un lustro antes, aunque no se terminará de concretar ese estreno hasta un año que acaba con el francés Bernard Hinault diciendo que se trata de una subida más dura que el Alpe d´Huez. Victor Cordero los elogiaba así en 2008: "Es una subida espectacular, el primer signo de identidad de la Vuelta. Es un puerto viable y la Vuelta tiene la obligación de visitarlo siempre que sea posible. Aunque también nos han criticado mucho por meterlo pronto en el recorrido, como pasó en 2007».

La Bola del Mundo, la ruta cementada que desde el Puerto de Navacerrada conduce a un repetidor de telecomunicaciones instalado en 1959, ubicado por encima de los 2250 metros de altitud, se ha convertido en otro de los nuevos iconos de la carrera. Y también como punto final. No hay opción para su empleo como punto de paso, como tampoco existe para los Lagos de Covadonga. La Bola del Mundo es la guinda orográfica al recorrido de 2025 y será la tercera escala de la carrera. Un tercer episodio nada fácil, toda vez que la ronda española ingresa en el interior del Parque Nacional de Guadarrama, con todo el reto que ello supone para minimizar el impacto del paso de la caravana y los aficionados. Esta montaña, muchas veces soñada dentro del menú de la carrera por Enrique Franco, debutará por fin en 2010 y regresará en 2012. Pero ya en 1993 se habla de su incursión futura y un periódico como *El Adelantado de Segovia* llega a titular un artículo: "La Vuelta Ciclista podría llegar a 'La Bola del Mundo' en próximas ediciones".

Cuando se señala que la montaña se encuentra en el ADN de la Vuelta, el aserto requiere matiz. Y contexto temporal. En la era de los datos, el desnivel positivo siempre emerge como una buena vara de medir. La ronda española no sale históricamente favorecida. Marce Montero, cicloturista, activista de los puertos de montaña y uno de los grandes divulgadores del Gamoniteiro, señala que solo cuatro entre todas las etapas disputadas en la historia de la carrera hasta el año 2000 presentaron 4000 metros de desnivel acumulado, o más aún. Las cuatro, con final en alto. Y dos, con final fuera de España: Pla de Beret (1992), Luz Ardiden (1992), Sierra Nevada (1997) y Arcalís (1999).

Con motivo de la presentación del recorrido de la edición de 1959 efectuada en las instalaciones del diario *Informaciones* de Madrid, en febrero de ese mismo año, se refleja: "El señor Bergareche no considera un perjuicio para nadie que el perfil de la Vuelta 1959 sea predominantemente llano. Las facilidades que con ello parece darse en principio a los corredores extranjeros son, por igual, favorables a los españoles. Porque cuando llegue la montaña todos se habrá aclimatado y estarán en forma para el máximo esfuerzo que, sobre todo, les exigirá la etapa reina contrarreloj Eibar-Vitoria, con dos puertos, uno de primera y otro de segunda, y 62 kilómetros de longitud, en la que cada corredor deberá mostrar su auténtica valía precisamente sobre las rampas de Elgeta y Urkiola". No habrán Alpes, ni Dolomitas; pero pocas carreras presumirán de una etapa reina contra el reloj de estas características. La Vuelta sí puede.

CONLLEVANCIA

"Hemos comprado en la peor época del ciclismo. Y no hay un Miguel Induráin"

(Ignacio Ayuso, 2007)

Lo de abril con la Vuelta tiene algo de embrujo. Sobre todo, claro, por todas esas ediciones de la carrera que se celebran en la primavera. Muchos lustros de andaduras deportivas que calan en el imaginario colectivo social. Los meses de abril y mayo aún son los de la Vuelta para muchos aficionados veteranos que recuerdan aquellos días con la nostalgia de que cualquier tiempo pasado siempre fue mejor. La afición volcándose en las cunetas, las conexiones radiofónicas de cada hora, los colegios dándole cancha a la chavalería al paso de los corredores por sus pueblos… La magia de esa atmósfera especial ambulante. La mudanza a septiembre concretada en 1995 aporta muchos, muchísimos, beneficios. Pero también despierta melancolías. Añoranzas recurrentes. Pero aun con la Vuelta en septiembre, durante otros abriles siguen acaeciendo de tanto en cuanto cosas señaladas. Asuntos de enjundia, con miga, como si de los anillos de los troncos de los árboles se tratase. Un mes de abril, año 2005, más o menos hacia esas fechas finales de su hoja del calendario en la que tantas y tantas veces ha comenzado la carrera y que en estos días asisten a las evoluciones de la Vuelta a Castilla y León o el Tour de Romandía, se hace pública la compra de Unipublic por parte de Antena 3 Televisión.

El anuncio es de calado. No es para menos. Unipublic ayudó a salvar la Vuelta en 1979 y desde mediados de los años 80 la ha hecho crecer. Desde el prisma del negocio, claro, pero sin perder nunca el foco en el aspecto deportivo. Ahora, tras una negociación relativamente rápida, la Vuelta a España pasa a estar bajo el paraguas de un grupo de comunicación que es competencia directa de Radio Televisión Española, la misma que se encarga de la retransmisión y la producción de la señal internacional de la carrera desde 1983 y que posee en exclusiva todos los derechos audiovisuales de la competición. Antena 3 adquiere el 100% de las sociedades Unipublic S.A. Unipersonal y Organizaciones Culturales y Deportivas Unipublic S.A.U. a los hermanos Enrique y Eduardo Franco y a Felipe Sainz de Trápaga. La operación, según la fuente consultada, oscila entre los 42 y los 48 millones de euros, pero oficialmente se da por buena la primera cifra. En el momento de la compra, RTVE aún tiene en su poder tres años más de derechos sobre la Vuelta y otras competiciones deportivas ciclistas, también los Mundiales de Ciclismo que se han de disputar en Madrid en 2005, a razón de entre cuatro y cinco millones de euros por año en función de las audiencias. Una prueba, dos instituciones mediáticas. Una extraña circunstancia.

La operación se produce en parte porque la vieja guardia de Unipublic comienza a retirarse. Los años pesan. Y como se atribuye a Víctor Hugo, en los ojos del joven arde la llama y en los del viejo brilla la luz. Ya en 1999 Luis Gómez, periodista de *El País*, escribe que varias ausencias de Enrique Franco de la edición de ese año por motivos de salud despiertan rumores sobre el destino de la empresa. Ya ahí se esboza una posible venta a un grupo mediático, aunque se apunta al gestado por la Telefónica que en ese momento preside Juan Villalonga, pero no trasciende ningún movimiento tangible. El propio Franco lo niega. "Unipublic no está en venta y, con sinceridad, todavía no ha llegado en concreto ninguna oferta de un grupo mediático. Pero a Unipublic le pasa como a cualquier empresa: si algún día llegan con el zurrón, me lo pensaré. Ya lo han intentado, pero no voy a abandonar un hijo que he criado". La carrera regresa a su cita con Unipublic al timón.

La Vuelta de 2003, entre Gijón y Madrid, ha sido especial para la empresa madrileña: se ha celebrado bajo la etiqueta conmemorativa de los "veinticinco años juntos". A toro pasado, la efeméride llega como anticipo de despedida. Enrique Franco y su equipo son especialmente discretos en la búsqueda de un aire fresco que mantenga y consolide la obra deportiva a la que tantos esfuerzos, tiempo y dinero le han dedicado. Antena 3, que desde 2003 tiene al Grupo Planeta como su máximo accionista, con el potente grupo editorial catalán poseedor de más del 25% de las acciones, emerge como un candidato solvente y respetable. Cotiza en Bolsa. Cuenta con intereses en el campo cinematográfico, la radio y por supuesto la televisión en abierto, sin obviar sus fuertes lazos con el mundo de la publicidad.

Antena 3 viene de días convulsos recientes debido a un importante número de despidos, más de dos centenares, que llegan por la vía de un expediente de regulación de empleo (ERE) impulsado con el cambio de propiedad. Cuando Telefónica vende en 2003 ese porcentaje de su participación en el grupo a Planeta, los nuevos accionistas mayoritarios designan a Maurizio Carlotti como consejero delegado. El directivo italiano afincado en España, con pasado en Mediaset, es el encargado de dirigir una transición complicada. Los despidos generan mucha tensión. E incluso motivan la convocatoria de jornadas de paros y huelga. La adquisición de Unipublic llega con la situación superada, aunque no faltan los extrabajadores de la cadena que no comprenden la maniobra empresarial. Para los jefes de la vieja Unipublic, empresa de cuño familiar, es un respiro. En algún momento, a finales de los setenta, desde algún foro también se le achaca a la organización de *El Correo* que siguen siendo los mismos, que no se han renovado y que se echa de menos savia nueva. Realmente no es el caso de Unipublic.

El cambio de propiedad no llega en un momento especialmente sencillo ni para la sociedad española en general ni para el deporte ciclista en particular. Por un lado, se viene una crisis económica importante, en gran parte motivada por la irreal prosperidad y la fugaz solvencia de un crecimiento auspiciado por el ladrillo y la construcción. Por otro, el ciclismo aún atraviesa una crisis reputacional desconocida: el Tour de 1998 y el caso Festina no quedan lejanos, pero sus tentáculos, sus ramificaciones y sus secuelas siguen generando conflicto y enfrentamiento. A nivel nacional, no obstante, lo peor está por venir. En mayo comienza la operación Puerto y todas sus derivas, con el contundente "España es un paraíso para el dopaje" que proclama todo un presidente de la Unión Ciclista Internacional como el irlandés Pat McQuaid. Más leña para el fuego. Por si lo anterior fuera poco, el ciclismo vive también un momento de inestabilidad en su alta política, un momento de pulsos y luchas en los que la UCI y ciertos colectivos, con la organización del Tour de Francia al frente, porfían sobre cuál tiene que ser el modelo de futuro del deporte de los pedales y las dos ruedas. Un juego de tronos en pos de la máxima cuota de capacidad de decisión. En definitiva, por el poder.

En este escenario la Vuelta prosigue con su disputa anual. Pero lo hace emitiendo algunas señales de alarma. El punto de inflexión de 1999 ha tenido menos recorrido del esperable. Las frescuras aportadas por la introducción del Angliru y su entronización como icono, la implementación de algunos cambios estéticos en el ecosistema de la carrera, la consolidación de las fechas estivales o la solvencia de patrocinadores de primer nivel se marchitan con demasiada presteza por un cúmulo de circunstancias que se entremezclan y retroinfluencian sobre ese incierto tablero de juego que es la complejidad del día a día. La publicidad es un muy buen termómetro, especialmente en ciertas ubicaciones. A medida que expira la vigencia de algunos acuerdos, el relevo se hace de rogar o cualitativamente es diferente. Ciertas nomenclaturas, ciertos usos, ciertos colores, se vuelven inestables en el sentido de que no tienen continuidad en el tiempo. Los espacios otrora fácilmente comercializados ahora ya no resultan tan sencillos de rellenar y en el proceso hay que repensar las tarifas y las condiciones.

El presente es un ciclo hijo de necesidades imperiosas en el que, en lo que al patrocinio se refiere, gana peso una vertiente más institucional. Los arcos de meta, posiblemente la publicidad estática por antonomasia, viven seis años frenéticos entre 2003 y

2008 por la sencilla razón de que la firma inquilina cambia de un año a otro. Vodafone, a través de su servicio 'Live!', Soria Natural, IFEMA, la página web de la carrera, Credit CB Services y Madrid se suceden en tan privilegiado emplazamiento. Salvo en 2005, donde el consorcio de ferias y congresos de Madrid está presente tanto en el arco de meta como en el jersey oro con su denominación IFEMA, en el resto de estos años presenta apoyos diferentes. Y especialmente llamativo es la edición de 2006, con lavuelta.com como mensaje. Sintomática peculiaridad.

Más allá, o paralelamente, a la situación del mercado publicitario, también es una realidad que los contextos de aperturas no invitan a las peticiones. En época de crisis las arcas de los ayuntamientos, los municipios y los gobiernos autonómicos ni andan tan boyantes ni encuentran en sus dirigentes del momento la empatía para acometer este tipo de empresas promocionales. La Vuelta por supuesto está de sobra consolidada como patrimonio deportivo y hasta cultural del país. No faltan los mimbres para la confección de los trazados, aunque en ocasiones hay que apelar a las renuncias por encima de los ingresos. La Vuelta, en tanto su posición preeminente dentro de las pruebas del panorama ciclista peninsular, siempre lo tiene más fácil, o menos complicado, que otras muchas carreras. Durante la primera década del siglo XXI se pierden muchos días de competición, cuando no directamente las propias pruebas. El destilado de tantas penurias y carencias emerge con crudeza en los últimos años de este período de tiempo.

A nivel de participación a la Vuelta no faltan los mejores equipos, pero los intereses comerciales en el mercado ibérico de muchos patrocinadores han sido contraproducentes, especialmente en el primer lustro del nuevo siglo: a la hora de la confección de sus plantillas, muchas estructuras apelan al fichaje de ciclistas españoles que, de cara a la ronda española, van a contar con galones y con autonomía. Varios ciclistas nacionales están repartidos por diferentes escuadras, lo que permite que un buen número de estrellas foráneas bien ni se plateen disputar la carrera bien lo hagan sin ambición. Aquello del "la estrella extranjera contra los españoles", tan vendido mediáticamente, queda reducido a una contienda casi exclusivamente doméstica con alguna pincelada de genialidad foránea y muchos éxitos parciales para el esprínter italiano Alessandro Petacchi, diecinueve volatas victoriosas en la ronda española solo entre 2000 y 2007. También es cierto que apenas un lustro antes la carrera ha vivido un inédito y desconocido dominio foráneo plasmado especialmente en el ciclismo suizo en lo que a la general se refiere, con el cúlmen del podio íntegramente helvético de 1996. Entre 1992 y 1997, circunstancia hasta entonces inédita (y en pleno vigor actualmente), ningún ciclista español ha vencido la general final de la Vuelta. Pero en 2004 el *top-ten* final es íntegramente español y las ediciones disputadas entre 2001 y 2003 acaban con ocho locales entre las diez primeras posiciones. Revelador. Y peor aún, la de 2005, con su ganador dando positivo en un control antidopaje. Otro clavo para el ataúd del descrédito, un aliado fatal para el producto ciclismo. Y la Vuelta, claro.

Cuando el Grupo Antena 3 adquiere Unipublic, su entonces director general de Gestión Silvio González destaca: "Con esta adquisición, el Grupo Antena 3 da un paso más en su estrategia de aumentar la oferta de soportes publicitarios, añadiendo a televisión, radio y cine los crecientes segmentos del patrocinio, el *marketing* deportivo y la comercialización publicitaria de eventos, tanto a nivel nacional como regional y local. Esta estrategia permitirá enriquecer el valor añadido de la oferta comercial a anunciantes y patrocinadores y acometer iniciativas publicitarias especiales y no convencionales, así como el apoyo a los corredores y equipos". Las posibilidades de la 'publicidad no convencional' a diferentes niveles geográficos es unas de las cosas mejor vistas dentro de unos nuevos propietarios que en su memoria anual de actividades para 2005 también destacan las enormes posibilidades de Unipublic en el desarrollo de servicios para la producción, organización, comercialización y explotación de todo tipo de eventos. La Vuelta entraría dentro de ese saco, pero en esa memoria se habla explícitamente de la existencia de dos grandes líneas de negocio en la que los acontecimientos deportivos, especialmente las competiciones de ciclismo, es solo una de ellas.

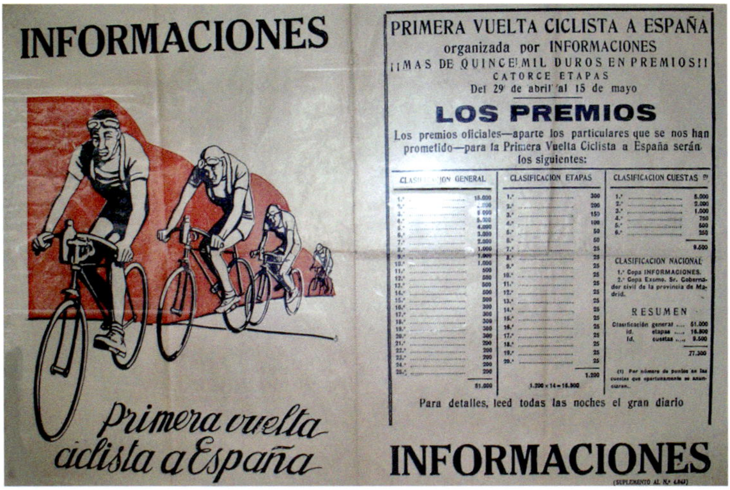

Páginas centrales del periódico Informaciones (1935), con la lista de premios de la primera Vuelta Ciclista a España. Museu de Joguet de Verdú, Lleida. (Pedroserafin CC-BY-3.0)

De la Vuelta se dijo durante décadas que tenía poca montaña. Incluso desde la organización argumentaban que faltaban puertos como los de Italia o Francia. La afición nunca ha estado de acuerdo con dichas afirmaciones (Juanfran de la Cruz)

Enrique Franco, al frente de Unipublic, evitó la desaparición de la Vuelta a España en 1979 y la dirigió hasta su jubilación en 2003 (Juanfran de la Cruz)

La presentación de la Vuelta 2003 reunió a gran número de antiguos vencedores. Grandes figuras como Bernard Hinault, Sean Kelly, Tony Rominger, Alex Zulle, Pedro Delgado, Roberto Heras o Abraham Olano, entre otros, posaron para esta foto conjunta (Juanfran de la Cruz)

Las caídas forman parte también del ciclismo, muchas sin grandes consecuencias, como el de la foto, pero han forzado también al abandono de líderes y/o favoritos en la Vuelta a España (Unipublic)

Muchos campeones del mundo han lucido el maillot arcoíris en la Vuelta a España. En la foto, Paolo Bettini levanta los brazos por delante de Óscar Freire (Unipublic)

La serpiente multicolor ha recorrido todos los rincones de España y parte del extranjero en estos 90 años (Unipublic)

Desde que cambió sus fechas a finales de verano, la Vuelta se ha encontrado con unos paisajes más secos que en la primavera, aunque deportivamente haya salido ganando (Unipublic)

La llegada a Ávila es uno de los finales de etapa más característicos de la Vuelta a España (Unipublic)

El rojo se ha convertido en el color de la Vuelta a España e identifica actualmente a su líder, a pesar de que durante su historia el maillot de líder haya tenido diferentes colores (Unipublic)

Iñigo Cuesta es el ciclista con más participaciones en la historia de la Vuelta a España. Estuvo en su salida en 17 ediciones. En esta foto del 2010 posa con un cartel del memorial en honor a José María Jiménez, otro ciclista que hizo historia en esta carrera. Suya fue la victoria, por ejemplo, la primera vez que se ascendió el Angliru (Rafa Carbonero)

Alberto Contador, tres veces vencedor de la Vuelta a España. En la foto, durante una cronoescalada de la edición 2008, su primer año victorioso (Juanfran de la Cruz)

Actualmente, aunque varíen sus calendarios, no hay estrellas que no quieran venir a la Vuelta. En la imagen, el clasicómano Wout van Aert disputando un esprint vistiendo el maillot rojo de líder (Rafa Carbonero)

La presentación de la Vuelta a España 2025 también tuvo un recuerdo para sus ganadores (Unipublic)

Un podio para la historia. Primoz Roglic sube al podio como ganador de la Vuelta 2019. Fue su primera victoria y, actualmente, es el ciclista con más victorias en la general, que ha vencido en cuatro ocasiones. A su lado, Alejandro Valverde, que es el ciclista con más podios en esta carrera, con 7, y un jovencísimo Tadej Pogacar que subía al podio en su primera grande (CC-BY-4.0 Diario de Madrid)

Primoz Roglic durante la etapa contrarreloj Elche-Alicante de la Vuelta a España 2022, 30/08/2022. Solo Remco Evenepoel pudo con él en esa etapa (Pedro Semitiel CC-BY-2.0)

La operación es muy respetuosa con Unipublic desde el punto de vista de la consideración de su *know how* y las andaduras de varios de sus hombres fuertes. Por un lado, nombrado por el nuevo propietario, va a conllevar la llegada de un administrador delegado. Pero por otro la actividad de la empresa se va a articular con una potente herencia 'unipublica' a través de una dirección ejecutiva-deportiva, a cargo de Víctor Cordero; financiera, de Tomás Abascal; y comercial, con Manuel Díaz al frente. La gran incógnita pasa por la convivencia entre dos televisiones con intereses en la Vuelta. ¿Habrá conllevancia? "El espectador no va a notar el cambio porque la transición va a ser suave", garantizan desde Unipublic. A finales del mes de mayo, el abogado madrileño Ignacio Ayuso, hasta ese momento secretario general de Antena 3, es oficialmente nombrado director general de Unipublic. Con un sólido currículum vinculado al mundo de los medios de comunicación, Ayuso también cuenta con experiencia en la gestión deportiva dado su paso por la dirección general de Infraestructuras Deportivas y Servicios del Consejo Superior de Deportes. Desde este organismo, de hecho, Ayuso es una de las personalidades que tutela la creación del Consejo de Ciclismo Profesional o el conflicto ocasionado por la marcha de Santi Blanco desde el Seguros Vitalicio al Banesto por las posibilidades que plantea el Decreto 1006. Cuando desembarca en el grupo, Maurizio Carlotti encuentra en Ayuso una figura fundamental para el proceso de ajuste. Su nuevo nombramiento, desde cierto punto de vista, también tiene un punto de agradecimiento.

Pero Ayuso no es un hombre de ciclismo. Le gusta. Y mucho. Pero él es experto en un mundo de los medios donde ha ejercido de director de Recursos Humanos, secretario general y consejero de la cadena COPE, secretario general de Radio Televisión Española, director de Gestión de Onda Cero y, finalmente, secretario general de Antena 3. Precisamente esa andadura por el ente convierte su perfil en especialmente interesante desde un prisma diplomático. Víctor Cordero, quien ha sido uno de los hombres de confianza de Enrique Franco, es el que asume el rol más deportivo. Pero gestión y competición van de la mano. Y por eso tanto Ayuso como Cordero serán, durante casi un lustro, interlocutores igual de válidos. Un hombre de Antena 3; otro, forjado en los valores del Unipublic más original. Durante el año 2005 también se concreta el nombramiento como secretario general de la Vuelta del abogado madrileño Javier Guillén, quien ya venía prestando servicios de asesoría en el consejo jurídico de Unipublic desde 1998. Por fechas vecinas igualmente se produce el cambio de sede de Unipublic, que abandona sus oficinas del número 14 de la madrileña avenida General Perón, muy cerca del estadio Santiago Bernabéu, para mudarse a nuevas instalaciones de la nueva propiedad en la población de San Sebastián de los Reyes, en el alfoz capitalino.

Unipublic sigue organizando ediciones de la Vuelta bajo el paraguas de Antena 3 y al mismo tiempo pone en marcha otras iniciativas. Si en el ejercicio 2006 arranca con 36 eventos, al año siguiente ya ascienden a 57. Acciones en ámbitos diversos, como las vinculadas al Día del Libro y la campaña 'Un libro, un juguete'; como la campaña itinerante de divulgación sobre las nuevas tecnologías 'Espacio avanza'; como la promoción como destino turístico de la ciudad de Madrid en trece grandes ciudades del extranjero o diferentes aspectos logísticos y de gestión de entradas vinculados a la Copa del Rey de baloncesto. En el basket Unipublic también se involucra en la celebración del 'NBA Europe Live Tour' o en la experiencia 'Basket Square', y la empresa también promueve acciones con otros deportes, como el atletismo a través de la Reunión Internacional Ciudad de Rivas, el motocross con el 'Mad Riders Freestyle', la promoción del tenis a través de la iniciativa 'Factoría de Tenistas' o el impulso de competiciones escolares de carácter nacional de natación o voleibol.

Tras dos años como parte de su conglomerado, Antena 3 promueve una reorganización del área que acaba siendo la antesala de la llegada de la Vuelta al portfolio de Amaury Sport Organisation, la matriz del Tour de Francia. Primero, en diciembre de 2007, Organizaciones Deportivas y Culturales Unipublic es comprada por Unipublic S.A. Unipersonal. La sociedad constituida en 1984 es absorbida, por así decirlo, por la creada en 1975. Este movimiento concentra el motor que promueve y gestiona la Vuelta, que como actividad de negocio no está aportando las previsiones de ingresos, un cálculo que el periodista Carlos Arribas cifra en el suplemento 'Negocios' de *El País* en hasta 30 millones de euros anuales; mientras que todo el área de negocio centrado en otro tipo de eventos promocionales se integra en la denominada Antena 3 Eventos, una sociedad limitada que se constituye en enero de 2008 y desde la que se van a poner en marcha iniciativas tan potentes como la Carrera Popular Ponle Freno, cuya primera edición llega en 2009 y reúne a más de 8000 participantes.

En febrero de 2008 el diario *Marca*, que no es la cabecera oficial de la carrera, agita el panorama ciclista con una información encabezada por este directo titular: "El Tour negocia la compra de la Vuelta Ciclista a España". Aunque durante la Vuelta de 2007 es un tema que aparece en las tertulias de los mentideros ambulantes que acompañan a la caravana, chascarrillos de café, el artículo del periodista Josu Garai no genera ni desmentidos radicales ni rechazos absolutos. El vasco siempre trabaja con buenas fuentes. Algo pasa entre Unipublic y el Tour. A Garai, desde dentro, le hablan de "negociaciones permanentes" y de estrechamiento de "vínculos de comercialización conjunta". En aquellos días la empresa Unipublic, paralelamente, y como consecuencia de los ajustes y los cambios, vive un período de adelgazamiento en su plantilla a través del incentivo de bajas voluntarias y pactadas, nos explican, "para adecuar la empresa al grupo al que pertenecemos que nos facilita buena parte de esos servicios". Esto tiene su impacto adicional, porque el equipo comercial de Antena 3 no cuenta ni con los conocimientos ni con la experiencia que sí tiene el nativo de Unipublic. En la empresa se quedan pocas personas. Y con recursos limitados. A finales del mes, el día 27, Enrique Franco fallece en la Clínica de La Milagrosa a los 74 años. El exdirector general de la Vuelta no llega a conocer en vida esta transacción. Su hijo Quique, vicepresidente de la Federación en ese momento, manifiesta unos meses después: "Me alegro de que se haya hecho cargo de la Vuelta una empresa seria y profesional que ama el ciclismo. Lo que no se puede permitir es que una carrera que se había cuidado de principio a fin como la Vuelta y que se había vendido a gente que creíamos que iba a seguir desarrollándola, siguiera cayendo como estaba cayendo por la mala gestión de quien lo llevaba".

Lo cierto es que la buena sintonía con ASO trasciende la mera sinergia. En junio de 2008 se concreta la adquisición por parte de la compañía francesa del 49% de Organizaciones Deportivas y Culturales Unipublic S.A.U. Como Antena 3 mantiene el otro 51%, la Vuelta es un acontecimiento de propiedad hispanofrancesa. Ignacio Ayuso, que seguirá al frente de la filial de Antena 3, proclama que este nuevo acuerdo supone «la consolidación de un frente común de las tres pruebas grandes en el ciclismo». Evidentemente, la cooperación también presenta perspectivas inmejorables para la potenciación del desarrollo de la carrera y su presencia internacional. La Unipublic que promueve la Vuelta no es la misma que unos años atrás. Por el camino ha perdido contenido, aunque la ronda española sigue siendo el gran negocio. La joya de la corona. Cuando ASO entra en el accionariado de Unipublic, la organización del Tour ya tutela dentro del mundo del ciclismo la París-Niza, la París-Roubaix, la Lieja-Bastoña-Lieja, la Flecha Valona, el Critérium Internacional, la París-Tours, el Tour del Porvenir, el Tour de Qatar y el Tour de Burkina Faso.

La entrada de ASO viene acompañada por una intensa campaña informativa con una premisa clara: la Vuelta tiene su propia idiosincrasia y siempre va a tener su autonomía. Patrice Clerc, presidente de ASO desde el año 2000, manifiesta: "La Vuelta cuenta con su propia personalidad y su riqueza y nosotros no venimos a cambiarla. Yo no tengo la varita mágica, pero nuestra intención es aportar ideas, abrir nuevos mercados y que la Vuelta tenga el reconocimiento internacional que se merece, una mayor exposición mediática". El primer aspecto positivo que conlleva es la erradicación del sinsentido estético de ser un punto de encuentro de dos grupos de comunicación rivales. Una percepción subjetiva, compartida con algún que otro actor del ciclismo, es que la cobertura televisiva se resiente cuando la Vuelta es propiedad absoluta de Antena 3. No en cuanto a la profesionalidad de la realización o sobre los medios técnicos destinados. Sí en cuanto al posicionamiento del producto o al mimo hacia este. Años atrás se dan retransmisiones íntegras de etapa. Ahora las coberturas más habituales son las de una hora, una hora y algo. El ambiente en las cunetas tampoco es el mismo. "A pesar de que el año pasado hubo muchísimos seguidores a pie de carretera, hemos tocado fondo con las audiencias de televisión", llega a reconocer Ayuso a finales de 2007. En la edición de 2006, que acaba con victoria del kazajo Alexander Vinokourov, el jersey oro del líder presenta tanto en sus mangas como en los laterales los logos de TVE y Antena3 sobre el lema "juntos por el juego limpio". Es una defensa a un ciclismo sin dopaje, pero dada la peculiaridad de la convivencia entre las dos cadenas también sugiere dobles lecturas.

Con la entrada de ASO, y en el camino a sus 63 años, Víctor Cordero se mantiene como director general de la Vuelta. Pero será de manera fugaz. A finales de año, antes de la presentación del recorrido de 2009, el que parte desde Assen (Países Bajos), Javier Guillén es designado como su sustituto. A su vez, Antonio Manso es nombrado el nuevo presidente de Unipublic, mientras que el francés Yann Le Moene se convierte en el consejero delegado de la compañía. La Vuelta de 2009 es la última del jersey oro, pero a muchos efectos es la primera de la época contemporánea; y la primera de, sobre todo, estabilidad. "Mi objetivo era dejar la Vuelta un poco mejor que como la encontré cuando me incorporé a Unipublic, en 1995. Y creo que lo he conseguido. Mi aportación ha sido poner la Vuelta a la altura del Giro y del Tour en capacidad de decisión, porque antes no pintábamos nada", le confiesa Cordero a Josu Garai. Guillén se declara su discípulo y adelanta una senda de continuismo, pero desde el primer momento comienza a poner sobre el tablero nuevas ideas, como la adopción del jersey rojo, y nuevos retos, como el retorno al País Vasco o la internacionalización de los recorridos. Tiempos donde se conjuga mucho el verbo "innovar".

Desde un prisma accionarial esta convulsa época de movimientos societarios se cierra de manera definitiva en marzo de 2013, ya en plena 'era del jersey rojo', cuando trasciende que ASO se ha hecho con el paquete accionarial del 51% que aún está en poder de Antena 3. Una época trémula, pero también con novedades y avances significativos. Durante esta primera década del siglo XXI la organización de la carrera se embastece con las aportaciones de muchos excorredores. Ciclistas retirados que se incorporan como asesores de los recorridos, como relaciones públicas, como conductores, como enlaces, aportando toda su experiencia, en suma, a través de diferentes roles. Abraham Olano, ganador de la carrera en 1998, comienza a colaborar junto a Paco Giner en la confección de los itinerarios desde 2005. En julio de 2013, empero, es despedido de su cargo tras la aparición de su nombre en la lista de corredores con muestras del Tour 1998 que, en analíticas posteriores, resultaron supuestamente positivas en el marco de una investigación impulsada por el senado francés.

La Vuelta es un fenómeno, un bien inmaterial; sus intestinos son deportivos, pero su lógica es la empresarial.

SIGILOS

"Los equipos españoles se quejaban de que no podían planificar la temporada con relación a la Vuelta a España porque conocían su recorrido muy tarde. Ahora podremos decir tranquilamente que hagan la planificación de toda su temporada a partir del conocimiento de la Vuelta a España".

(Enrique Franco, 1997)

Enrique Franco es el inspirador de la frase que usted, estimado lector, acaba de leer en el encabezado de este capítulo. Su figura ya ha sido tratada en el pabellón de los ilustres: una personalidad absolutamente capital en la historia de la carrera. Un notable para la posteridad. Franco fue un fabricante recurrente de titulares, siempre aliado con la ironía, el segundo sentido y a veces cierta excentricidad ponderada. Cuando la Vuelta confirma a Bernard Hinault y Giuseppe Saronni como grandes estrellas de la edición de 1983, una posibilidad que en el caso del francés da prácticamente por cierta Chico Pérez en las páginas de *Pueblo* en diciembre del año anterior, Franco apela a su afición futbolística: "Cobrarán menos que Maradona". El mítico Diego Armando, el genial futbolista, recaló poco antes, en el mercado de fichajes estival en el Fútbol Club Barcelona, y las cifras de la operación eran calificadas de astronómicas para la época. El presupuesto de la Vuelta para ese 1983 se estimará en unos 80 millones de pesetas, una cantidad importante que, con todo, se incrementa con respecto a los 65 de un 1982 en el que la Vuelta compartió año con el Campeonato Mundial de Fútbol.

Una de las pequeñas obsesiones de Franco mediado su ciclo al mando de la Vuelta acabará siendo la de los anuncios de los itinerarios. Las presentaciones, con todo su entramado de filtraciones previo, le cortan el factor sorpresa a las galas que son retransmitidas por Televisión Española en alguno de sus dos canales y que permiten el reencuentro de la familia ciclista fuera de temporada o en un momento iniciático de esta. A priori, la razón de ser de la ceremonia se cimienta en la incertidumbre y el desconocimiento. Pero los periódicos, bien en las jornadas previas bien en la edición del día de la presentación, no solo atinan con las líneas maestras, sino que lo hacen con pincelada fina. Apenas algunas variaciones, localizaciones más de salida que de llegada, marcan la presentación. Pequeños éxitos. Magros. Al final desluce una ceremonia que cuenta con el apoyo y el inmejorable gancho de la retransmisión en directo de la televisión. Vaya, vaya con las palomas mensajeras.

Las confirmaciones extraoficiales, o las filtraciones selectivas, son una más entre las herramientas que maneja cualquier carrera para adelantar detalles de su recorrido, alimentar la espera y seducir con la incertidumbre. En el siglo XXI es una práctica recurrente desde un prisma elitista. Hay medios y medios. Cabeceras de referencia, agencias de información de ámbito internacional, medios oficiales… Una pirámide jerárquica consolidada y lógica, hija de las décadas de funcionamiento de una determinada praxis en el día a día y de la diplomacia del sistema informativo, un distingo que, ciertamente, se ha quebrado con la irrupción de los medios y de los espacios de opinión de las nuevas tecnologías. En 2021, por ejemplo, el recorrido aparece con gran detalle, y a primera hora de la mañana de la jornada de la presentación, en el blog de ciclismo de Marce Montero, un espacio referencial en ascensiones asturianas y con la comarca de Lena como plenitud; una matinal con muchas tensiones.

Mediada la década de los años noventa, Franco habla de que hay que cazar "al palomo mensajero". Cierto es que ese espíritu se desarrolla en un momento histórico donde la joya de la corona de Unipublic ha afrontado un cambio de fechas y, para muchas cotidianeidades, aún tienen que ajustar sus tiempos y sus momentos. Y también es cierto que la labor, en todo caso, resulta bastante compleja en la medida que muchas filtraciones, y así lo demuestra la propia historia del ciclismo, acaban siendo de alguna u otra forma interesadas. La cacería no tiene por qué resultar complicada, ni mucho menos: Franco tiene en su mano frenar con facilidad todo brote de indiscreción que parta de Unipublic, porque es un flujo que tiene la capacidad de controlar o, al menos, moldear. El problema muchas veces parte de la otra parte: la Vuelta propone un recorrido negociado con instituciones públicas de ámbitos diversos, desde el local hasta el autonómico, y la medallita y el rédito son dulces manjares para el político. Cláusulas de confidencialidad que se conculcan sin rubor. Y discreciones prometidas que se quedan en simples buenas intenciones.

El cénit de la caza de ese metafórico mensajero filtrador llega, sin ningún tipo de dudas, en el ecuador de la edición de 1997. De cara a la jornada de descanso prevista, con protagonismo para la ciudad de León, Enrique Franco convoca a todos los medios de comunicación presentes en la carrera al Parador Nacional de San Marcos. En el programa, nada menos que la presentación oficial del recorrido de 1998. Ese 17 de septiembre pasa a la historia en el particular universo de las tres grandes vueltas por etapas: por primera vez, una de ellas anuncia el recorrido de su edición siguiente en plena disputa de la precedente. Inaudito. Inédito.

El acto sorprende a propios y extraños. Para entonces es público y notorio que Córdoba acogerá la salida de la edición de 1998. Unos días antes se especula muy seriamente con un retorno de la carrera a las Islas Baleares por cuarta ocasión en la historia. Antes de que la carrera llegue a Sierra Nevada emergen varias referencias al futuro. Y es posible que esa dinámica alimente la reacción de Unipublic. A algunos enviados especiales el anuncio les deja absolutamente perplejos. Apenas 24 horas antes han recibido el aviso de la celebración de este encuentro. La iniciativa tiene una lectura muy positiva: la prensa está presente, incluso la internacional: por no hablar de que todos los gastos derivados de esa presentación podrían computarse a la edición en curso y de que, además, se le daba mucha visibilidad a la urbe que acogía la jornada de descanso. Y a su Parador Nacional de San Marcos. Pocos ejemplos de previsión como el reflejado se han debido de dar en la historia del ciclismo. "Para qué esperar más si ya estaba todo hecho, si tenemos con nosotros a toda la prensa, a todos los equipos y a la televisión", comenta don Enrique.

Lo de las puestas de largo de los recorridos es un fenómeno que ha ido cogiendo empaque a medida que ha evolucionado el ciclismo y que, especialmente en lo referido a las grandes vueltas, supone uno de sus grandes momentos fuera de la competición. La televisión, por un lado, y los patrocinadores e instituciones que apoyan la carrera, por otro, son factores determinantes para la progresiva maduración del concepto hasta el formato más actual: punto de encuentro invernal de corredores, técnicos, periodistas, directivos y firmas comerciales en una suerte de gala donde no faltan los *highlights* precedentes y los discursos que navegan entre la diplomacia, la admiración y la pomposidad. Con la mudanza al mes de septiembre, pese a algún desajuste inicial plasmado en cierta volatilidad en la elección de las fechas, las presentaciones de la ronda española se mueven entre mediados de diciembre y la segunda semana de enero, después de la festividad de Epifanía. Desde la edición de 1999 hasta la de 2008, todas las galas de presentación tienen lugar en torno al día 15 del último mes del año y se celebran en Madrid. Ambos requisitos, la ubicación en el calendario y la localización geográfica, cumple también la edición de 2009, que partirá de Assen, con una salvedad: no se organiza una velada como tal. La cobertura televisiva de esa ceremonia se transforma en un encuentro entre cuatro de los grandes corredores españoles del momento: Carlos Sastre, Alberto Contador, Alejandro Valverde y Samuel Sánchez. El 17 de diciembre acuden a los estudios de RTVE en Torrespaña para desvelar públicamente los detalles del último recorrido que reconocerá a su ganador final con el jersey oro.

A partir de ese año 2009 la Vuelta adopta el jersey rojo y, paralelamente, afronta una evolución en su consideración global a partir de una nueva conciencia sobre la realidad orográfica propia. Un cambio de modelo donde se repite mucho la palabra innovación.

Las galas de presentación se consolidan definitivamente, con varios años de itinerancia alimentada por las sedes de las partidas. Así, la gala viaja por Sevilla, Alicante, Pamplona, Vigo, Cádiz, Santiago de Compostela, Torremolinos, Estepona, Burgos o Barcelona. Madrid cuenta igualmente con alguna que otra experiencia. Salvo la de Burgos, celebrada a comienzos de febrero de 2021 (venimos de una edición 2020 celebrada a caballo entre octubre y noviembre debido a la pandemia), el resto se mueve entre diciembre y enero. Esa opción de la movilidad permite ofrecer a las sedes más contenido, más contraprestaciones. Más motivos, o argumentos adicionales, para considerar la idoneidad de la promoción que aporta la Vuelta como acontecimiento deportivo y como vehículo de comunicación.

La Vuelta comienza a explotar el formato de las presentaciones con convencimiento pleno a mediados de los años ochenta. Sin duda alguna, esta línea de trabajo se encuentra empujada por el poder de la televisión. Pero al principio no es así. Unipublic lo enfoca desde un prisma festivo, en un contexto temporal vinculado a la última hoja del calendario y con ese barniz que propicia una reconsideración de lo vivido en aras de proclamar lo mejor del año, ya sea momento o nombre propio. Unipublic alimenta unos premios, estimula un encuentro de la familia ciclista en una sala de fiestas del Retiro y, como un punto más a tratar en el orden del día, adelanta el recorrido del año siguiente, apenas cuatro o cinco meses después. Por fechas, desde luego, ajusta bien. Y puede convivir con algún tipo de acto posterior en la ciudad que acoge el banderazo inicial (caso de Valladolid, en marzo de 1985) o en una de las sedes del patrocinador principal (en unas oficinas de Caja Postal, en marzo de 1986).

En alguna ocasión los periodistas especializados afean esta pseudopresentación por una cuestión: la intervención de Enrique Franco vinculada al itinerario comienza tan tarde que puede afirmarse sin rubor que algunos recorridos de la Vuelta en los primeros años de la década de los ochenta son oficializados al filo de la medianoche. El encuentro sí le da lustre a las premiaciones. El Superprestigio Unipublic reconoce al mejor ciclista español de la temporada con medio millón de pesetas de premio. En 1984 lo recibe Alberto Fernández, quien fallece junto a su esposa Inmaculada al día siguiente en un trágico accidente de tráfico que deja al ciclismo noqueado, perdido y sin voz.

Lo cierto es que Unipublic realmente no es una pionera en presentaciones. Ya en los tiempos de la organización de *El Correo Español* comienzan a tener lugar encuentros, mucho más comedidos en cuanto a número de invitados, también con mucho más protagonismo para la prensa, en los que se presentan los grandes detalles del recorrido de la siguiente edición. Una vez que el periódico bilbaíno coge las riendas organizativas de la carrera, no tarda mucho en abrir el proceso de cocción tanto a las publicaciones hermanas como a otras más rivales. Pero en esencia, las presentaciones son por y para la prensa. Los primeros encuentros de esta naturaleza fácilmente trazables se remontan a 1958: el 30 de enero de ese año se anuncia el recorrido de la cuarta edición organizada desde Bilbao. Y se hace, en un bonito homenaje al primer periódico que le insufló vida a la competición ciclista, en el salón de actos del diario *Informaciones*, cuya redacción y talleres se encuentran en la calle San Roque, en el barrio de Malasaña, desde su creación en 1922 hasta su cierre en 1983.

El rotativo madrileño acoge varios encuentros entre el equipo de José Luis Bergareche, el alma mater de la carrera en esos tiempos, y los *plumillas*. La historia nos ha legado alguna fotografía de esos actos. Ceremonias carentes de toda escenografía, donde el único valor es el de la palabra, el del discurso. Seis personas perfectamente trajeadas, de apariencia veterana y que posiblemente ya frisan los cincuenta años, se encuentran en torno a una enorme mesa de madera que en su centro presenta gruesos volúmenes de temática ignota. Este encuentro entre Bergareche y la prensa de la capital se mudará en los siguientes años de las instalaciones de *Informaciones* a "un céntrico restaurante madrileño", a las oficinas de la Federación Española de Ciclismo o a las dependencias del Instituto Nacional de Educación Física (1976). Con Bergareche al mando de la Vuelta también tiene lugar la primera presentación fuera de Madrid, el 21 de febrero de 1962 en el Salón de Ciento del Ayuntamiento de Barcelona con motivo de la partida desde la Ciudad Condal de ese año.

En la recta final de la tutela de *El Correo* también se producen dos presentaciones de recorridos en la ciudad de Bilbao, la misma que durante tantos y tantos años acuna la prueba y estimula su consolidación y su crecimiento. El 27 de diciembre de 1976 la sede central del todavía entonces Banco de Vizcaya acoge la que el propio Bergareche destaca como la primera presentación del recorrido de la Vuelta que tiene lugar en la urbe vizcaína, tan apegada ella a la historia de la competición. La entidad bancaria es uno de los grandes patrocinadores de la carrera desde 1962 y tiene su corazón y su cerebro en la ahora conocida como Torre Bizkaia, inaugurada en abril de 1969. Allí volverá a repetirse la experiencia en 1978, el 20 de enero, en un momento donde ya se muestran señales de desgaste y hartazgo en la organización. La celebración de la Vuelta de 1978, de hecho, es seriamente puesta en duda apenas unos días antes.

Cuando la Federación Española de Ciclismo y Unipublic acuden al rescate y salvan la Vuelta al año siguiente, las prioridades no pasan por las presentaciones pomposas. La carrera sigue en la unidad de vigilancia intensiva, pero permanece estable. En 1980, un viernes a finales de marzo, las instalaciones del INEF de Madrid acogen una rueda de prensa que, de facto, es su presentación oficial.

Con la consolidación de Unipublic al frente de la organización de la Vuelta y el apuntalamiento de su modelo, la cuestión de las presentaciones también se va madurando a la luz, como se mencionaba anteriormente, de los intereses televisivos. Esta evolución depara momentos curiosos. En 1986, en una puesta de largo acaecida en marzo en Madrid, Enrique Franco afirma que alumbran la Vuelta de las tres erres, porque es la carrera de los rumores, los récords en cuanto a premios o montañas a superar y los retos que supone. La edición de 1987 vive una doble presentación: el 31 de marzo el Palacio de Congresos acoge la gala donde se conocen las salidas, metas e itinerarios. Unos meses antes Unipublic organiza un encuentro con la prensa en el Hotel Mindanao para desvelar el segundo recorrido concebido por Alberto Gadea tras sustituir en estas cuestiones a Ramón Mendiburu. Pero sobre esos esbozos siguen produciéndose cambios. La entrada de Barco de Ávila, confirmada en febrero, es un gran ejemplo. De cara a la edición de 1990 se sigue manteniendo este esquema, con un adelanto previo en cuanto a metas y salidas en torno a octubre del año anterior y una exposición mucho más sesuda, detallada y solemne en enero del año de autos. Son días en los que el propio Enrique Franco asegura que la presentación del recorrido se producirá en la misma ciudad que sirviera de marco al comienzo de la prueba. Javier de Dalmases aborda esta casuística con un titular impresionante: "Primera presentación de la 'serie'". En ese artículo deja claro que ese modelo no es el mejor. "¿Cuántas presentaciones tendrá la próxima edición de la Vuelta?", bromea. En 1993, la Vuelta del Xacobeo se presenta el 9 de noviembre en A Coruña.

El cambio de fechas desde los meses de abril y mayo al de septiembre también plantea perturbaciones en el apartado de las calendarizaciones. Es un momento en el que las presentaciones parecen ser más bien un engorro que un deseo. La presentación de la Vuelta de 1995, anunciada para el 9 de mayo en Zaragoza, tiene lugar a comienzos de junio en Madrid, aunque el trazado ha sido adelantado a los medios en los meses previos e incluso antes que la presentación de todo el recorrido ha tenido lugar la de una etapa concreta: la de Barcelona. Siete años de ausencia de los recorridos, desde luego, bien lo merecen. El itinerario de la Vuelta de 1996 ve la luz a finales de febrero; esta vez sí, en la ciudad de partida: Valencia. El de la Vuelta 1997, la primera que arranca desde fuera de España, el viernes 4 de abril desde el Instituto Formación Empresarial de la Cámara de Comercio de Madrid.

Cuando Enrique Franco sube al atril en el Parador de San Marcos de León junto con Pedro González, periodista de RTVE, el máximo dirigente de la Vuelta se está marcando un órdago a grande que deja sin margen alguno a los grandes medios del país. Aquella presentación, sin embargo, no tendrá el carácter definitivo pretendido. Y no lo tendrá porque entre su puesta de largo y la disputa de la carrera habría algunos cambios. Los maquillajes de kilometrajes o de pasos intermedios son habituales, más en unas carreras que en otras, pero en cuestiones de la Vuelta a España estos no son baladí. Y no lo son porque suponen el nacimiento como estrella internacional del Xorret de Catí, la tremenda subida alicantina cuya incursión en el trazado se anunció en junio posterior. El acuerdo entre Unipublic y la Diputación de Alicante se firma el 9 de junio de 1998, relativamente cerca del inicio de la carrera. Pero este cambio pasa desapercibido en términos de crítica. A veces los pájaros, los palomos mensajeros, disparan a las escopetas.

ANGLIRUMANÍA

"El Angliru es el símbolo indiscutible
de la Vuelta moderna"

(Nacho Labarga, 2024)

La Vuelta no se ha prodigado mucho en la difusión de toda esa iconografía que refleja momentos insignes dentro de su evolución histórica como acontecimiento deportivo de trascendencia universal. Pero la ronda española también cuenta con sus fotografías de museo, con esas instantáneas que por sí misma explican 'un aquí y un ahora'. Tomas que congelan el tiempo para la posteridad. Fotos relevantes que conectan, y cómo, con aquella máxima del 'los hombres se van, pero las ideas se quedan': La carrera regresa un año tras otro a la ruta, en ocasiones incluso a los mismos enclaves que visitó en el pasado, pero esa andadura alumbra pedazos efímeros y fugaces de realidad que un certero *click* aprehende e inmortaliza para los restos.

Una de esas imágenes nace durante la edición de 1999. En ella el foco se centra en el ciclista guipuzcoano Abraham Olano. Día de lluvia, con el protagonista empapado por esa mezcla de sudor y orvallo. Mirada baja, al mismo tiempo perdida, como ausente; rictus de concentración, de esos que no pueden esquivar la fatiga y que hasta aparenta un punto melancólico. Olano, gafas sobre su cabeza, pedalea de pie sobre una bici Giant. Músculos tensos por doquier y especial fortaleza para un cuádriceps de la pierna derecha que, en ese preciso momento, se dispone a darle continuidad a la pedalada. A su derecha, dos jóvenes le jalean. No es para menos. Olano es el líder de la carrera. Porta el "novedoso" jersey oro que firma Adidas y avala Telefónica. El vasco viaja solo. A su espalda, más abajo, apenas se intuye una moto y la curiosidad de tres aficionados, cubiertos por chubasqueros, que, tras vibrar con el paso del ganador de la edición de 1998, aguardan al siguiente corredor.

Olano, su foto, ha sido tomada en plena Cueña de Les Cabres, ese rincón con singularidad propia donde la escalada al Angliru desafía al hombre y a la máquina con una pendiente del 23,5 %. La subida es inédita, se estrena en esta Vuelta a España de 1999. Su irrupción es mucho más que un soplo de aire fresco para la carrera. Para su organización, entiéndase el prisma logístico, es un desafío. Para el pueblo donde se encuentra, Riosa, un reclamo turístico y un potencial dinamizador de su prosperidad futura. Para los ciclistas, una incómoda pesadilla que no queda otra que gestionar porque el asunto va en el sueldo. Y para la Vuelta, como acontecimiento, como prueba, el Angliru es un punto de inflexión.

Más allá de que la ascensión al Angliru guste más o menos, más allá de que la tipología de ascensiones de este tipo genere tantos admiradores como algún que otro rechazo, lo cierto es que esta cumbre en el corazón de la Sierra del Aramo le ha aportado muchísimas cosas a la ronda española. No se trata ya de que la Vuelta tenga a su disposición una subida de una dureza extrema, que también; con su estreno, se generará una dinámica sin precedentes de puesta en valor de la orografía propia. Y con ello, ligado, inseparable, un nuevo proceder a la hora de negociar cómo poder seguir el camino del Angliru. Metafóricamente. Angliru solo existe uno. Pero 'Anglirus' hay muchos. El coloso de Riosa, y menudo mérito el suyo, consigue ganarle el pulso del discurso al Mortirolo. Si durante la primera mitad de la última década del siglo XX el Mortirolo emerge como la vara de medir de la dureza extrema, y en todas las sierras y en todos los pueblos tendrán un 'Mortirolo', cuando el Angliru irrumpe en el panorama ciclista el bautismo cambia. El monte asturiano es una caja de Pandora.

Otra de las enormes particularidades del Angliru, absolutamente desconocida con anterioridad, es la enorme, tremenda, constante y singular campaña mediática que acompaña su inminente llegada al mundo del ciclismo profesional a través de la Vuelta. Ninguna otra ascensión en la historia de la carrera ha contado con semejante despliegue. Revistas especializadas, publicaciones generalistas, periódicos de tirada nacional, por supuesto, como no puede ser de otra forma, prensa regional, suplementos varios, radios y televisiones… Y todo ello, además, llegando a cruzar las fronteras ibéricas y generando atención internacional en los principales mercados ciclistas, sobre todo europeos. La irrupción del Angliru, y esto le da mucho más valor a su volcánica irrupción, llega en un momento en el que Internet, los foros o las redes sociales aún están por venir. Tanta trascendencia sin la contribución de ese otro boca a boca le aporta mucho más atractivo a un fenómeno que pone de relieve la capacidad de los medios para dirigir el discurso, marcar la agenda, estimular la digestión y consolidar la reputación. Un proceso digno de tesis doctoral. El periodista Juan Carlos Camporro, entonces en *El Comercio-La Voz de Áviles*, titula muy acertadamente una de sus piezas cuando la primera etapa de la Vuelta con final en esta subida es inminente: "Se desata la Anglirumanía".

Los Lagos de Covadonga son la primera llegada ciertamente icónica de la Vuelta. Es un dogma. Y quizá el gran motivo se encuentre en la mezcla de la participación de ese 1983, con toda la expectación generada, y la novedosa cobertura televisiva en directo. Cuando, en 2008, se cumplen veinticinco años de su estreno en la Vuelta, escribimos en otro lugar: "Todos los deportes tienen sus mitos y el ciclismo no es una excepción. Unos, de carne y hueso, como Induráin, Merckx, Anquetil o Hinault; otros, de asfalto. La ascensión a los Lagos de Covadonga es uno de los segundos, como el Alpe d›Huez o el Tourmalet en Francia; como el Mortirolo o la Marmolada en Italia". Los Lagos de Covadonga suponen toda una revolución, sin duda. Pero incomparable con la de su colega asturiano. El Angliru, desde el primer momento, es un catalizador de epítetos, metáforas e hipérboles. Y queda claro también su rol trascendental con la ronda española. "El Angliru creará un síndrome", dice Pedro Delgado. "L´Angliru marca la carrera", escribe Benito

Urraburu. "La Vuelta a España le dará vida al monstruo dormido", sentencia el colombiano Alfredo Castro. "El Angliru transforma la Vuelta", titula (y lo hace meses antes, en la presentación del recorrido) Carlos Arribas. "El Angliru eleva la categoría de la Vuelta", avala Alfredo Relaño. "El Angliru cambiará la Vuelta", admiten al alimón dos históricos como Federico Martín Bahamontes y Julio Jiménez, quienes nunca ganarán la general de una carrera que, eso sí, al menos llegan a liderar en algún momento.

El Angliru, como si fuera la acción de un presidente de un país o la política de un gobierno, es capaz de vertebrar editoriales y columnas de opinión. Es tal el poder de convocatoria de la expectación generada que hasta se reconoce que su irrupción "desafía" al todopoderoso balompié. "Nunca en la historia del ciclismo una subida como la que lleva al Angliru ha despertado tanta expectación, hasta convertirse en una auténtica leyenda antes de que los ciclistas la hayan podido hacer nacer con sus proezas", se escribe en editorial periodístico de *La Nueva España* el 12 de septiembre de 1999, el día de la bestia. Enrique Franco no cabe en sí mismo de satisfacción. Probablemente, con su jubilación cercana, todo el runrún alrededor del Angliru es su *prime*, su punto álgido, su cúspide, de gozo, deleite y complacencia: "El Angliru ha provocado un morbo especial. Con muchos meses de antelación se han vertido ríos de tinta, se ha hablado en la radio y han salido innumerables reportajes por televisión".

Cuando Abraham Olano es inmortalizado en el 23,5% de La Cueña de Les Cabres defendiendo su liderato, la Vuelta anda enfrascada en uno de sus mejores días de siempre. Millones de ojos pendientes. Olano, líder desde la etapa con final en Ciudad Rodrigo, más líder tras la crono en Salamanca, aventaja en más de un minuto al alemán Jan Ullrich en la general. Pero por delante queda carrera. El ruso Pavel Tonkov ha pasado primero por ese punto, seguido de José María Jiménez. El abulense le echará mano antes de la llegada para inscribir su nombre en el palmarés del puerto, aunque con la nebulosa, nunca demostrada, difícilmente demostrable, de que se ayudó de las motos. Cuánto rédito dan la indeterminación y las sospecha. Lo cierto es que Olano, formidable, más aún después de haberse visto involucrado en una caída en el descenso de El Cordal, logra rehacerse para volver a meterle tiempo al ciclista germano. Olano se marcha del Angliru con más de dos minutos sobre Ullrich y casi tres sobre Tonkov. Pero las secuelas de la caída serán visibles días más tarde y el de Anoeta, que sufre en la andorrana Arcalís y pierde el jersey oro, abandona la carrera tras los Pirineos. “Cuando he subido apenas llovía y la rueda de atrás patinaba bastante. Como llueva cuando pase la Vuelta, a ver quién sube. No sé si será una etapa que decida la Vuelta, pero sí que va a hacer mucho daño, porque veremos cuantos llegan hasta arriba, sobre todo si hace mal tiempo”, había dicho Olano cuando inspecciona el puerto, a finales de agosto. El futuro director técnico de la carrera también va a programar desde ese rol alguna que otra etapa con final en su cima. El Angliru nace de pie.

El proceso protagonizado por la subida es fascinante. Todos los mitos recurren a explicaciones también legendarias y fabulosas. Con su correspondencia en la realidad, sin duda, pero también con esa pátina de sofisticación y exclusividad que nace de andaduras singulares. En la irrupción del Angliru como fenómeno ciclista es muy importante una carta, pero lo son mucho más un reportaje periodístico en una cabecera especializada y la organización, años después, de una prueba cicloturista. El origen de todo se encuentra en la ganadería y en sus necesidades de abastecimiento de agua. Unos pastos en montaña donde unos criadores de vacuno, así vienen dadas en el estío, consideran necesaria y pertinente alguna balsa de agua. Nace así una pequeña laguna artificial a la que se llega por una empinada pista. A mediados de la década de los años 80, en 1986, se mejoran y se acondicionan los siete kilómetros existentes entre el área recreativa de Viapará y el entorno de la laguna. Con el asfalto, el coco. 900 metros de desnivel positivo. Pese a las mejoras, los vehículos tienen que apelar a la primera velocidad para poder superar las zonas más empinadas. Una de las constantes de esta ascensión será la de los vehículos, coches y motos, que se quedan ‘tirados’ o que requieren de la ayuda del público congregado.

Cuando el reportaje de Mario Ruiz Opitz para *Ciclismo a Fondo* vea la luz, en febrero de 1996, la todavía entonces mencionada como La Gamonal es ya conocida por algunos aventureros locos, una familia diversa que va desde los cicloturistas con vínculos en la zona a los siempre osados moteros. Eladio Llano, minero de profesión y residente en el concejo de Riosa, emerge como una de las primeras personas que subió en bici al Angliru, incluso sin estar asfaltado, más de un centenar de ocasiones. La pista es conocida por los bomberos del Principado, que en alguna ocasión han acudido a la zona para rellenar la laguna con las cisternas de sus camiones. Pero para tratarse de una cumbre que se encuentra, en línea recta, a unos 30 kilómetros de una ciudad con más de 200 000 habitantes que además es la capital autonómica, su fama es limitadísima. La organización de la Marcha Cicloturista Sierra del Aramo, el 10 de mayo de 1998, puede considerarse como el primer acontecimiento masivo que sienta las bases de futuras experiencias. Y cercanas. La prueba, 110 kilómetros, ubica su final en la cumbre. Y aquello es un sálvese quien pueda para poco más de 200 participantes. Al año siguiente, la segunda edición multiplica por cuatro el número de inscritos.

Ruiz Opitz es el gran revolucionario. El bilbaíno publica en el número 135 de *Ciclismo a Fondo* un reportaje sobre una hipotética etapa de gran dureza en territorio asturiano que, a la hora de ser de ser asomado a la portada como el gran atractivo de la sección 'Cicloturismo a fondo' se concentra en un rotundo: "Gamonal: el puerto más duro de España". Ese número de la revista presenta a Miguel Induráin en su imagen principal, anuncia un informe especial sobre el sexo de los ciclistas e informa de un reportaje sobre el ruso Eugeni Berzin, "un querubín ambicioso". Pero el trabajo en cuestión de Ortiz no es un monográfico sobre la ascensión, sino que se trata de una propuesta de etapa que viene a sacudir complejos y a agitar conciencias: "Se emplea con frecuencia por los organizadores de pruebas ciclistas de nuestro país el argumento de que la orografía de la Península Ibérica no permite la realización de grandes etapas de montaña. Esto a nuestro entender es tan solo una verdad a medias, ya que si bien nuestras montañas no nos conceden las enormes posibilidades de Francia, Italia o Suiza, es también muy cierto que no se han explorado con minuciosidad nuestras rutas. Y estas aún pueden depararnos grandes sorpresas. Valga como ejemplo de lo dicho el itinerario que describimos a continuación, y que en poco más de cien kilómetros de recorrido iguala en dificultad a las más duras etapas alpinas de las próximas ediciones de Giro y Tour".

Ortiz plantea un recorrido de unos 115 kilómetros con salida en la localidad de Belmonte y llegada en la cumbre de lo que tiempo después será conocido oficialmente como Angliru, un periplo que afronta las ascensiones al Puerto de San Lorenzo, el Puerto de La Cobertoria y el Puerto de La Soterrada, que será conocido como El Cordal. De todos ellos, el único afrontado hasta ese momento por la carrera es La Cobertoria, y con un estreno relativamente reciente (1988). Los números globales que depara la propuesta de Ruiz, comparados con etapas del Giro de Italia o el Tour de Francia de ese mismo año, dejan en muy buen lugar la orografía de la zona. Por la *corsa rosa* la elección es la Cavalese-Aprica con Mendola, Tonale, Gavia, Mortirolo y Aprica; por la ronda gala, la Argelés-Gazost-Pamplona con Soulor, Aubisque, Marie Blanque, Soudet, Larrau y Garralda. Mario, sin saberlo, aunque acaso sí pretendiendo una mayor consideración hacia la orografía propia, ha sentado las bases del futuro de la Vuelta en su reportaje. Su trabajo cala en muchos lectores y aficionados.

Cuando un empleado de la ONCE en el Principado de Asturias llamado Miguel Prieto escucha a Enrique Franco en la sintonía de la cadena SER haciendo balance de la edición de 1997 y hablando de la montaña de la ronda española, las posibilidades de la orografía peninsular y la orfandad de cumbres tipo Tourmalet o Mortirolo, cuando escucha y procesa todo eso, Prieto se decide a escribir una carta que manda a unas oficinas de Unipublic que aún todavía entonces se encuentran en la avenida General Perón de Madrid. Franco ha mencionado en su aparición radiofónica la Bola del Mundo y el Teide. Y también la Higa de Monreal, no muy lejos de Pamplona.

Conocedor del trabajo de Mario Ortiz, Prieto reivindica la subida al Angliru, aunque todavía es más conocida como La Gamonal: "Existe en Asturias, en plena Sierra del Aramo, en el Municipio de Riosa, a cerca de 15 kilómetros de Oviedo, una montaña cuya carretera apenas viene referenciada en los mapas, pues se trataba de un camino ganadero, recientemente asfaltado. Dicha montaña es conocida como La Gamonal, cuya altitud es de 1570 metros", escribe con fecha del 23 de septiembre de 1997. La misiva la envía a la atención del director técnico Alberto Gadea. Y este texto, que bebe de otro, periodístico, cambia el rumbo de la carrera y va a acabar teniendo una influencia inimaginable en su desarrollo ulterior. Un impacto y una sacudida que aún se dejan notar hoy en día. "Lo mismo que se dice que Los Lagos de Covadonga podrán ser la equivalencia española al Alpe d´Huez francés, la Gamonal podría equipararse e incluso, sin exagerar, superar al Mortirolo italiano", redacta. Al final, parte de su éxito bebe de un estilo directo y de las comparaciones oportunas. Y también invita a ciertas conjeturas: en Unipublic no consumían la revista *Ciclismo a Fondo* en el año 1996.

El periodista José María García ha repetido en muchas ocasiones, y detrás de él otros, que el rumor es la antesala de la noticia. Un bembeteo sobre el Angliru comienza a extenderse por los corrillos ciclistas durante la última parte de la edición de 1998. El día que la ronda española llega a Salamanca, *La Voz de Avilés* recoge en su edición impresa un artículo bajo el titular "La Gamonal, alternativa asturiana para la Vuelta" en cuyo texto, a título anecdótico, se menciona explícitamente el Gamoniteiro. De primeras, oficialmente, fuentes de la organización esgrimen que no hay espacio suficiente en su cima y eso dificulta enormemente su consideración. Pero no hay portazo. Durante la crono de Fuenlabrada de la edición 1998 Enrique Franco acude al set de televisión, donde conversa con el periodista Pedro González sobre diversos temas. Una de las materias, recurrente, es la del trazado del siguiente año. Franco esboza unas líneas maestras. Pero también introduce, casi como coda, la gran posibilidad de una novedad fascinante en estos términos: "Y luego tenemos una sorpresa, un puerto desconocido, que estamos en estos momentos pactando con una comunidad autónoma, porque le llaman, o le pueden llamar, 'el Mortirolo español' y entonces, si eso lo arreglamos, sería una etapa que iríamos todos los años allí". El director general de la Vuelta enuncia estas palabras en el preciso momento en el que Abraham Olano le está arrebatando el jersey amarillo a su compañero de equipo José María Jiménez. *Timing* perfecto.

A finales de septiembre, días después de la conclusión de la carrera en Madrid, el alcalde de Riosa José Antonio Muñiz conversa con Alberto Gadea y le indica que el concejo colaborará con la organización y solventará esos problemas de espacio. Para Muñiz, la llegada de la carrera no deja de ser la gran oportunidad de su concejo para revitalizarse. Y también el final de un proceso. Aunque no directamente por el ciclismo, la ruta hacia la cima ha sido reasfaltada y también se le han instalado quitamiedos durante bastantes tramos. Por eso a ojos de Muñoz la cuestión del espacio en la cumbre es un problema menor: "Si quieren que asfaltemos la cima, lo haremos; y si quieren que ensanchemos los últimos metros de subida, también. La carretera es de titularidad municipal y podemos acometer las reformas que sean convenientes".

Desde este momento el Angliru comienza a recibir toda una peregrinación ciclo-periodística sin parangón en la que algunos de los mejores corredores del momento, también alguna vieja gloria, y por supuesto los principales medios de comunicación impresos y audiovisuales, sellan una alianza promocional sin precedentes. La declaración aferrada a la sorpresa, la foto impactante, el valor adicional de ser testigo directo. El sábado 3 de octubre José María Jiménez asciende La Gamonal para el *Diario AS*, un periódico que ya había publicado un artículo a finales del mes anterior bajo el titular 'La cima deseada', y bendice sus números en un reportaje que el rotativo madrileño emite al día siguiente. El Chava al final reúne la quintaesencia del escalador puro nacional y su popularidad es inmensa. Su palabra, de alguna forma, también es ley. Necesita un desarrollo que no lleva y que le prestan. Tampoco está fresco porque ha dormido poco la noche anterior. Sobre la subida dice: "Es una subida exagerada, no me la imaginaba tan dura. Lo que le hace distinto del resto de puertos españoles es su longitud. En las montañas de la Vuelta subes durante 35 o 40 minutos a lo sumo, y esta es una subida de estar más de una hora escalando. A la altura de las grandes cimas europeas, como el Galibier o el Tourmalet. Y puede ser tan mítica como Los Lagos de Covadonga". Por esos días Coque Uría y Chechu Rubiera, ciclistas asturianos, afrontan la subida para un equipo de Telecinco y su veredicto también sigue las impresiones de Jiménez. "Es precioso, pero también un arma de doble filo. Si ponen antes todos los puertos que quieren meter y sale un día de lluvia, la mitad del pelotón se va a casa", dice el segundo de ellos.

El día 7, dos miembros de la organización de Unipublic vinculados al área logística se desplazan hasta Asturias para inspeccionar la ascensión. En su informe, se hace necesario tocar un par de curvas que en otras referencias serán tres o cuatro, darles más anchura, para facilitar el paso de los camiones. Pero el espacio de la cima puede ser suficiente para una infraestructura de campaña. Otra luz verde. Y nada baladí. La disponibilidad del ayuntamiento de Riosa, que es total, encuentra el respaldo de las autoridades regionales. Y este es otro punto clave. El Gobierno del Principado bendice la operación hasta tal extremo que el canon de contratación de una llegada de la carrera nunca va a ser un problema. Los poco más de diez millones de pesetas (60 000 euros) que costará son, a ojos de la mayoría de la gente, un verdadero chollo. Y en estos términos se expresa el periodista de *Marca* Josu Garai. El acondicionamiento, empero, requerirá más inversión. Desde *La Voz de Avilés*, ya en febrero de 1999, se adelanta la inminencia de unos trabajos que van a ascender, incluyendo también el pago por acoger la meta, a algo más de 45 millones de pesetas. Redondeando, unos 300 000 euros actuales.

Vía filtración de las autoridades, la prensa regional da por hecha la llegada de la Vuelta en 1999 a mediados de octubre del año anterior. El martes 20 de ese mes, con reflejo impreso al día siguiente, el director técnico de la carrera Alberto Gadea también se lo confirma al *As*. Lo que no cuenta con aprobación discrecional, porque asusta, es uno de los posibles trazados que se baraja.

Se especula con una etapa que parte desde las calles de Oviedo y afronta las ascensiones del Puerto de Cabruñana, el Puerto de San Lorenzo, el Puerto de La Cobertoria, el Puerto de La Soterraña y la subida final. Dureza inédita tanto en una propuesta asturiana para la Vuelta como, yendo más allá, para la carrera en sí. La etapa se ubica en las antípodas del concepto de 'montañas medias' acuñado décadas atrás por Luis Bergareche.

En el momento en el que ya es oficiosamente oficial que el Angliru va a acoger una meta en 1999, además de los diversos preparativos necesarios, el Concejo de Riosa se enfrasca en una rápida y efectiva labor de concienciación sobre la toponimia del lugar. Una apelación al rigor geográfico que, por supuesto, tiene implicaciones a nivel de notoriedad. La subida es toda una estrella y la etiqueta que triunfe es la que le acompañara durante toda su vida. La Gamonal es, con sus 1710 metros de altitud, uno de los tres picos más alto de la Sierra del Aramo. Pero su cumbre se encuentra dentro del concejo de Morcín. Aunque desde la explanada del Angliru se ve perfectamente esta montaña, y de hecho tiene en este punto un aparcamiento magnífico para encarar una ruta hasta su cumbre de poco más de cuatro kilómetros, todo el trazado de la carretera, y el punto final de la misma, se encuentra dentro del concejo de Riosa.

Diario As no comenzará a descartar la nomenclatura 'Gamonal' hasta mayo de 1999 y esta seguirá presente en más de un medio hasta bien entrado el verano. Cuando se presente el recorrido, a mediados de diciembre de 1998, la cuestión onomástica se encuentra especialmente candente y, de hecho, es un tema que sale durante la ceremonia. Escribe el periodista Carlos Arribas en *El País*: "La rivalidad entre municipios ha dado lugar a malentendidos sobre la denominación del final de etapa más esperado de la Vuelta a España. En las primeras informaciones se hablaba de El Gamonal, uno de los montes más conocidos de la Sierra del Aramo, al que ni siquiera se puede llegar por carretera, situado en el concejo de Morcín. El ayuntamiento de Riosa, limítrofe con el de Morcín y situado a unos 20 kilómetros de Oviedo, ha luchado en los últimos meses para que se hable del final de etapa del Angliru, un pico que está en su ámbito territorial y desde el que se divisa, casi al mismo nivel, su competidor".

La presentación confirma la fecha, la etapa y el recorrido. El domingo 12 de septiembre de 1999, la octava etapa de la carrera va a unir la ciudad de León con el Alto del Angliru. Sus 175,6 kilómetros de recorrido van a incluir antes de la subida final el Puerto de Ventana, el Puerto de La Cobertoria y el Alto de La Soterraña, que ya comienza a ser denominado El Cordal en los libros de ruta. Y a partir de esta presentación, hasta la llegada de ese día, el tiempo transcurre inmerso en una dinámica de preparativos en ciernes, declaraciones, testimonios y preocupaciones. En la prensa, la mejor y más constante campaña de promoción nunca antes vista o vivida por un enclave que haya acogido la Vuelta o una prueba ciclista en territorio español. Son semanas, meses, en las que lo anecdótico, lo pintoresco y lo singular escalan al primer plano. Un periódico anuncia un premio de un millón de pesetas (6000 euros) para el ganador, otro sorteará un vehículo de alta gama entre todos los acertantes del nombre de los tres primeros ciclistas en la meta de ese día, una entidad bancaria asturiana dona un caballo asturcón, raza autóctona del Principado. En el mismo saco entra que un camarero orensano, Saturnino González, haya sido capaz de subirlo a lomos de una BTT portando una bandeja en una de sus manos o que el entonces lehendakari del Gobierno Vasco, Juan José Ibarretxe, también se atreva con un reto que, meses después, también asumirá el piloto de Fórmula 1 Fernando Alonso. Hasta las cuestiones de mecánica, los desarrollos y los materiales que se van a emplear en la aventura del Angliru se instalan en la primera línea de los temas de interés del momento.

El Angliru como factor diferencial queda absolutamente claro desde antes de su estreno. "Queremos convertir el Angliru en el santuario del ciclismo no ya español, sino mundial", señala Enrique Franco en los días previos al debut. Y las palabras de elogio prosiguen. El suizo Tony Rominger, triple ganador de la carrera y uno de sus grandes nombres históricos, sube a la cima del Angliru en coche: "Es increíble lo rápidamente que se coge altura en pocos kilómetros. Te da la sensación de que subes un ascensor". "Nunca había conocido una cima de semejante dureza", señala por su parte el francés Bernard Thevenet, doble ganador del Tour de Francia y podio en una edición de la ronda española. El periodista Alfredo Relaño siempre se mostrará encantado con esta subida por lo que aporta: "Desde que la memoria me alcanza, la Vuelta a España está buscando su lugar al sol en el calendario ciclista, moviéndose con dificultad y a codazos para sacar la cabeza entre el Tour y el Giro, dos pruebas que la aventajaban históricamente en prestigio. Adelantar al Giro y acercarse lo más posible al Tour ha sido desde el principio la obsesión de sus organizadores actuales, el grupo Unipublic, que cogió esta carrera en condiciones difíciles hace ya una veintena de años".

La expectación, desconocida, crece en las jornadas inminentes y solo la amenaza de la climatología, que se concretará lluviosa y fría, puede amargar la fiesta, porque la subida viene de aprobar el test logístico que las autoridades locales y la organización han realizado el día 31 de agosto con un camión de más de 18 metros de longitud. Riosa, un municipio de poco más de 2000 habitantes, no deja de recibir día tras a día a un gran número de caravanas y vehículos. Su entonces alcalde José Antonio Muñiz dice que la primera ascensión de la Vuelta al coloso asturiano es más importante para su concejo que los Juegos Olímpicos para Barcelona en 1992. La comparativa refleja a la perfección el carácter dinamizador, reavivador. El deporte como solución, como maná. El retorno. La previsión llega a hablar de medio millón de personas en la subida y miles de ellos acampan en la base ya desde el miércoles anterior. El despliegue policial requiere de refuerzos: solo en lo que a agentes de Tráfico se refiere la cifra ronda los tres centenares. Desde Unipublic se apela al sentido común de los aficionados: no empujar a los corredores, no acosarles, no echarles agua... La primera experiencia es gozosa en este punto, pero las excepciones de corredores y animantes intensos irán in crescendo, desgraciadamente, en visitas futuras. Hasta una moto de Televisión Española será derribada en 2008, circunstancia que condiciona la retransmisión en directo de los últimos kilómetros de ese año. Aunque la previsión de cortar el acceso rodado desde Viapará se había fijado para el jueves anterior, finalmente se tiene que concretar el miércoles. Josu Garai, mítico periodista de *Marca*, destaca la evidencia: "Ambiente de Tour". Televisión Española, productora de la señal, instala tres cámaras fijas en la Cueña de Les Cabres, el punto de más dureza.

A nivel de televisión, el Angliru es un éxito enorme. Y con una capacidad de atracción que se mantendrá en el futuro. El Angliru, como aliciente. Hasta se fabulará en el futuro con la posibilidad de que acoja una cronoescalada. Escribe Jesús Gómez Peña en 2008: "Del Angliru hay mil versiones. No hay cuesta más difícil para organizar una carrera. Por estrecha, pina y arisca. Sus porcentajes, por encima del 23%, están al límite de lo permisible para una bicicleta de carretera. Desmesura. La Vuelta tiembla cada vez que vuelve allí. Temor a un accidente. A una tormenta. A la niebla, huésped casi fijo. El Angliru asusta. Con razón. De hecho, la carrera solo regresa por la audiencia. El sábado hubo unas cien mil personas en la cuneta. Ni comparación con las etapas de los Pirineos, disputadas casi a puerta cerrada. Algo tiene el Angliru. Desafío. El imán del ‹infierno›. No hay cuesta en España con ese tirón. En bicicleta o en el sofá. El sábado del Angliru ni la Fórmula 1 subió tanto".

Lo más relevante que ha traido consigo el Angliru ha sido, desde nuestra opinión, tanto la reivindicación de lo propio como el inicio de una búsqueda constante. Cuando el *Diario AS*, en octubre de 2001, lleva a una de sus primeras páginas unas novedades sobre el próximo recorrido de la Vuelta lo hace en estos términos: "Dos nuevos Anglirus: la Vuelta del año próximo subirá a La Covatilla, cerca de Béjar, y al Puerto de San Lorenzo, en Asturias". El Angliru como unidad de medida. Como referente.

Los momentos en los que se está gestando su entrada en el recorrido de la Vuelta 1999 alimentan un trabajo de características inéditas en la prensa, no así en otros espacios, como el elaborado por el actual redactor-jefe de *As* Juan Antonio Gutiérrez: "Tan duro como los europeos". Este informe, a doble página, aparece en octubre de 1998: "En España hay puertos que nada tienen que envidiar a los grandes colosos de Italia y Francia, pero hay que adaptarlos". Allí se habla del Collado Veleta, de El Gamoniteiro… Allí se presenta una lista con veinte orónimos que recogen altitud, longitud, pendiente media, pendiente máxima y coeficiente; una clasificación en la que algunos de los presentes están totalmente justificados, pero se echan muchos otros en falta. En todo caso, otro de los muchos tentáculos del Angliru.

La montaña riosana es la gran subida, por notoriedad mediática, de la Vuelta. Unos días antes de que se confirmase el recorrido de la edición 2008, Josu Garai titula en *Marca*: "La Vuelta regresa al Angliru para sobrevivir". El contexto económico es, entonces, mucho peor. La andadura bajo el paraguas de ASO comienza a dar sus primeros pasos. Igor González de Galdeano, uno de los que lo padece sobre la bici en 1999, señala en 2008, una temporada en la que ejerce de director técnico de la formación Euskaltel-Euskadi: "En Angliru es malo para los corredores y bueno para el espectáculo. Por tanto, que viva el Angliru".

CONTRARRELOJ

"La organización de la Vuelta 79 fue buena en líneas generales.Es más, yo diría que fue francamente buena, si tenemos en cuenta que el montaje de una prueba de veinte días se llevó a cabo en el plazo récord de dos meses y medio"

(Chico Pérez, 1979)

Muchos han sido los meses de enero en los que la Vuelta ha dado a conocer su recorrido futuro. Algún que otro diciembre, también febreros. Pero eneros, unos cuantos. Eneros de ilusión, de esperanza; eneros de buenas nuevas, aperturas de año que barnizan de oficialidad el trabajo, silencioso, abnegado, de un largo período anterior. Eneros de brotes verde, de aquí tenéis el trazado de este año y de estas son sus sorpresas. Eneros de mapas convertidos en lienzos sobre los que los artistas, realmente directores técnicos, trazan tres semanas de penurias y andanzas por la geografía peninsular con los pinceles de los acuerdos diplomáticos y publicitarios. Muchos han sido los meses de enero de esta guisa, pero uno es todo lo contrario y a punto está de costarle a la carrera su propia existencia. Se dio un mes de enero, sí, en el que la Vuelta se asomó al abismo de una desaparición. El mes de enero de 1979 es un momento crucial para la Vuelta que hoy en día se conoce.

El día 27, último sábado del mes, la organización de *El Correo Español-El Pueblo Vasco* hace pública su renuncia a sacar adelante una nueva edición de la Vuelta Ciclista a España que debe disputarse en los cercanos meses de abril y mayo. El pistoletazo, de hecho, está previsto para el día 25 del primero. La noticia sobrecoge a todo el panorama deportivo nacional y, por supuesto, también genera mucha turbación en el universo ciclista internacional. Desde la organización, eso es cierto, se ha venido poniendo el foco en la necesidad de aumentar los ingresos, porque la carrera es un mastodonte que incrementa de año a año su presupuesto y su tamaño. Y sobre todo se apela a la necesidad imperiosa de encontrar el mismo apoyo de la televisión que en sus países tienen el Tour de Francia y el Giro de Italia. De tanto en cuanto Luis Bergareche, el director de la carrera, resalta el incremento de los costes. Y paralelamente, y es una afirmación en la que reincide en diversos momentos tanto él como su equipo, que la Vuelta acaba costando dinero y que no pasa nada, porque no se monta realmente para ganarlo. La Vuelta maneja para entonces un presupuesto en torno a los 40 millones de pesetas de la época.

Pero a finales de enero de 1979, la situación es límite. "El Comité Superior de Deportes y la Federación Española de Ciclismo nos ofrecen una subvención del cincuenta por ciento más reducida que el año pasado, a pesar de que el presupuesto de la organización ha aumentado más del treinta por ciento", lamenta un Luis Bergareche que pone también el foco en el hecho de que la cuantía de las ayudas sea la misma que la que vienen recibiendo desde 1969. "Es cierto que contamos con las aportaciones de ayuntamientos. Pero la mayor parte de los consultados para el recorrido de 1979, base fundamental, no han respondido a nuestras propuestas o han contestado negativamente, debido a la situación de interinidad en que se encuentran, a la espera de conocer el resultado de las elecciones municipales. Y por si esto fuera poco, todavía se nos deben cantidades importantes de subvenciones municipales y de patrocinios del año pasado".

El anuncio no gusta. Y no satisface, cómo podría, por lo que implica. Pero tampoco por la idea en torno a la que pivota. Es una cuestión de dinero. El aragonés afincado en Barcelona Antonio Vallugera, uno de los históricos del periodismo ciclista que fallecería, demasiado joven, en 1987, aborda el tema abiertamente:

"Ahora, la Vuelta a España, calificada durante tantos y tantos años como la tercera prueba por etapas a nivel mundial, ha tenido un final mucho más imprevisto, al anunciar sus organizadores –precisamente cuando se iban a celebrar sus bodas de plata– la suspensión de la carrera. Y lo que me duele es que no se haya dicho la verdad". Lo cierto es que, hasta el anuncio, el músculo de la Vuelta sigue moviéndose para terminar de cerrar un recorrido que en todo caso está bastante perfilado. Un trazado con salida desde Benicassim, que pagará un millón de pesetas, y con la novedad de un gran final en la asturiana Cangas de Onís, población que también asume un canon semejante.

La organización, a tenor de los acontecimientos vividos en la última etapa de las dos ediciones anteriores, ha sopesado seriamente este cambio. En 1977 la carrera concluye en Miranda de Ebro, en la provincia de Burgos, ante la conveniencia de no llegar hasta San Sebastián, como estaba previsto, debido a una amenaza de bomba que plantea las máximas cautelas en las autoridades. Un año después, los resultados de la crono final con salida y llegada a la capital donostiarra son anulados ante los sabotajes e incidentes que sufren varios corredores. Como indicativo de las avanzadas gestiones, Vallugera explica que una población como Santa Eulalia de Ronsana, en Barcelona, ha pedido un final de etapa incluso pagándolo por adelantado y desde la organización, con el debido agradecimiento, se le ha dicho que el cupo de etapas por tierras catalanas está cubierto con creces. Su alcalde, Francesc Brustenga, es un gran aficionado al ciclismo y toda una personalidad en la Comarca del Vallés.

Con el trazado cuanto menos perfilado, Vallugera también explica de las labores de José Luis Albéniz llegando a acuerdos con diferentes equipos para asegurar su participación y la de algunas estrellas. Se habla de Francesco Moser, de Michele Pollentier, de Ferdi van de Haute, de Joop Zoetemelk y de Lucien Van Impe, entre otros. Dados los avances con el recorrido y con los ciclistas y los equipos, la económica tampoco resulta una explicación convincente. Luis Puig, que está en Italia con motivo de los Campeonatos del Mundo de Ciclocross de Saccolongo, en el

Véneto, directamente la repudia. El presidente de la Federación Española de Ciclismo se muestra muy duro: "La noticia me la han dado mis colegas de la Unión Ciclista Internacional a las ocho de la tarde del sábado. La conmoción a escala internacional ha sido extraordinaria. El Giro o el Tour no se organizaron únicamente durante las dos guerras mundiales. Los organizadores de la Vuelta no pueden aducir problemas financieros. No es cierto. Que digan que son problemas políticos. Hay una Asociación Internacional de Carreras, de la que son miembros y directivos, que puede pedirles cuentas. Yo, el lunes llegaré a Madrid y quiero indagar en el tema. Hay intereses deportivos y comerciales por medio que no pueden eludirse".

Cuando Puig introduce la causa política en el discurso, realmente está recuperando una cuestión que no ha sido abordada con relevancia y sobre la que nadie se ha manifestado en unos términos semejantes. Pero es evidente que la convulsa situación sociopolítica del País Vasco en esos días también ha afectado de alguna u otra forma a la propia carrera. Es una realidad. Son tiempos muy duros en el País Vasco, con una intensa actividad terrorista. Entre 1978 y 1980 la banda terrorista ETA comete casi el 30% de todos los asesinatos de su sanguinaria andadura. Son extraños los días en los que en algún punto de Euskadi no tiene lugar algún atentado. El mismo día en el que *El Correo* anuncia su renuncia a la Vuelta, ese mismo sábado, ETA asesina en Etxarri-Aranatz al exalcalde Jesús Ulayar. En la siguiente jornada tres agentes de la Guardia Civil resultan heridos de diferente consideración al ser alcanzados por un artefacto explosivo de diez kilos que estalla al paso de un convoy de la Benemérita en las cercanías de la población de Tolosa. En Antzuola, el día 30, el comando Besaide asesina a José Fernando Artola Goicoechea, un viajante de comercio que había sido señalado como confidente policial.

En el momento que Luis Bergareche y su equipo anuncian su renuncia a organizar la Vuelta a España lo hacen a pocas semanas de las primeras elecciones generales constituyentes de esta nueva época de la historia del país. Durante todas las semanas posteriores la actividad de los diferentes partidos es realmente frenética. Las elecciones del 1 de marzo mantienen muchas atenciones pendientes de otras cosas y un mes después están a su vez fijados nuevos comicios, en este caso municipales. La Vuelta es importante, pero las prioridades del momento son otras. Y es justo poner el foco en este contexto.

Superado el *shock* inicial de la renuncia, no falta quien se muestra dispuesto a recoger el guante. El propio Bergareche no cierra la puerta de *El Correo*, pero con vistas a 1980. "Si las circunstancias han variado positivamente, no tendremos inconveniente alguno en reanudar la historia de la Vuelta", señala. Desde tierras cántabras también se postula en clave 1980 Santiago Revuelta, el patrón del equipo Teka: "Desde ahora mismo pido que el próximo año me la permitan organizar a mí con los catalanes Joaquín Sabaté y Luis Cuevas y les demostraremos que no hay problemas económicos". Revuelta, personalidad enérgica, menciona a dos de los grandes nombres del panorama ciclista del momento: Sabaté es un empresario del sector, es el presidente del Esport Ciclista Barcelona y ha sido el gran artífice de la Semana Catalana; Cuevas, un hombre de confianza de Bergareche y Albéniz que viene colaborando con la Vuelta desde 1972, así como la Volta a Catalunya o la Vuelta a Aragón, ha puesto en marcha en este mismo 1979 una competición por etapas denominada Ruta Ciclista del Sol. "Otros cuatro socios y yo estamos dispuestos a montar la carrera este año y los sucesivos", afirma por su parte un Fernando Manzaneque, exciclista y director deportivo, célebre por la vehemencia de su fuerte carácter, que pone encima de la mesa los 40 millones de pesetas de la época en los que se cifra el presupuesto con la condición de que el equipo de Bergareche se comprometa ante un notario a ceder los derechos sobre la carrera a perpetuidad.

"Es formidable la reacción que se ha producido a todos los niveles. Tenemos ya una verdadera avalancha de ofertas de tipo económico y el gran premio de la Vuelta ya tiene patrocinador", señala una semana después, ya en España, el presidente Luis Puig. Hombre con muchos contactos, larga trayectoria la suya, el primer gran apoyo le llega desde una firma levantina que en algún momento reciente ha sopesado entrar en el mundo del ciclismo con una estructura deportiva propia. Esa marca es Lois Jeans, una firma textil de la familia Sáez-Merino que es todo un icono de moda desde su nacimiento a comienzos de los años sesenta.Y lo es a nivel internacional. Durante los años setenta su logo del toro es muy conocido porque sus prendas las visten deportistas y artistas. Célebre es la campaña protagonizada por el futbolista neerlandés Johan Cruyff, que controla un balón luciendo ropa de la firma valenciana. El tenista sueco Björn Borg, el cantante británico Rod Stewart o el grupo sueco ABBA son algunos de los embajadores más célebres de la firma en el mundo del espectáculo. Además del universo vaquero, Puig señala que tiene el apoyo de dos entidades bancarias. El Banco de Bilbao, viejo apoyo de la carrera, se mantiene involucrado en esta nueva andadura.

Las palabras de Puig se enmarcan dentro de una decisión tomada casi de manera inmediata a la renuncia de *El Correo*. Más allá de su incredulidad, incluso de su enfado, por la situación sobrevenida que se encuentra la carrera, y más allá también de las diversas propuestas que llegan para retomar la organización, es el propio Puig el que decide encabezar el proyecto de sacar adelante la Vuelta 1979. Con algunas dudas tibias iniciales sobre denominaciones, su idea es la de una vuelta que sea la misma, pero al mismo tiempo nueva. Una renovación que, dadas las circunstancias, es factible. Durante su asistencia a la presentación del equipo Transmallorca-Flavia, a finales de enero y celebrada en el Santuario de Nuestra Señora de Cura que corona el Puig Randa, el dirigente proclama: "Muchos tienen que ser los problemas que nos surjan para que una gran vuelta con la misma categoría, el mismo prestigio, las mismas fechas y la misma difusión que la Vuelta a España, no se ponga en marcha. Puedo comprometerme y me comprometo. En esa empresa empeño mi palabra de presidente de la Federación".

El miércoles 31 de enero se entrevista durante tres horas con Benito Castejón, director general del Consejo Superior de Deportes, y con Pío Cabanillas, ministro de Cultura y Bienestar. Si algo queda claro después de ese largo encuentro es que la Vuelta de 1979 comienza con una contrarreloj: la de montar una carrera en menos de tres meses. La mayor dificultad, y esto es algo que se repite con cierta frecuencia en las primeras semanas de la operación de salvamento, no es el dinero: el auténtico problema es el tiempo. Entre los apoyos espontáneos y las adhesiones inmediatas, una balbuceante maquinaria organizativa de gentes del ciclismo echa a rodar. Luis Puig conversa con Luis Bergareche y le pide tanto la autorización para poder hablar de 'Vuelta Ciclista a España' como el favor de ser informado de todas las gestiones y avances que se hubieran hecho a la hora de confeccionar el recorrido.

De la misma forma que la primera súplica no parece plantear tensiones o conflictos, la reacción a la segunda sí deja más frío al directivo valenciano. Bergareche, explica, no se niega, pero le emplaza a un momento posterior porque es algo que tiene que consultar con más personas y que no depende exclusivamente de su autoridad. El procedimiento acarrea una dilación que, en un contexto de absoluta premura de tiempo, en un momento donde el crono más que nunca es oro, no se puede contemplar. Puig apela a todas las federaciones territoriales y, a través de un telegrama, las emplaza a colaborar en el proceso de darle forma al recorrido. Para esa labor el encargado principal va a ser el seleccionador nacional Ramón Mendiburu. El donostiarra, antiguo corredor profesional y con algún éxito deportivo en la misma carrera que ahora va a ayudar a salvar, se reconvierte en un polivalente hombre orquesta capaz de supervisar el trazado, elaborar su rutómetro y, al mismo tiempo, tantear a equipos y corredores para conformar la nómina de participantes. Cuando la carrera eche a rodar Mendiburu será el encargado de ponerle voz a radio vuelta. Un hombre clave, otro, en la historia de la carrera. Y con mucho que aportar en los años ochenta y noventa.

A los tres días del envío de los telegramas Puig, su equipo, tiene respuestas positivas de poblaciones como Oviedo, Santander, Segovia, Valladolid, Salamanca, la valenciana Sedaví o Azuqueca de Henares, en Guadalajara. Murcia, que también ha respondido afirmativamente, se postula para acoger un arranque que no le importaría seguir manteniendo a Benicassim o incluso a la cercana Alcalá de Xivert. La evolución de los acontecimientos, muy rápida, acaba generando nuevas oportunidades geográficas. Sobre el 10 de febrero, dos semanas después de la renuncia oficial de *El Correo*, los nuevos promotores de la Vuelta ya trabajan sobre la certeza de que la población gaditana de Jerez de la Frontera acogerá el inicio de una carrera que, por otra parte, y por primera vez en ocho años, echará el cierre en Madrid. Debido a varias ausencias durante la década de los años 70, la capital de España, cuya última aparición en el recorrido se remonta al primer sector de la octava etapa de la edición 1974, ha tenido una presencia y un peso algo menor que Barcelona o que Bilbao en la época anterior.

Como la normativa del momento no le permite a una federación como la española organizar directamente una prueba o impulsar un equipo comercial, Puig delega las funciones del gobierno de su deporte y se centra en la coordinación y liderazgo de un recién creado Comité Organizador de Manifestaciones Ciclistas. "Al anunciarse la suspensión se creó una inquietud y hay que aprovecharla para revalorizar deportivamente la Vuelta", asegura. Le acusarán de personalista. En momentos de crisis acuciantes, piensa, son necesarias direcciones férreas y decididas. Su rol, empero, más allá de la decisión y el veto, se mueve con soltura en la coordinación. Este comité presenta un lado más deportivo, que abarca la confección del trazado con todas las previsiones y las logísticas que plantea, y la contratación de los equipos; y por otro, sin duda igual de importante, el más comercial. En esta faceta emerge una empresa madrileña, Unipublic, especializada en el montaje de pruebas deportivas y en la captación y gestión de publicidad, que se encarga de aportar la mayoría de patrocinadores. Unipublic, que inicia su actividad en 1975, está encabezada por Enrique Franco, Felipe Sainz de Trápaga y Gaspar Llera y cuenta con experiencia en otros deportes. Francisco Chico Pérez, histórico especialista de ciclismo en estos días integrante de la redacción del diario *Pueblo*, no tiene muchas dudas: Luis Puig, Ramón Mendiburu y Enrique Franco son los tres pilares de un éxito sin precedentes. El Comité Organizador de Manifestaciones Ciclistas es pura sinergia.

El jueves 1 de marzo, historia de la democracia en el país, las aguas bajan revueltas en el fútbol con la inminencia de una huelga y el deporte ciclista del calendario nacional vive con ebullición una nueva edición de la Vuelta a la Comunitat Valenciana. Cuando la carrera llega a Calpe, meta de la tercera etapa, en la caravana se recibe con serenidad y calma la consistencia de un recorrido vertebrado que se disputará en las fechas previstas entre el 24 de abril y el 13 de mayo. Algunos detalles, líneas gruesas, ya han trascendido y son conocidos por el público. Es importante que así sea, porque se transmite agilidad y eficacia. Pero en este caso es real, no hay imposturas. La Vuelta del 79 partirá desde Jerez de la Frontera y desde Andalucía, región que cruza de oeste a este, remontará por el Levante hacia Catalunya para, a través de Aragón, buscar la Cordillera Cantábrica y bajar después hasta el entorno de Madrid. Sevilla va a contar con un final de etapa, pero preocupa el hecho de que coincide con su Feria de Abril y la cuestión del alojamiento para toda la caravana de la carrera puede ser un quebradero de cabeza. Algunas localizaciones a las que se va a llegar tienen una consideración estratégica, no importa tanto el cánon a pagar, entre las 300 000 y las 500 000 pesetas, sino el que se pueda concretar la previsión. Así se cierra Sierra Nevada. Así, también, a Peña Cabarga, ya para entonces meta de la Vuelta a Cantabria. Y así, casi, se roza el estreno de los Lagos de Covadonga, virtualmente presentes en algún momento a través de algún artículo periodístico.

El itinerario supervisado por Mendiburu esquivará por segunda vez en la historia de la carrera la ciudad de Barcelona, la anterior acaece en 1974, y tampoco se va a adentrar en las rutas del País Vasco, algo que sí es absolutamente inédito. La ausencia de Euskadi emerge como algo coyuntural, pese a los intentos de que no sea así, y la de Barcelona tampoco obedece a ningún veto hacia el ciclismo catalán. Muy al contrario, la carrera tiene escala en Reus y se llega a plantear una etapa adicional en Lleida. Con todo, la omisión de Barcelona resulta sorprendente. Es más que un pilar para la carrera, es un patrimonio de la misma. Barcelona, sin embargo, no volverá a los recorridos hasta 1982.

A medida que la carrera se acerca a su inicio y el comité organizador va conformando su organigrama, los nombres de tres exciclistas con mucha experiencia en ámbitos directivos como

Dalmacio Langarica, Joan Crespo y Alfredo Esmatges aparecen en las quinielas para ocupar la dirección de carrera. Es segura, con carácter honorífico, la de Luis Bergareche. Un gesto, sentido, de consideración hacia su persona y hacia el rol que ha desarrollado durante dos décadas y media en favor del acontecimiento. Finalmente, Crespo y Esmatges son los elegidos. Barceloneses ambos, el caso del segundo es especialmente significativo por tratarse del entonces presidente de la Federación Catalana. Crespo tampoco es un desconocido: cuenta con una dilatada experiencia en la Semana Catalana y en la Volta a Catalunya. Los dos, algo inédito, se irán alternando durante diferentes fases de la prueba y uno de los puntos donde se darán el relevo es en Benicassim, la urbe que parecía destinada a lanzar la carrera en un primer momento. El Comité Organizador de Manifestaciones Ciclistas premia la fidelidad de la población castellonense programando en sus calles una contrarreloj. "Pretendemos cambiar un poco la imagen que tiene la Vuelta a España. Queríamos que saliera de Benicàssim, pero hemos estudiado todo tipo de recorridos y, sin tocar Cataluña y bordeando el País Vasco, es materialmente imposible que salga de aquí. Entonces, hemos tenido que recurrir, para poderla estirar, a comenzar en el sur, pero es lógico que a Benicàssim se le va a dar una satisfacción, ya que no solo va a tener un final de etapa, sino que además tendrá la única contrarreloj que se va a disputar en la Vuelta y, por lo tanto, Benicàssim tendrá espectáculo por la mañana y toda la tarde con la contrarreloj", explicará Puig.

Para finales de marzo, después de un primer retraso de una semana, la Vuelta a España presenta oficialmente su recorrido en el Instituto de Educación Física de Madrid. El sábado 31 de ese mes es una fecha histórica para la carrera. "El milagro quedó consumado", escribirá otro de los grandes del periodismo deportivo especializado en ciclismo, también excorredor y como tal ocho veces campeón de España de ciclismo en pista, el catalán Joan Plans. La puesta de largo llega dos días antes del inicio de una nueva edición de la Vuelta al País Vasco. Desde luego no se le puede afear a los organizadores esa dilación en absoluto deseada. Han trabajo contrarreloj. Ramón Mendiburu se ha hecho miles de kilómetros al volante, ultimando todos los detalles de los recorridos. Hoy en día sería más fácil, dados los avances de la cartografía y el empleo de las nuevas tecnologías con el GPS al frente. Entonces, literalmente, todo es artesanía. Una Vuelta manual a la que acabarán llamando 'la Vuelta del milagro'. "Sí, ha sido un milagro; pero un milagro con base. Todos decían que era un suicidio y ahí está", le confiesa Puig a un jovencísimo Enrique Ortego para *La Gaceta del Norte* tras desvelarse el trazado.

La Vuelta de 1979 tiene recorrido, tiene dinero y tiene ciclistas. Solo le resta la competición pura y dura. Con sus imprecisiones y sus carencias, cosida a toda prisa, la carrera presenta algunos hilos sueltos. En la parcela de las llegadas se concentran algunos. Se echan en falta más vallas y, en ausencia de aquellas, más miembros de seguridad que contengan a los espectadores y que eviten los estrechamientos en la llegada. Joaquim Sabaté le ha cedido a Luis Puig toda la infraestructura de la Semana Catalana para las metas. Pero solo se pueden vallar aproximadamente medio centenar de metros. Es insuficiente. La caída cordobesa del irlandés Sean Kelly, ganador de la carrera unos años después y uno de los clásicos en la parada ochentera de la carrera, se explica en todas esas circunstancias. La Vuelta del 79 es la del milagro. Y en sí misma, de cara al futuro, es un punto de inflexión.

MODELO

"De la importancia que en todas las partes se concede a este acontecimiento deportivo, da idea el afán con que, de todas partes, es reclamada el paso de los ciclistas. La pugna es bien elocuente, pero la organización no puede complacer a todos. Y he visto las vueltas y más vueltas que Iturrioz daba a los mapas para poder llevar a los ciclistas. Pero la geografía manda y una cosa es la 'vuelta' a España y otra 'recorrer' España".

(Alfredo Rodríguez Antigüedad, 1956)

La propuesta de un recorrido de la Vuelta nunca genera un beneplácito universal. No existe un trazado de la ronda española perfecto, a lo máximo que se puede aspirar es a que el dibujo suscite el mayor número de loas, aplausos y bendiciones posibles. Pero sobre esa base, siempre habrá espacio para los matices, los asteriscos y las subjetividades. El itinerario, sea el que sea, es un cesto que depende de unos mimbres concretos. Cualquier recorrido tiene un alma propia que obedece a unos condicionantes. Y estos, a su vez, son hijos de las circunstancias de su tiempo. Variadas. Diversas. Desde la esfera económica a la política. Y nunca exentas de la aparición de causas de fuerza mayor que puedan necesitar, o sugerir, modificaciones ulteriores. A más entidad del evento, más complejidad. La geografía española es una cama imposible de cubrir en su totalidad por esa manta que es el recorrido de su principal carrera por etapas. Las fechas. Los enclaves interesados.

Las necesidades de proponer una tipología diferente de recorridos. Las particularidades, realmente condicionantes, de aliñar todo lo anterior con el tamaño y el volumen de una ciudad itinerante en la que lo menos voluminoso son los competidores y sus equipos. Un puzle con difícil encaje de todas sus piezas. Un mosaico de imposible unanimidad.

Los recorridos de una prueba ciclista, es imposible, no pueden satisfacer a todos. Ni a los peticionarios. Ni a los ciclistas. Ni a los espectadores. Da igual si se trata de una cita en línea o de una carrera por etapas, aunque un mayor número de jornadas también acarreará un incremento de las disconformidades. Del balompié siempre se ha dicho que todo aficionado lleva dentro, y en potencia, un entrenador, un seleccionador. En el caso de una prueba como la Vuelta, de cualquier prueba ciclista realmente, ese *míster* muta en director técnico. Unos apelarán a una tipología específica de jornadas montañosas, otros se decantarán por unos finales concretos; no faltarán, tampoco, los que echen de menos una mayor cantidad de kilómetros contrarreloj o una mejor distribución de los mismos. La Vuelta no puede llegar a todos los rincones del país al mismo tiempo, y mucho menos en un contexto como el actual donde la creciente internacionalización extrae jornadas de competición de sus fronteras históricas. Pero los reproches siempre serán recurrentes. Y el argumentario, de lo más variado. Tradicionalmente siempre ha sido así. Desde el 'no es una verdadera vuelta' al 'lleva quince años sin pasar por mi ciudad' pasando, cosas de la expansión allende fronteras, al más reciente 'por qué le siguen llamando Vuelta a España si tiene cinco de sus veintiuna etapas entre Italia, Francia o Andorra'.

Los motivos para la reprobación son diversos, pero en todos los casos la idea es la misma. La crítica puede tener justificación, pero esta, al final, es parcial. Cualquier prueba ciclista por etapas acarrea una organización compleja. El enfoque de estas recriminaciones adolece de un reconocimiento mínimo sobre cómo funciona el negocio de la Vuelta. Porque la Vuelta, sí, es un mastodóntico quehacer de naturaleza deportiva que apela al rédito económico. Con sus ambiciones, con sus proyectos, con sus papeles también mojados. Y, por supuesto, con las lógicas limitaciones espaciotemporales de un acontecimiento de estas características. La Vuelta es una marca, es un concepto. Como lo es el Tour. Como lo es el Giro. Como lo es una París-Niza o una Milán-San Remo. Ha trascendido a una posición en la que, siendo importante cierta tradición, la mayoría de los cambios acaban maridando bien con la esencia del evento. Siempre hay excepciones, como que a una San Remo le muevan la salida lejos del entorno milanés. Pero también los tiempos cambian, con ellos los puntos de vista y las tradiciones, siendo espiritualmente respetadas, dejan de ser determinantes. En la Vuelta, este problema nunca ha sido capital: la ronda española ha gozado de una fabulosa capacidad de innovación que ha pivotado entre la falta de complejos y una experimentación excesiva.

Asépticamente el desarrollo de diseñar la Vuelta presenta cierta atmósfera de monje copista aplicando, minuciosamente, sus desvelos sobre esa hoja en blanco que son unos determinados contextos geográficos. Otrora, más artesanal. Hoy en día, y con toda la lógica, con mucha dependencia de la tecnología. El diseño de un recorrido de la Vuelta es un proceso de ingeniería social donde lo diplomático y la burocracia son, posiblemente, lo más importante. También es una ventana al mundo. "La Vuelta a España es universal y memoria de todos", sentencia José Manuel Rodríguez Uribes, presidente del Consejo Superior de Deportes en el momento en el que se presenta el recorrido de la edición 2025. La belleza de los trazos sobre un mapa explica muchas cosas. Recoge tendencias, momentos históricos, sinergias, influencias. Comentar un recorrido es comentar una obra de arte de naturaleza geográfica e ingredientes territoriales. Una carrera de esta entidad es un equilibrio entre negocio, promoción e interés. La mercantilización del territorio en aras de sustentar, por vías públicas, una actividad deportiva de trascendencia internacional. Un gasto para unos, una inversión para otros. La Vuelta es metafísica.

Al principio de su historia, la confección de la prueba es más sencilla, más simple. La carrera no va a ir allí donde la reclaman, más bien donde interesa ir y, dentro de un rango, donde se acepta la escala. Idoneidad dentro de unos márgenes. Y con líneas rojas:

sí o sí, tránsito por el levante o el norte; a la postre son las zonas con más afición, también las más industrializadas. Se parte desde un punto A a otro B en la distancia más recta. Lo que aconsejara la cartografía, lo que diera de sí el mapa. Y sobre todo lo que permitieran las infraestructuras. De las dos primeras ediciones de la carrera trascienden para la posteridad las evidencias de la falta de comodidades en ciertos espacios periféricos. Rutas infames en las que pedalear a lomos de una bicicleta es poco menos que una empresa titánica. Con la posguerra, además, llega una lógica involución en este aspecto. Tantas veces se dice que España no tiene las montañas del Tour de Francia o del Giro de Italia y, desde el prisma de la infraestructura deficitaria, tampoco le hacen falta. La propia carrera en sí es un Galibier. Con *El Correo*, a partir de 1955, el asunto va ganando enjundia y complejidad. La estilográfica y la libreta son indispensables, también la inspección in situ.

Iturrioz, Ángel Ézquerecocha, es otro de los hombres de confianza de Alejandro Echevarría y Luis Bergareche; como secretario general de la organización, aborda diferentes frentes, pero uno de los que más le exige es el del reconocimiento sobre el terreno. Cuando la confirmación del retorno de la Vuelta al calendario internacional ya es una realidad, Iturrioz acumula unos cuántos miles de kilómetros por las carreteras de la Península Ibérica al volante de un vehículo Peugeot. Entre diciembre de 1954 y enero de 1955, el dirigente vasco supervisa el estado de la red viaria y las rutas ideadas. Antes de la conversión de la potencia al acto, toca revista. Iturrioz no inventa nada, sigue procederes ya seguidos. Y no siempre fructíferos. Cuando se intenta que la tercera edición de la Vuelta regrese a las carreteras en 1940, sin éxito, *El Avisador Numantino* se hace eco por febrero de las inspecciones de uno de los hombres fuertes de la fuerza promotora: "Ya está Clemente López Dóriga, *match maker* de la Vuelta a España que organiza nuestro querido colega *Informaciones*, dando su paseo por el circuito, para ir poniendo a punto la organización".

A Iturrioz le preguntan por el estado de las carreteras. Volvemos a los primeros días de 1955. "En vías de arreglo. El Ministerio de Obras Públicas se ha volcado para ayudarnos. Encontraremos buen piso cuando rodemos por las [carreteras] radiales y las de primera categoría. Cuando se produzca la segunda edición de la Vuelta, en 1956, las restantes rutas, en vías de modernización, reunirán también condiciones aceptables". En los libros de ruta de las primeras ediciones auspiciadas por *El Correo*, los perfiles de las etapas están acompañados por varias leyendas alusivas a la salud de las plataformas viarias. Se distinguen hasta cuatro clases de piso (firme especial, adoquinado, descarnado, asfaltado) y el estado de la carretera se cataloga, todo un aviso a navegantes, como bueno, regular o malo.

La Vuelta embastece con hechuras muy norteñas. La querencia no es casual, en tanto que el periódico vizcaíno radica en Bilbao y la inmensa mayoría de las cabeceras periodísticas implicadas también cuentan con su mercado en ámbitos geográficos septentrionales. *El Diario Vasco*, en San Sebastián. *El Pensamiento Alavés*, en Vitoria. En Pamplona se edita *El Pensamiento Navarro*. *Heraldo de Aragón*, *El Mundo Deportivo* o *El Norte de Castilla* son un polo de atracción desde Zaragoza, Barcelona y Valladolid, respectivamente. *Informaciones* colabora desde Madrid, que es la capital de España. El punto más sureño del conjunto, con las fortalezas derivadas del arco mediterráneo, llega de la mano de *Las Provincias* y Valencia.

En la consolidación de la Vuelta va a resultar clave que cada vez haya más instituciones dispuestas a acoger la carrera. Es un canal bidireccional que se retroalimenta. La interlocución principal que impulsará la organización va a tender a los ayuntamientos. Los consistorios serán los que soliciten y contraten las metas y salidas. También los que asuman los compromisos y las consecuencias de sus incumplimientos. En 1986 la carrera visita la ciudad de Palencia, una etapa donde gana el irlandés Sean Kelly, pero el consistorio no acaba muy satisfecho de las evoluciones de la jornada, en lo que no ayuda nada la cobertura de la televisión, y quiere renegociar las condiciones con Unipublic. Se concreta, cuentan, un impago y Enrique Franco no va a volver a llevar la carrera a la ciudad. Los ayuntamientos van a ser los que se involucren en la gestación de los acuerdos, un proceder que se va a generalizar durante varias décadas y que aún hoy en día tiene su recorrido.

Pero también otros actores institucionales concurren en este escenario. La figura del gobernador civil allanará muchos caminos. Un excelente ejemplo lo concreta el médico aragonés Federico Gerona de la Figuera y la gran salida desde la ciudad de Badajoz de 1969. La intermediación del doctor Gerona, quien conoce bien la carrera por su experiencia política previa en Tarragona, resulta fundamental para vertebrar el retorno de la Vuelta a Extremadura tras dieciocho años de ausencia.

La estructura administrativa y el contexto político de España en esos momentos no son factores baladíes. La propia carrera no oculta su interés por abrirse geográficamente, aunque la normativa internacional en lo referente a los días de competición maniata sus anhelos. La Vuelta se mueve entre las quince y las diecisiete jornadas de competición, algunas al final divididas en dos sectores, en el período comprendido entre 1955 y 1964. La incorporación de ciertos territorios condicionará mucho los dibujos, especialmente por los pasos fijos por enclaves como Barcelona, Bilbao o San Sebastián. Cuando Andalucía se reincorpora a las dinámicas de la prueba en 1959, una ausencia que se prolonga desde la última edición sin el concurso de *El Correo*, la de 1950, Luis Bergareche manifiesta: "El deseo de la organización es que la Vuelta pase por todas las regiones españolas, pero ello es imposible por las limitaciones del reglamento internacional que exige que la Vuelta española no tenga más de diecisiete días de duración. Son muchas las peticiones que hemos recibido de todas las regiones españolas, pero, por lo dicho, es imposible complacer a todos. Este año, y al objeto de ir complaciendo a todos poco a poco, la Vuelta pasará por Andalucía, región que se incorpora por vez primera a la ronda española". Las últimas palabras del dirigente vasco, históricamente erróneas, son justificables: cuando expone este argumento, lo está haciendo desde el prisma de que su primera vuelta, la de todo su equipo, es la de 1955.

Con anteriores promotores de la carrera, *Informaciones*, Educación y Descanso o *Ya*, el esquema del recorrido de la Vuelta se mantiene, más o menos, inalterado. Salida y llegada desde Madrid, protagonismo para el norte y el levante y prisma periférico...

Sobre esas líneas maestras inmutables, algunas zonas entran o salen. La mayor novedad pasa por el sentido de viaje por la Península Ibérica que toma la caravana. Las organizaciones siempre van a contar con sus enlaces o con sus delegados provinciales, incluso auténticas comisiones, que se van a encargar de supervisar desde los detalles de la llegada a la captación de ayudas para los premios. Desde la organización central tampoco va a haber reparos para apelar al regidor de turno la recepción de alguna ayuda o subvención. El ciclismo es un deporte de costes fijos muy altos. Ya lo era entonces. Pero la lógica de esos tiempos no pasa por la viabilidad económica, al menos de primeras. Toda ayuda es bienvenida. Estamos ante los inicios de la materialización del 'cánon de llegada' que cobrará más importancia en las siguientes décadas. En las vueltas de los primeros años de la posguerra y dictadura franquista encontramos un buen ejemplo en la figura de Víctor de la Serna, director de *Informaciones*, quien envía una carta a la alcaldía de Zamora. ¿Contenido? "Se pide al ayuntamiento una ayuda económica para cooperar al buen resultado de dicha carrera". Después de una "deliberación amplia" el consistorio acuerda responder con una consulta: en qué forma afecta a Zamora dicha vuelta ciclista, habiendo de estar la cuantía de la ayuda económica en relación directa con el efecto que sobre Zamora haya de repercutir dicha gran prueba deportiva". Así se negocia en la década de los años cuarenta. En diciembre de 1944 el ayuntamiento de Salamanca aprueba conceder la subvención solicitada por Editorial Católica, entonces detrás de la carrera, para recibir la prueba en 1945. La cantidad no trasciende. Tampoco la elevada a la comisión de festejos del ayuntamiento de Santander por José Bravo Dunipe, secretario general de la editorial, interesándose por una subvención de cara a llevar la competición a tierras cántabras.

El responder a cuánto asciende el importe por albergar una meta de la Vuelta es una labor menos sencilla de lo que parece. Hoy en día, realmente desde hace décadas, las tarifas por acoger el evento son más o menos conocidas. Su cuantía ha ido incrementándose al mismo tiempo que lo ha hecho la vida. Y también ha pasado de pesetas, o de escudos y francos cuando ha tocado, a los euros. De la recolección de los pagos por todas las escalas, salidas, metas, incluso puntos intermedios (aunque esto es más algo vinculado al pasado), siempre ha salido una partida importante de los presupuestos para la financiación de la carrera. El punto de partida de cada edición, o el final, conllevan un precio. Una meta, una tarifa. Una salida, una cantidad menor. Si la localización encadena una llegada y la salida del día siguiente, también existe una variación en el precio final. Y tampoco es lo mismo si se trata de una etapa contrarreloj o en línea. En 1979, cuando *El Correo* abandona la organización, la contratación de una meta oscila entre las 300 000 y las 500 000 pesetas; el gran lanzamiento de la carrera, por su parte, asciende al millón. Y otro tanto para el final. Son estimaciones. Y más aún con la llegada de Unipublic a la gestión. Se habla indistintamente tanto de contratar finales como de negociarlos. Y la negociación, ya se sabe, abre puertas a condiciones personalizadas, cláusulas diversas o singularidades específicas. La organización, lejos de ser un ente exclusivamente receptor de demandas, también puede dar el paso y tomar la iniciativa por conveniencia o incluso por necesidad. Cuando Alberto Gadea dibuja la edición de 1990 se encuentra con un área geográfica amplia sin margen para la cobertura entre los finales previstos en la Región de Murcia y la granadina Sierra Nevada. Javier de Dalmases recuerda el episodio: "Se dio el caso de que entre Murcia y Granada no había solicitud alguna de una ciudad que quisiera ser final intermedio. Lógicamente entre ambas ciudades hay demasiados kilómetros como para hacer una etapa. Entonces se tuvo que recurrir a Almería, que no se había mostrado interesada, pero que se avino finalmente y, supongo, pagó menos dinero que las ciudades que manifiestan su interés".

Presente en el organigrama desde un año antes como jefe de coordinación técnica, la Vuelta de 1986 es la primera con la firma de un Gadea (1932-2014) que no solo está detrás de la introducción de fórmulas competitivas relativamente comunes en el ciclismo de la Europa del Este, la celebración de mangas o las contrarrelojes por tríos, sino también en la inclusión de nuevas montañas. Gadea incorpora asiduamente el Sistema Ibérico a los recorridos de la carrera, sondea con mayor profundidad el Principado de Andorra, potencia la cronoescalada como disciplina autónoma e incluso introduce la catalogación "especial" y "cuarta" en la puntuación de los pasos de montaña puntuables para el gran premio. Un hombre de ciclismo, deporte donde ha sido juez y comisario internacional, el catalán gana peso a la hora de diseñar los recorridos de la Vuelta cuando Ramón Mendiburu decide dejar estas funciones para encargarse de la alta política deportiva de los equipos ciclistas Kas o Fagor. Con Alberto Gadea la Vuelta "descubre" el Puerto de La Cobertoria en el Principado (1988) y de su mano la ronda española encara el andaluz Puerto de Las Palomas (1986). Con Gadea algunos acercamientos a grandes ciudades introducen "pimienta" gracias a la búsqueda de "rampas duras y secas por una carretera sinuosa", como le sucede a Córdoba, y mérito suyo también es la adopción de nuevas bonificaciones con las que aportarle emoción al desarrollo deportivo. Junto a Gadea, el guipuzcoano Ramón Mendiburu es otro histórico, pero no solo de la ronda española: del ciclismo estatal en sí. Ciclista, director deportivo, *mánager*, seleccionador nacional… Incluso en algún momento también responsable de Radio Vuelta es clave en el rescate de la carrera, en 1979. Acabará regresando al cuerpo organizativo de Unipublic una vez que sus aventuras directivas en equipos como Kas o Fagor. Inicialmente, en 1990, el vasco asume funciones de dirección de relaciones exteriores. Desde 1991, y hasta nada menos que 2003, Gadea y Mendiburu conforman la dirección técnica de la Vuelta. Las manos derechas de Enrique Franco. Los delineantes. Y con galones también para contratar equipos participantes.

La prensa nacional y regional de las décadas de los años ochenta y noventa está salpicada con informaciones y comentarios relativos a las escalas de la Vuelta y las evoluciones de sus diferentes diseños. Son impactos atemporales, con un mayor peso dentro de la información local, que permiten ver tanto la evolución de las tarifas como la existencia de variaciones. En 1988 Benito Urraburu se hace eco de cómo la salmantina Béjar ha pagado cuatro millones de pesetas por su final de etapa. Para 1990 las metas cuestan cinco millones o el hospedaje del punto de partida inicial, ese año desde

Benicassim, asciende a veinte. Las metas volantes y los esprints especiales, cuya instalación no es azarosa, vienen saliendo por unas doscientas mil pesetas. La gran salida desde Mérida de 1991 viene a costar en torno a los cuarenta millones de pesetas, pero también trasciende la escala emeritense e implica llegadas a Cáceres, en línea, y a Badajoz, bajo la fórmula de la crono por equipos. La Junta de Extremadura asume un 80% del total, quedando el resto para el ayuntamiento de la monumental Emerita Augusta. Esta tipología de impactos mediáticos vinculados a la Vuelta también permite descubrir el afán y las ganas de algunas localizaciones por ingresar en los recorridos. La estación invernal de Baqueira Beret viene postulándose para recibir la carrera desde la mitad de la década de los años ochenta, algo que finalmente logra de cara a 1991. Pero un temporal de nieve va a impedir la celebración de una llegada que, finalmente, se acaba concretando en 1992.

En la actualidad la negociación es cualitativamente distinta. Aunque la Vuelta no da de lado a los consistorios, no existe ningún interlocutor que no sea válido, la organización ha incrementado su diálogo con entidades de carácter supramunicipal. Esto le da un importante margen a la hora de confeccionar los recorridos dentro de los intereses específicos que trae consigo cada nueva edición. Y también estimula una mayor elasticidad con los plazos. Si históricamente los comicios locales y autonómicos le planteaban alguna incertidumbre a la concreción de algunas peticiones, ese diplomático equilibrio entre lo saliente y lo entrante allí donde se producen cambios de gobierno, estos acuerdos con instituciones que abarcan más territorios y que al mismo tiempo se comprometen durante una serie de años acaban de raíz con esa posibilidad. Un gran ejemplo se encuentra en la Diputación de Salamanca presidida por el hoy presidente de la Junta de Castilla y León Alfonso Fernández Mañueco. El político, al frente de la institución provincial desde 1996, aprovechará decididamente la ronda española como medio de promoción de la Capitalidad Europea de la Cultura que la ciudad universitaria ostenta de forma conjunta con la belga Brujas en 2002. Cuando la Vuelta 1998 llega a Salamanca, punto final de una decimoctava etapa en la que se impone el italiano Fabrizio Guidi,

Fernández Mañueco adelanta sus planes: la intención de las instituciones salmantinas es incrementar progresivamente la presencia de la zona en la carrera hasta 2002. El resultado es inmediato: en 1999, la Vuelta vive cuatro jornadas en la zona donde sobresalen la disputa de una crono y una vibrante fracción que recorre la Sierra de Francia. En 2000, Salamanca vuelve a contar con una llegada y una salida y la provincia repite la Béjar-Ciudad Rodrigo del año anterior. En 2002, la provincia acoge otra meta en su capital y una meta en La Covatilla. Y no se puede olvidar que en 2001 Salamanca ha sido la sede del arranque de la Vuelta. En definitiva, en menos de un lustro la provincia amasa una *Grand Depart* bajo la fórmula de la contrarreloj, una etapa con final en alto, dos jornadas de media montaña, una crono individual, cuatro puntos de partida hacia otras latitudes y tres metas en la gran urbe charra. Para un organizador un acuerdo de este estilo condiciona los diseños. Pero también aporta muchas soluciones a nivel de contenido. La Vuelta es diplomacia. El evento mantiene excelentes relaciones con muchos organismos. Entre las más notables, y longevas, la existente con el Principado de Asturias. La última vez que las rutas asturianas no aparecen en los recorridos de la carrera es en 2009. A partir de ahí, no ha faltado ningún año con dos, y hasta en algún caso tres etapas. Asturias, en términos de la Vuelta, es sinónimo de montaña. Y decir montaña aquí equivale también a final en alto. Desde 1972, cuando la carrera estrena las metas en cumbre para las etapas en línea, hasta la edición del 90 aniversario, en 2025, el territorio del Principado ha acogido 66 jornadas de estas características. En términos absolutos, desde el parto de la Vuelta en 1935, solo la Comunidad de Madrid ha acogido más finales de etapa que Asturias. Y muy ligeramente: 119 frente a 118. Los datos incluyen las previsiones de recorrido, oficializadas, de 2025. Abraham Olano, por entonces en la dirección técnica de la carrera, participa en 2004 en las jornadas 'Presente y futuro de la oferta turística en la Montaña Central de Asturias' y acuña una sentencia rotunda: "Sin salir de Asturias se podría hacer una Vuelta Ciclista a España".

Lo de los acuerdos multianuales es algo que ya valoran y exploran Enrique Franco y su equipo. A veces los acuerdos son posibles. Pero otras, no. Con la ciudad de Madrid, por ejemplo, y tras dos ediciones con finales fuera de la capital (Salamanca, Jerez de la Frontera), se acuerda en 1987 una vinculación de cinco años. Cerler se postula para recibir la carrera durante cuatro ediciones. Desde Cangas de Onís, en 1992, se le traslada a Unipublic una propuesta para firmar un acuerdo de diez años de duración. Y en esos días, en el contexto de la promoción del Xacobeo, y con el soporte de esta institución, desde la organización de la Vuelta también se valora hacer mucho más recurrente el paso por Galicia. Pero es con Javier Guillén al frente de la dirección general de la carrera con el que este modus operandi cobra dimensiones desconocidas. Y en cierto sentido muy fructíferas. El recurso a este tipo de interlocutor, sin obviar tampoco a instituciones vinculadas a la promoción turística, ha facilitado que la Vuelta sea aún más vuelta en tanto que ha incorporado multitud de nuevas localizaciones a su imaginario.

Durante las décadas de los ochenta y los noventa se dan ediciones estrechamente vinculadas a las capitales de provincia, o algunos núcleos de población muy relevantes, todos ellos al final los más resueltos y capaces en temas de presupuesto por una cuestión de recursos. Pero con el cambio de siglo, y sobre todo la consumación de su primera década, comienza a diversificarse el asunto. La Vuelta se hace más popular, más próxima, con una democratización de sus metas y de sus llegadas. Los números hablan por sí mismos. Desde que el jersey rojo se reestrena para designar al líder, en 2010, hasta la edición de 2024 han debutado en la recepción como meta de la carrera hasta 133 enclaves, pueblos o ciudades. La montaña brilla con luz propia aquí. En el plazo de casi tres lustros, hablamos de una cantidad de debuts que compondrían más de seis vueltas a España sobre 21 etapas completas. Una auténtica barbaridad. Las salidas, un apartado siempre más rico en estrenos, le han ido a la zaga a la dinámica de este ciclo: 150 salidas de etapa inéditas.

El redescubrimiento de la geografía ibérica, con algunas pinceladas de internacionalización, profundizando en una apuesta por las etapas cortas, la fagocitación de las jornadas llanas, la testimonialización de la contrarreloj y la predilección por los finales en alto o en cuesta, son los mimbres con los que la Vuelta de la Unipublic actual, la de ASO y la del equipo que encabeza Javier Guillén, se ha hecho con un lugar propio en el universo de las tres grandes rondas por etapas. Ni peor ni mejor. Peculiar. Particular. Inconfundible. También generador de peajes. Con esta forma de concebir la Vuelta se han incrementado los traslados, desde los micro hasta los macro. Carlos Arribas, el periodista vallisoletano que cubre el gran ciclismo para *El País* desde los años noventa, se viraliza tras la presentación del recorrido de 2024 cuando comparte en su perfil en la red social X un cuadro sobre los grandes traslados, hasta dieciséis, que le calcula. Lo titula "Las otras etapas de la Vuelta. Kilómetros de traslados entre llegadas y salidas de las etapas". Por unas decenas de kilómetros, el guarismo es ligeramente superior al de la propia carrera: 3319 kilómetros frente a los 3304 que totalizan los rutómetros.

Los traslados son una problemática de solución compleja. Los mapas de los recorridos de la Vuelta de hace treinta años presentaban trazos continuos, sin apenas saltos. Todo lo contrario que los actuales. Si durante décadas lo habitual es que la etapa del día siguiente parta del mismo enclave que la jornada previa acoge la meta, con el paso del tiempo y con el proceso evolutivo de los ciclos organizativos, esta tendencia va cambiado. Los ochenta y lo noventa marcan un paulatino descenso. Desde 2017, hasta siete ediciones de la Vuelta no cuentan con una localización que presente la particularidad de acoger la llegada y la salida. "Los traslados son un hándicap que hay que asumir, desgraciadamente. El proceso de elaboración del recorrido es complejo, no siempre es nada fácil negociar salidas y llegadas vecinas… Asumir ese hándicap no significa que no se pueda hacer nada. ¿Cómo se puede compensar? Con etapas más cortas, por ejemplo. En 2017 tenemos solo dos jornadas por encima de los 200 kilómetros. Cuando menos tiempo sobre la bici, será más fácil que haya más de descanso", nos contaba hace unos años Fernando Escartín. A la tendencia de los kilometrajes comedidos se le ha incorporado, o eso parece, la contención en el diseño de los recorridos intermedios y la concentración de la dureza, cuando se habla de montaña, bajo la fórmula del final en alto.

En cualquier prueba ciclista, la Vuelta no es excepcional, el diseño mantiene unas líneas maestras que son inevitables por mucha tecnología y por mucho diseño que se emplee en los detalles. Necesitas un punto de salida. Requieres una llegada. En el caso de las vueltas de tres semanas sabes que juegas con tres fines de semana y conoces a la perfección que, más allá de la diversificación de las audiencias potenciales por la disparidad de los canales de comunicación, la cobertura televisiva siempre va a tener más consumidores en fin de semana. Javier Guillén acude como invitado a los Desayunos de la Asociación de la Prensa Deportiva de Valladolid de 2024 y en ese foro comparte reflexiones muy interesantes sobre esta realidad de su prueba: "Todo empieza por dónde sales y por saber dónde quieres más intensidad, la montaña o la crono. Potenciamos mucho los fines de semana y la última semana somos conscientes de que tiene que ser dura. A partir de ahí, empezamos a construir el recorrido con las instituciones, teniendo en cuenta que el territorio es muy grande y que no todos los años puedes estar en todas las comunidades autónomas".

Escartín releva en la parcela de la dirección técnica a Abraham Olano de cara a la temporada 2014. Con él hemos tenido la oportunidad de conversar en alguna que otra ocasión sobre toda la mecánica del montaje del dibujo, una labor que desempeña actualmente junto al castellonense Kiko García. Los dos, exciclistas profesionales. La suya es una perspectiva actual. "Antes de ponernos con el itinerario tenemos que concretar el lugar de salida y el sitio de llegada. Una vez conocidos, buscamos el recorrido. Profundizamos en la ruta. Inspeccionamos diferentes posibilidades siguiendo siempre los parámetros de la carrera. Pero no nos centramos únicamente en una ruta. Elaboramos varias alternativas, propuestas que le transmitimos a Javier Guillén para que él las presente a las autoridades o las instituciones y ambos, carrera e institución, las valoren. En este sentido es un trabajo codo con codo".

Es una labor con sus embrollos: "A veces las instituciones, en todo su derecho de querer determinadas cosas, piensan en enclaves donde no se puede o bien llegar o bien pasar por estos u otros motivos. Bueno, todo hay que hablarlo. Todo se valora. No es tan sencillo como pueda parecer; al contrario, tiene sus complejidades. Hay problemas. Enclaves intrincados, sitios difíciles, llegadas peligrosas…". A veces las instituciones, su punto de partida es el de dar todas las facilidades. El paso de la caravana supone una ventana promocional, pero también una excusa para acometer mejoras viarias de las que se van a beneficiar los usuarios. En teoría. Un buen ejemplo llega en la edición de 1997, cuando la Junta de Andalucía y la Diputación de Granada invierten 800 millones de pesetas en el arreglo y mejora de algunas carreteras de La Alpujarra: la séptima etapa de este año conecta Guadix con Sierra Nevada, descubre por primera vez esas geografías, y sorprende con la exigencia de rutas insidiosas. Esa etapa, aún a día de hoy, se encuentra entre las tres que más desnivel positivo acumulan de toda la historia de la carrera.

"Nos aprovechamos de las ventajas de diferentes tecnologías", habla Escartín sobre la metodología de su actividad. "Trabajamos con GPS, con programas informáticos pensados para estas labores y por supuesto también consultamos los mapas. Más o menos, tardamos un día en esbozar lo que será la etapa. Después esa misma etapa, y de ahí todo el trabajo de meses que se hace después de la presentación para confeccionar el libro de ruta, hay que desgranarla en un rutómetro. Se confeccionan también informaciones de tránsito para la Guardia Civil y para la señalización de la carrera; y por supuesto se preparan los cálculos de las velocidades medias previstas… Afrontamos de una forma más pormenorizada el trabajo de campo. Hay que revisar etapa por etapa. Y es algo que lo hacemos dos o tres veces".

El trabajo de campo. Como Clemente López Dóriga, como Iturrioz, como Ramón Mendiburu y Alberto Gadea… como fantasea y fabula, allá por 1962, el catalán Miguel Utrillo en el marco de la etapa entre Almería y Málaga de ese año: "Durante las largas noches de invierno, mi muy admirado amigo don Luis Bergareche, director de la Vuelta, se debe reunir con sus espías particulares en su querido Bilbao y más o menos les debe de decir: "Buscarme dentro del territorio nacional una carretera endiablada o en pésimo estado. Es la única manera de que así los corredores demuestren su fuerza, sobre todo de los tubulares, que son tan delgados como seda". Los espías se aplican en tales menesteres y en seguida encuentran lo que buscan, y entonces se van perfilando esas etapas de la Vuelta a España, como la de hoy, que eso sí, ha atravesado uno de los paisajes más fabulosos y bellos de la Península".

La Vuelta a España encara sus noventa años de vida. En la actualidad, la discreción manda en cuestiones de cifras, beneficios y otras cuestiones. Aunque una de las partes, la receptora del espectáculo, en la amplia mayoría de los casos es una institución pública. Una llegada puede ascender a 100 000 euros, 50 000 la salida y hablamos de 150 000 euros si se trata de una contrarreloj. Puede parecer mucho o puede resultar poco. Todo depende de si se concibe como un gasto o como una inversión.

INSULARIDAD

"Sin que nada esté confirmado, es un mero proyecto y todo va a depender, como siempre, del dinero, pensamos en que nuestra ronda puede llevar como subtítulo 'Vuelta a las Islas'. La del año que viene queremos que discurra en gran parte por Canarias y Baleares. Es un bosquejo, nada firme, pero mirado con la mayor ilusión".

(Luis Puig, 1980)

A finales del mes de mayo de 1961 Luis Bergareche ha visitado el Giro de Italia y se ha maravillado con el despliegue organizativo en torno al traslado desde el territorio continental a las islas de Cerdeña y de Sicilia. La primera ha acogido la cuarta etapa de una edición que ha partido desde Turín. La segunda, la quinta y la sexta. Todo un reto que Vincenzo Torriani, el *capo* de la carrera desde 1949, acomete sin ningún tipo de complejo porque se trata de *Il Giro del Centenario dell'Unità d'Itali*. La *corsa rosa*, sempiternamente atrevida con sus cosas. Sicilia ya ha acogido la carrera en alguna ocasión anterior, siempre como *Grande Partenza*, pero en el caso de la ínsula sarda se trata de su debut histórico. El asunto cobra más complejidad porque la caravana disputa los saltos de forma continuada, sin descanso. Estas 'moderneces' de las pausas entre viajes son bastante recientes, aquellos son días en los que las fechas otorgadas se exprimen al máximo. Solo se produce un parón en el desarrollo de la carrera el 25 de mayo, tras la primera de las dos etapas sicilianas, noche de asueto en Palermo.

Parte clave del desplazamiento, vertebrador de todo el trasiego, es el barco de pabellón español *Cabo San Roque*. Este moderno transatlántico de la naviera sevillana Ybarra y Cía, construido entre abril de 1955 y agosto de 1957 en los astilleros de la Sociedad Española de Construcción Naval en la localidad vizcaína de Sestao, opera con regularidad entre Génova y Río de Janeiro, Montevideo y Buenos Aires con escalas en puertos diversos como Marsella, Barcelona, Cádiz, Lisboa o Santa Cruz de Tenerife. Pero durante su intenso famulato, que concluye a comienzos de los años ochenta, también presta muchos servicios excepcionales, la mayoría de naturaleza turística. Abanderado de una 'protosinergia' entre lo turístico y lo deportivo, el *Cabo San Roque* sustenta el traslado de los ciclistas, los auxiliares y, en suma, toda la organización del Giro de Italia. Su capacidad, superior a los 800 pasajeros, facilita las cosas. Pero las tareas de traslado se encaran con celeridad. Miguel Poblet, literalmente, accede a su cubierta luciendo la *maglia* rosa. Las operaciones, fabulosas, son retratadas con pleno lujo de detalles por un equipo de NO-DO. Nunca viene mal un poco de propaganda sobre lo mucho y bueno que hace lo propio 'en tierra extraña'.

A Bergareche le fascina lo que ve, descubre que por una cuestión de distancias es absolutamente factible exportar esa experiencia a su carrera. Y piensa, y anuncia, y así lo escuchan con mucha atención los periodistas españoles que son testigos directos de la experiencia del Giro, que la Vuelta debe mirar hacia Mallorca. Francisco Yagüe, uno de los enviados especiales, escribe en las páginas de *Pueblo*: "La Vuelta a España 1962 tendrá también su barco". La idea, a grandes rasgos, pasa por llegar a la mayor de las islas Gimnesias desde Barcelona, aprovechando la noche, celebrar una etapa con protagonismo para la ciudad de Palma de Mallorca y volver, de nuevo entre el ocaso y alba, a algún punto peninsular más indeterminado, como Tarragona o incluso Valencia. La Vuelta, empero, no cruza el Mediterráneo en 1962, aún tendrá que esperar más de diez años para afrontar ese salto. Entre medias, 1968, el grupo musical Los Mismos lanza su exitoso tema *El puente*, el que habla de lo maravilloso que será viajar hasta Mallorca sin necesidad de barco o avión. Bromas aparte, la experiencia a bordo del *Cabo San Roque* no es del todo improductiva para los intereses de la Vuelta: allí Bergareche tiene ocasión de conversar con Jacques Anquetil y con Rik Van Looy con vistas a que tomen parte en su prueba. Nunca es mal momento para la diplomacia y si hay algo verdaderamente negativo en la sutileza y la legación es el silencio. El francés, inicialmente más reacio que el belga, finalmente sí acabará acudiendo.

Hay que esperar hasta 1975 para ver a toda la caravana de la Vuelta en la isla de Mallorca. Eso de 'cruzar el charco' deja de ser una quimera. El *Cabo San Sebastián* es la embarcación canguro encargada de capitalizar el traslado de la logística entre la medianoche y las siete de la mañana. Con un ida y vuelta desde Barcelona, la duodécima etapa de este año propone una jornada de 181 kilómetros que parte y concluye en Palma de Mallorca. Los altos de Sa Batalla, Puig Mayor y Soller le aportan dureza a una jornada que, pasada por una intensa agua a ratos, ubica su meta en el entorno del castillo de Bellver. Una llegada en cuesta en la que se impone el salmantino Agustín Tamames. La sala de prensa de la carrera y la oficina de jueces y cronometradores también se ubican en algunas de sus dependencias. Cuando la Vuelta llega a Mallorca ya son varios años en los que el movimiento ciclista insular viene trabajando pasar sacar adelante un proyecto al que se le denomina 'Salto del Mediterráneo' y que llega a estar en el calendario nacional de 1972, prevista entre el 4 y el 8 de julio; una prueba que, en esencia, busca coser península y archipiélago en una misma prueba por etapas.

La experiencia de 1975 es la primera de las cuatro escalas que, hasta ahora, ha hecho la Vuelta en territorio balear. En todas ellas la ciudad de Palma contará con gran protagonismo, pero también estará acompañada por la disputa de algún tipo de contrarreloj. En 1985 la Vuelta parte de Palma de Mallorca con un prólogo y una etapa en línea. En 1991, la capital del archipiélago está acompañada por una crono de 47 kilómetros que comienza y finaliza en el enclave de Cala d´Or, en el municipio de Santanyí; en 1998, por una cronometrada de 40 kilómetros, también individual, en Alcúdia. De cara al futuro, una posibilidad en proceso de maduración y discusión en el momento de escribir estas líneas, la isla de Mallorca se encuentra en buena posición para acoger la gran salida de la edición de 2027. Será, en todo caso, la primera visita de la ronda española a la isla en el siglo XXI.

Frente a las más numerosas experiencias mediterráneas, la complejidad de las distancias ha dificultado enormemente el encare de las atlánticas. La presencia de la Vuelta en las Islas Canarias protagoniza uno de los movimientos más intensos en lo que a sus labores diplomáticas se refiere y estos solo comienzan a atisbarse como posibles cuando la organización de la prueba deja de estar en manos de *El Correo*. Cuando Luis Puig, al frente de la Federación Española de Ciclismo, acude contrarreloj al rescate de la Vuelta en 1979, se crea un caldo de cultivo óptimo y bidireccional de intereses, atractivos y conveniencias. A la Vuelta, la historia lo confirma, no le duelen prendas cuando se dan las circunstancias propicias para acometer empresas complejas. Pero estas, claro, se tienen que dar. Luis Puig se involucra personalmente en llevar la carrera a todas las realidades geográficas del país, sobre todo a aquellas que no han sido especialmente recurrentes en los años anteriores. El peso de las rutas vascas se evapora al mismo tiempo que se consolidan retornos a otras realidades geográficas. En ese marco mental, las Canarias son un objetivo prioritario en los planes de Puig. Un propósito recurrente que ya se chafardea durante la edición de 1979 con vistas al año siguiente.

Y no. La edición de 1980 arranca desde La Manga del Mar Menor, en la Región de Murcia, el 22 de abril, pero cuando el comité organizador de la carrera comienza a dar los primeros pasos del que será el recorrido definitivo esa ubicación no solo no está cerrada, sino que tampoco entra en la previsión. La Vuelta de 1979, la del milagro, acaba con un gran sabor de boca deportivo y organizativo, las circunstancias previas así lo exigen, y de cara al futuro más inmediato, sobre la mesa, surge la ciudad de Santa Cruz de Tenerife como punto de lanzamiento de esa ronda española de 1980. Además de por los presupuestos, con la carrera costando unos 62 millones de pesetas del momento, menos de tres millones de euros, Jesús Chico Pérez le pregunta a Luis Puig, sobre ese rumoreado arranque tinerfeño. "Nuestra idea es comenzar en Tenerife, pero todo dependerá de una reunión que tendremos la próxima semana en Tenerife para aclarar ciertos puntos sobre este particular. Nos gustaría salir de las Islas Canarias, pues sería un gran impacto para la carrera, pero, repito, todo depende de la reunión que celebraremos la semana próxima con este fin", desvela el dirigente. Habla a finales de noviembre de 1979.

Ese plazo de siete días se amplía a un período bastante más extenso, hasta el punto de que no es hasta después del período vacacional que echa el cierre con el Día de Reyes, metidos ya en 1980, cuando se concreta periodísticamente en un despacho de la Agencia EFE que aborda el estado de la cuestión: un proyecto que valora la celebración de dos etapas en la isla de Tenerife y una tercera en la de Gran Canaria. "Creo que hay que sentirse optimistas. Aunque las dificultades económicas son importantes, creo que no resultan insalvables con el apoyo y la colaboración de organismos", explica Luis Puig tras entrevistarse, entre otros, con el presidente del Cabildo insular, José Miguel Galván, y los alcaldes de Santa Cruz de Tenerife, Manuel Antonio Hermoso, y Puerto de La Cruz, Francisco Javier Afonso, una población esta última que albergaría un prólogo contrarreloj. Solo el importe del periplo tinerfeño se calcula en seis millones de pesetas de la época. Desde un prisma más global, toda la operación se cifra entre los siete y los nueve millones de pesetas. Entre los 300 000 y los 400 000 euros. Pese a las cantidades, muchos dan por segura la aquiescencia. Antonio Vallugera llega a titular en *La Gaceta del Norte*: "La Vuelta saldrá de Canarias". En conversación con Puig, incluso revela que la idea es volar desde Las Palmas de Gran Canaria hasta Santiago de Compostela: "No creo que ninguna otra prueba ciclista, exactamente ni Giro ni Tour, hayan dado un salto kilométrico tan importante".

Pero entre las cargas económicas y las complejidades logísticas, el asunto no tarda mucho en enfriarse. A finales de agosto de 1980 ya es oficial que la opción canaria tendrá que esperar. "Aunque teníamos la conformidad de Las Palmas, nos faltaba la de Tenerife, concretamente la del Cabildo. Aunque nos hubiera gustado salir de Canarias, nos hemos visto forzados a desistir de nuestro deseo, ya que no podíamos esperar más tiempo la respuesta. No hay que olvidar que la salida de Canarias requiere un montaje exclusivo que nos demoraría en exceso la confección del recorrido", comentará Puig. El recurso a las Canarias es periódico, recurrente, y siempre enfocado en el mañana y en el porvenir. Luis Puig, en plena presentación de la edición de 1981, un par de semanas antes de su arranque, no duda en considerar la futura y quimérica Vuelta 1982 como "la de la consolidación" con la promesa de ese ansiado salto. Exactamente lo mismo que ha 'prometido' en 1980 con vistas a 1981, aunque en este caso con el aval del enorme interés del sector privado, concentrado en un empresario belga, Michel Albert Huygens, que ha hecho una gran fortuna en el mercado turístico español gracias a un complejo urbanístico en el término municipal de la población tinerfeña de Arona. La urbanización Ten Bel, Tenerife Bélgica, futura Costa del Silencio, es la joya de la corona y encuentra que la Vuelta puede ser un gran medio de promoción para su principal mercado: el extranjero. Una de las principales condiciones de Huygens es la de la televisión, algo que Luis Puig, aunque lo lucha, no puede garantizar. El interés se esfuma. Y el brinco geográfico no se concreta. Cuando Enrique Franco y Unipublic lo concretan, a finales de 1987, el dirigente madrileño reflexiona acerca del empeño de Puig por el archipiélago: "En 1980 se tuvo la idea de que la Vuelta partiera desde las Islas Canarias. Menos mal que no prosperó, porque hubiera sido todo un fracaso".

El 15 de diciembre de 1987, martes, Unipublic y las autoridades canarias, primero en la isla de Tenerife y horas más tarde en la de Gran Canaria, rubrican los acuerdos que oficializan, por fin, la llegada de la Vuelta al archipiélago canario de cara a 1988. Tres etapas, con dos islas involucradas, y una propuesta de recorrido que incluye la novedosa etapa en circuito por series, otra etapa en línea y una contrarreloj por equipos, disciplina que regresa a los recorridos por primera vez desde 1974. El acuerdo, se estima, asciende a los 80 millones de pesetas, un auténtico dineral: prácticamente el equivalente, casi, a un medio millón de euros actuales. Algunas fuentes, cuando hablen de la experiencia en pleno proceso de traslado, rebajan la cifra a los 60. En todo caso, las autoridades canarias asumen el desplazamiento tanto entre islas como el retorno a la península. Adán Martín, presidente del Cabildo de Tenerife, escribe en el libro de ruta oficial de la edición 1988 unas palabras premonitorias sobre la Gran Salida desde las Canarias: "Este es un reto que Unipublic afronta con los grandes riesgos de una iniciativa de este tipo. Es un auténtico test que nos va a dar la medida de la madurez alcanzada por la Vuelta". Cuando el Giro de Italia de 2018 arranca desde Jerusalén en el marco de un periplo de tres días por Israel, se da por hecho que es la primera de las grandes vueltas que pedalea fuera de Europa. Y aunque políticamente es así, geográficamente ese honor le corresponde a la Vuelta de 1988 porque, desde ese punto de vista, el archipiélago pertenece al continente africano. Se llegan a dar días en los que, sobre la Vuelta de 1988, es muy plausible una salida desde Vigo y se ubica el final de la carrera, si Madrid da su aprobación, precisamente en las islas Canarias. Rumores visionarios. Y el trasfondo, siempre una certeza: como inicio o como final, hay que llevar la carrera allí. "Una Vuelta sin Canarias no es una verdadera Vuelta", siempre defenderá Enrique Franco.

La Gran Salida desde las Canarias resulta toda una aventura. Tres etapas, dos islas. Y un traslado cruel lleno de retrasos e incidentes de cara al arranque de la cuarta etapa, que está ubicado en la localidad sevillana de Alcalá de Guadaira. El ambiente está tan caldeado allí que, salpimentado con bastantes quejas y muchas más críticas, llegan a darse las circunstancias óptimas para un plante de todos los ciclistas. El neerlandés Mathieu Hermans, quien gana esa etapa que tiene final en la ciudad extremeña de Badajoz, nos comentaba con ocasión de un café lleno de anécdotas sobre su carrera: "Han pasado muchos años y de 1988 lo que más recuerdo fue el intenso traslado desde las Islas Canarias. Muchas horas de espera. Poco dormir. Además, ya en la Península, se acabó retrasando la salida".

Cuando Unipublic lleva la Vuelta a las Islas Canarias, la responsable de la organización se ha atrevido a afrontar un complejo reto que, deportivamente, depara momentos vibrantes y emocionantes, un gran espectáculo competitivo; pero que desde la perspectiva global de muchos miembros de la caravana, no deja el mejor de los balances. Empezando por la premura de los tiempos. Y es que toda la caravana de la Vuelta regresa a territorio peninsular sin descanso alguno y se encuentra con el reto de una etapa en línea de 210 kilómetros. La mentalidad de la organización, y las facilidades que da el calendario, son otras y aquí nadie ni se plantea el establecimiento de una jornada de descanso ni tampoco una reducción sustancial de los kilometrajes para atemperar los desplazamientos.

Los ciclistas vienen de afrontar una novedosa y algo compleja primera etapa por series al más puro estilo del ciclismo del este de Europa, una segunda jornada orográficamente complicada pese a rodear el Teide y no superar nunca los 1200 metros de altitud y una tercera contrarreloj por equipos. "Quizá la organización ha sufrido una cierta confusión, al no distinguir bien el espectáculo de la competición", se cuestiona Chico Pérez entonces en las páginas de *ABC*. La primera etapa genera dudas a nivel de reglamento y sobre su planteamiento tampoco existe un consenso general; incluso se pueden encontrar crónicas que reflejan que se trata de "una crono por parejas, en cinco grupos". Incomprensible. Aunque no todos son contrarios. La alegría, dicen, siempre va por barrios. Iñaki Gastón, ganador de la dura etapa en Santa Cruz de Tenerife, manifiesta: "Este traslado de la Vuelta a las Islas Canarias ha sido una experiencia muy positiva y, aunque todavía restan por disputarse etapas duras y difíciles, creo que el trazado de Tenerife ha sido bueno; es necesario que las etapas sean algo duras y selectivas. Con ello se selecciona y, además, se da espectacularidad y atractivo a la ronda".

Paralelamente a las propuestas de etapa, que nunca tiene en cuenta el futuro largo desplazamiento hasta Sevilla y, algo poco baladí, el cambio de huso horario y su hora más, unas reivindicaciones de índole independentista se concretan en conatos de sabotaje plasmados en clavos y chinchetas sobre el asfalto de algunos tramos. Al final, como apuntan Daniel Cabrero y Sergio Fuente en su completo libro sobre la historia del equipo Clas: "Accidentado traslado a la península en el que las críticas a la organización son constantes". Ya entonces el citado Hermans es uno de los más críticos con la organización por el encadenado de molestias de los primeros días: "Un ciclista no puede acostarse a la una o las dos de la madrugada como estos días". Y es que su queja se basa en algo común vivido en las carnes propias por media caravana. El periodista Javier de Dalmases lamenta: "Ya se pueden imaginar que estas primeras etapas en las Islas Canarias son el no parar para todos. Corredores, directores, organizadores y periodistas estamos deseando que la cosa se normalice y lleguemos de una vez a la península. Lo que ocurre es que las etapas, el trabajo y los traslados estamos ocupados desde las siete de la mañana hasta la madrugada siguiente y el cuerpo tiene un límite para resistir. Y si no que se lo digan a los corredores del Seur, Caja Rural, Pony Malta, Postobón, etcétera. Tuvieron la desgracia de volar en el último avión desde Tenerife a Las Palmas. El vuelo salió con hora y media de retraso y no se acostaban hasta la una y treinta de la mañana. Naturalmente al día siguiente tenía que correr". Jesús Rodríguez, ciclista del Helios-CR, relata: "Para ir de Santa Cruz de Tenerife a Las Palmas nos tiramos más de cinco horas: comimos a las cinco y media, pensábamos salir a las siete y al final no viajamos hasta las 12:25 de la noche. Mientras otros equipos a las dos horas estaban descansando, nosotros andábamos de espera".

El traslado a la península resulta complejo. Para algunos, directamente, desastroso. Parte de la caravana, los grandes protagonistas, lo completan vía aérea. Otros, vía marítima, en un periplo que en teoría arranca ya desde la isla de Tenerife, porque entre su puerto y el de la ciudad de Huelva se encara 'singladura y media'. La puntualidad ya se valora como un éxito. "Afortunadamente desde Las Palmas a Sevilla fue muy bien y llegamos a las nueve de la noche", completa Jesús Rodríguez. Se cuenta que Eusebio Unzué, segundo director del Reynolds, se baja de la aeronave para cederle su sitio a otro Jesús, Hernández Úbeda, que cuando llega a la puerta de embarque se encuentra con la sorpresa de que el pasaje de su vuelo está completo. En la salida de Alcalá del Río, que cerca estuvo de retrasarse por lo que De Dalmases califica "bloqueo histórico", escasean las vallas protectoras y a los equipos también les falta material, entre otras cuestiones. Y todo ello, con un enorme gentío que se entremezcla con la caravana. Es un retorno estresante por la carga emocional que se trae y su encuentro con el jolgorio y la alegría de las gentes de una población que se recibe la carrera por vez primera (y hasta ahora única): Hermans se impone en la meta de Badajoz, una etapa con el colofón de una caída numerosa y un final caótico. "Estoy cansado después de tanto viaje. Han sido tres días sin masaje, subiendo y bajando constantemente de aviones. Todavía no entiendo cómo se ha ido tan rápido en una etapa como esta".

Pero la evolución de la competición ha resultado interesante y, más allá de las chinchetas y de los caos, de las pintadas "Por más vueltas que le den, Canarias no es España», por más que todo eso, la carrera ha dejado un poso agradable en las instituciones. Como Enrique Franco se ha quedado con las ganas de subir el Teide, uno de sus sueños de siempre, y el entusiasmo anda fresco, antes de que la expedición de la Vuelta viaje hacia la Península circula el rumor de que Unipublic se afana para proseguir con la introducción de localizaciones espectaculares en sus recorridos. De cara a 1992, con la celebración de los Juegos Olímpicos de Barcelona, trabaja para llevar el final de la carrera a la Ciudad Condal. Y un año antes, para darle continuidad al efecto canario, conversa con las instituciones autonómicas y locales para hacer lo propio en las faldas del Teide. Lo del final en el volcán, por tanto, tiene también su recorrido. La historia está llena de 'y si' y de "casi".

En la actualidad la cuestión canaria, la de la publicitada intención de que la Vuelta afronte sus cuatro jornadas finales en el archipiélago, es uno de los retos pendientes de la ronda española. De vez en cuando la temática se reactiva por alguna de esas declaraciones relacionadas con el asunto que han venido produciéndose atemporalmente desde que el runrún maduró allá por 2011. En una época de retos y cambios, de ambición hacia el futuro y de solvente apoyo de todo un Tour de Francia, en un ciclo de atención universal y pedigrí y liderazgo turístico, no era descabellado que llegase a valorarse un final en el Teide de la misma forma que había nacido el jersey rojo para la general o se había organizado una meta en la Bola del Mundo. El volcán tinerfeño siempre fue uno de los grandes sueños de Enrique Franco, como también la mediática cumbre madrileña que arranca en la cima del Puerto de Navacerrada. Cumplido (y con reincidencia) el segundo, el primer anhelo aguarda su turno. Tiempo de paciencia. De cautela.

Consecuencia lógica de esta espiral de apuestas, descubrimientos y retos que persiguen obsesivamente hacer honor al lema oficial de la Vuelta 'pura emoción', el Teide es recurrente. Cualquier representante público canario que visite la caravana es una invitación a hablar sobre el tema. Y, a todo esto, hay que subrayar que Unipublic y las autoridades canarias han mantenido unas excelentes relaciones que se han materializado, entre otros asuntos, en la presencia de Turismo de Canarias entre la nómina de los patrocinadores de la carrera tanto a nivel de su mobiliario como al de algunos de sus grandes premios. Por ejemplo, las Metas Volantes. Javier Guillén no ha ocultado que el viaje canario es un objetivo que está ahí, pero también que conlleva unas exigencias de logística que encarecen la cuestión económica. Y la coyuntura de lo monetario no ha sido la mejor ni la más propicia en un pasado reciente. Pero ahí siguen las Islas Canarias, esperando; un acuerdo latente que aguarda su momento. Un será sin fecha concreta pero que será. Con certeza.

"Hay un inconveniente logístico, que casa mucho con la situación económica. No voy a hablar nunca de cifras, pero sí sé que esta operación requiere de ciertos recursos económicos para trasladar la Vuelta a Canarias. También le digo que merece mucho la pena. No nos quedemos solo en lo que cuesta, sino también en lo que reporta. Debemos verlo no como un gasto sino como una inversión. Desde el punto de vista logístico los planes están diseñados y salen. Entiendo que económicamente son tiempos difíciles y por eso Unipublic nunca se quejará de que esto no se pueda hacer por un tema monetario. Al contrario, trataremos de buscar las fórmulas necesarias para paliar entre todas las partes esos efectos económicos", manifestará Guillén en una entrevista con *La Opinión*. Ya que se hace, tiene que hacerse bien, en otras palabras. "Existe la voluntad de hacer algo grande en las islas", recalca en esas mismas páginas. "El proyecto está concebido para hacer dos etapas en Gran Canaria y otras dos en Tenerife, aunque ya se verá de qué manera y cuál será la tipología de las mismas. Pero la presencia de la Vuelta en el Archipiélago será contundente". En el proceso de ese ansiado final también se ha llegado a plantear, tal es su riqueza orográfica, la inclusión de la Isla de La Palma. Pero una tercera isla incrementa aún más la complejidad.

Durante la presentación del recorrido de 2024, en diciembre del año anterior, es posible encontrar entre los asistentes a representantes políticos del Gobierno canario, como Lope Afonso, vicepresidente del Cabildo de Tenerife y consejero de Turismo. Y esa presencia, que le da continuidad a otros acercamientos políticos a la carrera durante años anteriores, refuerza la creencia de que el retorno al archipiélago se encuentra próximo. Y el año 2026 emerge como el primero ideal. Cuatro etapas son aparentemente seguras. También la presencia del Pico de las Nieves y del Teide. En el aire, una quinta, donde ganaría enteros el Roque de Los Muchachos de La Palma, y también un homenaje a los afectados por la erupción volcánica de 2021. Y unas cantidades entre los seis y los siete millones de euros las hacen posibles. Aunque son varias las problemáticas que hay que solventar, un terreno pantanoso donde confluye lo económico, lo logístico y, desde un prisma normativo-restrictivo, también lo medioambiental. Algunos de los espacios a los que se quiere llegar son parte de Parques Nacionales. En septiembre de 2024, *Atlántico Diario* recogía que las negociaciones con la organización entraban en un punto muerto.

¿Y si acabásemos viendo una edición de la Vuelta de un archipiélago a otro? Luis Puig siempre fue un adelantado a su tiempo.

REPUTATIO

"Antes había más potencia y más clase. Se corría de una forma más natural. En cambio, ahora hay estimulantes que, sin llegar a las drogas, son un gran beneficio para el corredor. Antes andábamos a base de bistecs".

(Julián Berrendero, 1956)

Entre sus muchas singularidades, la Vuelta puede presumir de una edición temporalmente dual en cuanto a ganadores. Lo de presumir es un eufemismo desafortunado, porque realmente no es motivo para ello. Descréditos sobrevenidos. Sucede que durante varios años la general de la edición de 2005 cuenta con dos ganadores. Uno oficial. Otro oficioso. Identidades que se alternan, se cruzan, fruto de un proceso hijo de alta política y burocracia. Uno de los protagonistas es Roberto Heras, tres veces campeón de la carrera y con su cuarto título impulsado a un limbo por un resultado positivo en la crono entre Guadalajara y Alcalá de Henares por la presencia de EPO recombinante en su orina. El otro, Denis Menchov, el segundo clasificado en esa general final y, a la espera de la evolución de los acontecimientos, ganador. El ruso afincado en Mutilva recibirá el trofeo en un acto más protocolario que solemne durante el arranque de la siguiente edición desde Málaga. Un acto que tiene lugar el 26 de agosto y en el que también se le hace entrega del trofeo y el jersey oro. Casi para entonces, una vez agotada la vía administrativa, la defensa de Heras recurre a la justicia ordinaria, un proceso que se dilata años. Entre sus argumentos, la existencia de "un conjunto de irregularidades en el proceso" y, por tanto, la falta de garantías.

La Sala de lo Contencioso Administrativo del Tribunal Superior de Justicia de Valladolid falla a favor de Heras en junio de 2011 y, pese al recurso de la Federación Española de Ciclismo y el Consejo Superior de Deportes, en diciembre de 2012 el Tribunal Supremo confirma la anulación de la sanción. En mayo de 2017 el Supremo cierra once años de causa y controversia con la imposición de una indemnización de más de 720 000 euros que tiene que abonar el Estado. Menchov, que sí que logra el éxito, y por aplastamiento contra el reloj, en la edición de 2007, vuelve a la casilla de salida en lo que respecta a 2005. «Para mí es más importante mi crédito personal y profesional que ganar una vuelta. Me conformo con que se reconozca que las cosas no se hicieron bien, que hubo irregularidades en el procedimiento que pudieron alterar el resultado", dirá Heras cuando comienza su peculiar andadura procedimental. En términos de ciclismo en ruta, la Vuelta 2005 es su última experiencia competitiva como ciclista profesional.

El de Heras no es el primer caso de un líder de la ronda española cuyo triunfo le ha sido retirado posteriormente, aunque el suyo sí que ha sido el único temporal. Más recientemente, en 2011, aunque los acontecimientos se oficializan años después, el cántabro Juanjo Cobo ha sido desposeído de la general de la Vuelta por anomalías en su pasaporte biológico. Una clasificación que pasa al segundo, el británico Chris Froome, en el verano de 2019. El corredor del Sky, recurrente participante en la ronda española siempre con el objetivo de lograr su general, una 'suya' con la que se sale en 2017, se ve impulsado desde los despachos en los anales históricos de la carrera con un segundo triunfo cronológicamente a priori, pero atribuido a posteriori. La Vuelta en un metauniverso. El propio Froome, no obstante, también acaba siendo noticia unos meses más tarde, en diciembre de 2017, cuando la Unión Ciclista Internacional anuncia un positivo por salbutamol de una muestra recogida durante la etapa con final en Santo Toribio de Liébana, el 7 de septiembre anterior. El ciclista nacido en Nairobi sigue compitiendo y, durante el curso siguiente, acaba llegando su exhibición en Colle de Finestre durante un Giro de Italia que gana y su tercer cajón del podio en el Tour de Francia, donde puede competir tras ser finalmente absuelto. Con la *maglia* rosa, Froome completa su particular triple corona entre julio de 2017 y junio de 2018.

Y antes de todos estos episodios, el caso de Ángel Arroyo. La Vuelta de 1982 concluye con el abulense como el primer clasificado de la general, pero un resultado positivo en los controles posteriores al final en alto en el Puerto de Navacerrada, antepenúltima etapa, le condena a la expropiación. Los positivos aún reescriben la historia. El vizcaíno Marino Lejarreta es proclamado vencedor de esa edición mientras Arroyo blasfema, jura y clama durante meses por su inocencia. No ha tomado nada, solo vitaminas y con control de los médicos del equipo Reynolds. "Me siento muy tranquilo, porque sé que he ganado bien... Yo, en esta etapa, tomé lo mismo que en el resto de las de la Vuelta; y hay que tener en cuenta que he pasado muchos controles sin que diera positivo. Lo que sería una tontería es que me tomara cualquier cosa sabiendo que por ser líder me tenían que hacer el control obligatoriamente. Además, lo lógico es que en el análisis del día siguiente también diera positivo. Si hay justicia espero que el contraanálisis dé resultado negativo". Su director, José Miguel Echavarri, no oculta sus dudas sobre el caso y también su indignación por el rápido conocimiento de la prensa, que se entromete en el canal comunicativo entre equipo y ciclista. Ernesto López Feito cuenta en *Pueblo cómo el navarro pone un lacre persona*l en las muestras de su equipo: "Hubo un par de días en que no lo puse. A medida que van pasando las etapas te vas confiando y, como sabes que no ha habido ningún problema con los análisis y que sería una tontería tomar algo cuando vas de líder y estás seguro de que te van a tomar muestras, pues...".

Al Junco de Bérriz, como conocen a Lejarreta, le imponen el jersey amarillo durante la Escalada a Montjuic de ese año, a final de temporada, y es el cantautor Joan Manuel Serrat, gran aficionado al deporte de las bicicletas, el que le hace su entrega. Parte del público muestra su malestar y lo materializa en silbidos y abucheos. "Yo no tengo la culpa del positivo de Arroyo y yo no puedo hacer nada", sentencia el bueno de Marino. Sus primeras palabras son claras: "Las carreras hay que ganarlas en la carretera y no sé hasta qué punto soy el vencedor de la Vuelta. Este tipo de hechos perjudican al ciclismo y, por tanto, también para mí son malos. No hay derecho a que nos traten como drogadictos. Los ciclistas son lo más limpio que hay en el deporte. Mi victoria en la Vuelta me sabe a medias. A mí me gusta ganar las carreras sobre la carretera". Cuando el contraanálisis confirma el positivo, Arroyo ha dicho: "Legalmente me van a quitar el titulo de campeón de la Vuelta, pero moralmente nadie lo puede hacer". La de 82 es una edición especialmente 'fea' en términos de resultados anómalos. Y los plazos de tiempo aportan una bruma de dilación. El francés Huges Grondin pierde finalmente su victoria en Artesa de Segre, que pasa a manos de José Luis Laguia, cuando el contraanálisis también confirma el positivo, con la carrera ya en la madrileña San Fernando de Henares. La etapa de Navacerrada también deja los positivos del alicantino Vicente Belda y el catalán Pedro Torres. La final, en Madrid, el del cántabro Alberto Fernández.

Sin ganar la general final, pero sí portando el jersey de líder, la Vuelta ya es el escenario de una 'desposesión' previa. El episodio sucede en la Vuelta de 1976 y tiene como protagonista al belga Eric Jacques. Esta edición ya arranca con la novedad del galeno donostiarra Juan Irigoyen como responsable del servicio médico de la prueba, porque el doctor Isidro Salinas permanece recuperándose tras haber sufrido un infarto meses antes y, con toda la lógica, tiene que parar después de veintiuna 'vueltas' consecutivas. En los prolegómenos de la carrera Irigoyen muestra su preocupación por los medicamentos prohibidos por la UCI al considerarlos estimulantes: "Prácticamente están todos. Cualquier jarabe que parece pudiera no tener importancia está prohibido, por lo que la aspirina será lo mejor que se les pueda dar", le manifiesta a un enviado especial de la agencia Alfil.

En 1976 el jovencísimo ciclista del Ebo-Cinzia Jacques sorprende al respetable con una fuga camino de Almansa, meta de la octava etapa. Jacques no gana la etapa, tal honor recae en su compatriota Georges Pintens, un buen clasicómano con un monumento en su zurrón que apura su carrera profesional, pero las rentas obtenidas por la escapada le permiten convertirse en el nuevo jersey amarillo. Jacques y Pintens se fugan con cien kilómetros por delante, en la bajada del Puerto de La Carrasqueta, el pelotón deja hacer, ellos se compenetran bien con el juego de la picaresca en la que el veterano guarda y el joven se entrega y, al final, amasan más de nueve minutos en la llegada. Gloria repartida.

Jacques encabeza la prueba durante varias jornadas, con la carrera remontando el Levante hacia tierras catalanas y el salto posterior hacia La Rioja. Pero un rumor comienza a circular por la caravana. El propio Jacques, sin que medie una notificación oficial, admite el consumo de un medicamento cuando esa edición llega a Logroño. La infracción se acaba confirmando y en la salida de etapa de Paredes de Nava, allí donde el atleta Mariano Haro posa con el ciclista Luis Ocaña para los medios gráficos, el liderato de la Vuelta ya lo ostenta el alemán Dietrich *Didi* Thurau. Jacques, en una situación un poco rocambolesca, ha dado positivo por estimulantes en tres controles, los correspondientes a Almansa, Nules y Cambrils, y con el reglamento en la mano es factible que una hipotética sanción sea tan severa como una retirada de la licencia a perpetuidad. Jacques acaba el decimosexto. Pero con el asterisco.

Juzgar el pasado con el prisma del presente conduce a injusticias y a barbaridades, pero en esta temática las flaquezas del pasado han supuesto un lastre demasiado grosero para el presente. Oscuridad. Bambalinas. Farmacología. Y el deporte como tal, al borde del abismo, hasta cuestionado dentro del olimpismo. Durante dos décadas, algo más, las sanciones para los casos positivos son pellizcos de monja y la implementación de las medidas de control son recibidas como una intromisión y un descrédito. El concepto hoy en día tiene unas implicaciones diferentes, pero se dan tiempos en los que el antidopaje es visto desde el negacionismo. Y muchos, o bastantes, de los actores del ciclismo no solo así lo constatan, sino que lo dejan reflejado en sus intervenciones públicas. Se percibe una falta de garantías 'procesales', de transparencia. Y eso es posible que al principio sea así, pero el colectivo no levanta la voz ni dice nada de la picaresca o de ciertas connivencias de la contraofensiva de perfil bajo que trata de echarle un pulso a la autoridad.

Cuando, muy a finales de la década de los sesenta, la lucha contra el dopaje comienza una andadura más robusta, los castigos para las faltas en las pruebas por etapas pivotan paralelamente entre la sanción del tiempo de diez minutos en la general, la recalificación como último en la etapa (y si es el caso, la pérdida del triunfo) y una multa económica de 1000 francos suizos; también se aplica un mes sin competición, algo que entra en vigor a la conclusión de la prueba donde tiene lugar el positivo y, si hay más de una muestra positiva, este ciclo se amplía con un trimestre adicional. La lucha está enfocada al estimulante. Aunque la normativa plantea supuestos y desarrolla casuísticas, este es un castigo muy habitual y solo en la reincidencia severa en el plazo inmediato, tres positivos como los de Jacques, comienza a plantearse una retirada de licencia. La normativa ciclista no comienza a introducir algunos cambios más significativos en este ámbito hasta el comienzo de los años ochenta. La UCI trata de atajar cierto cachondeo e incluye una acotación temporal: dos positivos dentro de un plazo de dos años plantea la inelegibilidad para tomar, pongamos por caso, en el Tour de Francia. Pero la puesta en marcha de la norma también llega con su generosa y no oficial amnistía dado que el comienzo de su aplicación, 1982, no tiene en cuenta los acontecimientos anteriores.

Cuando Tom Simpson se desploma por primera vez en el Mont Ventoux, el ciclismo se tropieza. Cuando el británico se cae de nuevo, y ya nunca más se levanta, el deporte de las bicicletas se tambalea. Algo se rompe y lo hace para siempre. Una ingeniudad. Una inconsciencia. Un mirar para otro lado. Un algo. Simpson no es ni el primer corredor ni desgraciadamente tampoco ha sido el último que ha perdido la vida. Pero su casuística, la de los estimulantes, la de la barra libre sin control que busca mejorar el rendimiento o reducir al máximo la fatiga, pone de relieve una realidad incómoda. Y visto lo visto, treinta o cuarenta años después, cuesta no pensar que sea absolutamente evitable. El final de una inocencia. Simpson fallece durante la decimotercera etapa del Tour de

Francia 1967 y su deceso, que le convierte en la primera víctima oficial del *doping*, supone la constatación de que hace falta endurecer la lucha contra el dopaje, entonces mucho más testimonial. Y eso a pesar de palabras gruesas, rotundas, remarcables, que ya inciden en el rechazo que su razón de ser genera. "El Tour de Francia va a luchar con todas sus fuerzas contra los drogados", que dice Jacques Goddet en febrero de 1965, durante la presentación de varios detalles del recorrido de ese año. Y en la misma línea viaja Federico Martín Bahamontes, quien en uno de sus comentarios con la prensa durante la Vuelta 1965 afirma: "Todo el mundo abusa de las *pastillitas* y a la larga se pagan las consecuencias".

Pero lo de Simpson, trágico, conculca el espíritu de ese discurso. El británico apenas dos meses antes ha estado compitiendo en la Vuelta, donde se ha anotados dos triunfos de etapa, los dos últimos de su palmarés, en la Casa de Campo de Madrid y en San Sebastián. En el momento en el que sube al podio madrileño, alguno que otro recuerda cómo tan solo un año antes unas palabras suyas han corrido como la pólvora por las páginas deportivas de media Europa. Simpson, campeón mundial en 1965, con tres monumentos en su zurrón, hay que tener algo para ganarte un Tour de Flandes, una Milán-San Remo, un Giro de Lombardía, ese Simpson, denuncia públicamente que eso del *doping*, el dopaje, es algo demasiado común en el ciclismo profesional y que él mismo, denunciante, también es culpable de que así sea.

El *doping*, que en esos años suena raro, anglicismo canalla que parece una moda, no es un tema de conversación inédito. Más bien emerge como una realidad embarazosa. Perturbadora. La mítica revista *Sprint*, en su número de marzo de 1962, el quinto desde su lanzamiento, lleva a su portada la victoria de José Antonio Momeñe en la general de la Vuelta a Andalucía, pero también destaca entre sus contenidos un rotundo titular "*Doping*, peligro de muerte". Estamos a comienzos de los años sesenta. Cinco años antes del fatal suceso de Simpson. Después de aquel trágico "*Put me back on my bike*", sí, algo cambia. Los estimulantes son más peligrosos y preocupantes aún de lo pensado. No son inocuos. Las autoridades parecen cobrar más conciencia de las implicaciones de ciertas prácticas. Y de las necesidades de combatirlas. Una confrontación, empero, no es una erradicación. En los siguientes años comienza a extenderse el sistema *antidoping* en las carreras.

A la Vuelta, y en esto no es ninguna pionera, la realización de controles antidopaje llega de cara a su edición de 1970. Su implementación, la confirmación de su adopción, es contraproducente para la participación. Parcela siempre peliaguda, la nómina de corredores y equipos se resiente. Y a última hora. El Peugeot–BP francés, el Salvarani italiano y el Geens-Watneys belga renuncian en el último momento a tomar la salida desde Cádiz y la organización apenas puede llegar a cubrir la baja de los últimos con el Germanvox italiano. "Su ausencia se debe al control antidopaje. Saben que si sus muestras dan resultados positivos serán sancionados con tres meses de suspensión, con lo que no podrían correr el Giro y el Tour", le explica Luis Bergareche a la agencia Alfil. El belga Albert van Mossevelde, que cuenta ya con varios años de experiencia internacional en estos cometidos y llegará a ser el presidente de la federación de su país, es el doctor designado por la Unión Ciclista Internacional para supervisar el antidopaje durante la carrera, con el apoyo del galeno cántabro Fernando de la Peña. Los dos primeros de cada etapa, el ciclista que porta el liderato y otros dos elegidos en un sorteo que se celebra en la zona de meta, aproximadamente una hora antes de la conclusión de la fracción, son los que se someten a la toma de muestras en una ambulancia específicamente destinada a este fin. Una vez tomadas, las muestras se sellan con un lacrado ante la vista del corredor, se codifican y se envían a las instalaciones de la Escuela de Medicina Deportiva en Madrid.

Un entonces veinteañero José María García, aún sin iniciar su andadura radiofónica, escribe sobre la novedad e indica que el sistema es muy lento, constatando que a la altura de la duodécima etapa apenas se conocen los resultados de las tres primeras, y también que la analítica se centra en la detención de la anfetamina. Falta claridad. Y a lo mejor, cierta predisposición a asumir estos cambios. El manchego Fernando Manzaneque, director del equipo Werner, acuña un reproche que, con esta formulación, será recurrente en el futuro: "Somos víctimas del bulo mayor del mundo.

¿Por qué no lo hacen también en fútbol y otros deportes?". Unos años después, en 1974, su hermano pequeño Jesús da positivo en un control en la llegada de la carrera a Ciudad Real, donde ha finalizado segundo, y es castigado con diez minutos en una general provisional donde viajaba séptimo cuando la carrera encara los puertos de la Sierra de Madrid. Jesús Manzaneque, quien durante los setenta amasa un palmarés muy destacable con más de una veintena de victorias, este año es reconocido oficialmente ganador de la Volta a Portugal de 1973, el primer español que se anota *a Grandissima*, por el positivo por estimulantes de Joaquim Agostinho. Para el luso, por cierto, supone la segunda general de la Volta arrebatada, idéntico motivo, tras la de 1969.

La Vuelta de 1970, más allá del especial seguimiento que trae la novedad, la curiosidad mediática, resulta tranquila. Todo lo contrario, la del año siguiente. El granadino Joaquín Galera da positivo por estimulantes en una muestra procedente de la cuarta etapa, disputada entre Puebla de Farnals y Benicassim. El castigo inmediato del andaluz del Karpy es el *estándar* antes esbozado: su relegación a la última posición de la etapa, diez minutos de castigo en la general, una multa de mil francos suizos y un mes de suspensión sin competición que debe comenzar a la conclusión de la carrera. El corredor explica que tomó Efortil por prescripción del doctor Isidro Salinas, el galeno de la Vuelta, ante los síntomas de un catarro. De la Pamplona-San Sebastián resulta un resultado anómalo de Julián Cuevas, también del Karpy. Y una argumentación exportable al futuro: "Yo solo tomo café". Desirée Letort (Bic) y el neerlandés Wim Schepers, del Goudsmit–Hoff, también son positivos durante esos días, con especial significación para un Schepers que se encuentra inmerso en la lucha por la general y que acaba cayendo de la segunda plaza final a la decimoquinta… con la carrera ya acabada.

Singularmente sonada resulta la casuística de José Antonio González Linares, entonces campeón nacional de fondo y quien, además, se ha anotado una victoria de etapa en la crono de Bilbao. En la llegada de Segovia, antepenúltima de la carrera, el cántabro aporta una muestra que da positivo. El corredor está indignado:

"Yo fui a Madrid, al médico de la Federación, con una receta del medicamento que ha sido considerado por la UCI como estimulante. Y él me dijo que podía tomarlo y que, si algo pasaba, se lo dijera a él. Yo lo tomé, porque me lo dijo un médico, y me sancionan". González Linares solicita el contraanálisis y puede seguir en carrera. De hecho, la acaba. En los últimos dos sectores, una etapa en línea y una crono, firma sendas segundas plazas. "Tenía perfecto derecho de seguir la carrera y terminarla. Ahora veremos qué pasará", le atribuyen a Van Mossevelde, otro año más al frente del antidopaje en la Vuelta. La burocracia, con indiferencia de su ámbito de actuación, siempre depara esperas. A González Linares no se le confirma el castigo hasta casi un mes después: acude a la Vuelta a Asturias, y de hecho gana la primera etapa; pero no le dejan salir en la segunda, que parte desde la ciudad de Gijón, y le excluyen de la carrera. Esa es una realidad de 'la lucha' durante más de una década.

Durante los siguientes años, el fenómeno de la lucha antidopaje concretado en la batalla contra el uso de los estimulantes en competición irá deparando un goteo de casos. Una casuística que, siempre sujeta a reclamaciones, se mueve en la línea que va de la reincidencia, agravada, al primer caso, toque de atención. Resulta muy relevante y muy oportuno recuperar unas palabras del doctor Fernando Astorqui. En su libro *Mi Vuelta*, coescrito con Jesús Gómez Peña, el muchos años médico de la carrera explica: "Quiero insistir en que el dopaje en mis primeros años como médico de la Vuelta era un tema culturalmente aceptado, al que no se le daba excesiva importancia ni como fraude deportivo ni como riesgo para la salud de los ciclistas. Posteriormente, cuando las sustancias dopantes se convirtieron en un potencial peligro (corticoides, anabolizantes, EPO...), todos los médicos de la Vuelta iniciamos una cruzada contra su uso por las consecuencias para la salud que conllevaban. El problema sigue existiendo, porque el deportista es capaz de aceptar su quebranto en salud y el riesgo de una sanción económico-deportiva por las mieles de la fama, el triunfo deportivo y el dinero. A esto se añade la existencia de médicos y científicos desaprensivos que también por codicia ponen en riesgo la salud de los demás. Y de aquella primera época que yo viví no me olvido de algún masajista o técnico sin escrúpulos que daba medicamentos a los ciclistas sin saber la bomba de relojería que tenía entre manos". Y ese espíritu nunca puede perderse de foco en el estado de la cuestión de los próximos años.

El terreno de juego del relato se asienta en el de una picaresca inocente, pese a la amenaza del legado mortal de Tom Simpson. Ya positivo en 1971, al cántabro Julián Cuevas los jueces le expulsan de la carrera por resultados anómalos en sendos controles al año siguiente. En 1972 también se comunican analíticas adversas para el neerlandés Gert Harings, doble ganador de etapa, y el danés Leif Mortensen. En 1973, cuando Eddy Merckx eclipsa el desarrollo de la carrera con su ascendente y su misticismo, los casos más sonados son los de Andrés Oliva, Eduardo Castellón y Txomin Perurena. El corredor guipuzcoano se somete a un control tras acabar segundo en Albacete que resulta positivo, aunque recurre porque, indica él, ha tomado un jarabe recetado por el doctor Salinas. La sanción se hace firme en Barcelona, castigo económico y de tiempo, pero seguirá compitiendo el resto de la Vuelta y posteriormente. "¿Crees que la UCI debería revisar el reglamento?", le preguntan. "Desde luego, y no lo digo por mí, sino por todos los corredores. Es inhumano que el médico no nos pueda curar de ciertas enfermedades porque los medicamentos que nos van bien están prohibidos". Oliva tampoco es expulsado, pero Castelló no corre la misma suerte. Precisamente, el ciclista de la Vall d´Uixo contaba en 2020 en la edición castellonense de *El Mundo* cómo él había sido el último corredor que hablará con Tom Simpson, "Castelo, agua que voy mal", antes de su deceso. Lo cierto es que el caso de Perurena suscita reflexiones periodísticas profundas que entroncan con el 'sed dura, sed lex'. Extraído de un despacho de agencia: "El *doping* ciclista se está exagerando en demasía y se aplica la ley con mucha rigurosidad, mientras en otros deportes, atletas –sí, me refiero también al atletismo puro- digieren tóxicos que son auténticas drogas de *hippies*".

El citado caso del belga Jacques, en tanto que portador del jersey amarillo durante 1976, incita el sostenimiento de una corriente de opinión crítica, suspicaz y descreída que llega a las líneas editoriales de la prensa impresa. Un ejemplo: "La sombra del *doping* sigue flotando sobre el ciclismo, aunque la verdad es que -quizá- habría también que extremar las vigilancias en otras modalidades deportivas. Por lo pronto, el *doping* ya ha saltado en la Vuelta a propósito del líder, Jacques, líder precisamente por una fenomenal escapada… en la que, según todos los indicios, las anfetaminas o similares hicieron su efecto. Y en el ciclismo, aún sin ser perfectos, los controles son serios. Que el esfuerzo del ciclismo es brutal, sabido está, y quienes primero lo saben son los corredores. No hay engaño en quien se sube a una bicicleta para disputar cientos de kilómetros diarios. Pero el peligro también está, y el *doping* ya se ha cobrado sus víctimas en más de una ocasión, para que los corredores arriesguen su vida. Sin que parezca que haya remedio, pues en alguna ocasión el descaro llega a comprar las anfetaminas en las farmacias de los fines de etapa…".

El suceso de Jacques, además, acaece en un momento donde otro ciclista que llega a ser días antes líder de la carrera, el alemán Günter Haritz, también da positivo y abandona la carrera cuando esta se encuentra en la tarraconense Cambrils. Haritz, potencia pura, ducho *pistard*, múltiples victorias en pruebas de seis días, ataca en los últimos kilómetros de la etapa que llega a Baza y se lleva una etapa que le reporta también el liderato. Ese éxito, tras el positivo, pasa a lomos del neerlandés Hennie Kuiper. No así el amarillo, que lo ha cedido en Murcia a Joaquim Agostinho. Los casos, con la prensa pendiente y el peligro de su altavoz, aparecerán sin que cambie la gestión de las sanciones. En la Vuelta 1987 Felipe Yáñez, un gran escalador, veterano ya, que se ha impuesto en la meta de Zaragoza en una de esas evoluciones deportivas en las que la escapada le gana el pulso al resto del pelotón, protagoniza un positivo por el que pierde su triunfo y todos los premios, pasa a la última posición del día y es castigado con diez minutos en la general, una multa de 25 000 pesetas y un mes de sanción durante el resto de la temporada.

La cuestión del *doping*, asunto áspero, poliédrico, capaz de secar de raíz conversaciones, susceptible de recurrir al rodeo y al eufemismo, no le resulta desconocida a la Vuelta por el mero hecho de que no le resulta desconocida al ciclismo como deporte. Es un asunto que deja impronta. Bien de forma directa, con casos concretos que acaecen en el seno de su disputa o se vinculan a la misma, o bien indirectamente, con salpiconazos de escandaleras ajenas, ecos feos y dinámicas amargas que sobrevuelan la cercanía de la celebración del evento o flotan sobre la reputación de toda una temporada. A la carrera, como acontecimiento, le han venido mal dadas 'desde fuera' y con esos temporales se ha tenido que campear. La ronda española ha tenido que llegar a modificar recorridos para evitar problemas con las jurisdicciones ajenas, sí, caso Festina 1998; pero también se ha visto empujada a un contexto muy complicado en el que tan culpable ha resultado una crisis económica de hechuras globales como el descrédito, mediático y social, reputacional, de alguna que otra operación contra el dopaje con su foco en muchos actores y estructuras ibéricas.

El de la operación Puerto, por ejemplo, es un libro que está por escribirse, aunque mucho se ha hablado de la misma. Y sin profundizar, ni dar ni quitar razones, aún duele el bofetón a mano abierta que su estallido le da no ya al ciclismo en sí, a muchas otras instituciones también. La Vuelta sufre, y sufre mucho, con el daño al prestigio y la popularidad derivado de aquella; o de las nuevas dimensiones que cogen las prácticas denunciadas por Jesús Manzano en el *Diario As* durante una serie de reportajes publicados durante 2004 o el encontrarse con un caso positivo de un jersey oro en el podio de Madrid un año más tarde. La perspectiva. E incluso, aunque su acaecimiento emerge de una forma más anecdótica, pero lo hace en el contexto de la Vuelta, esos episodios telefónicos vinculados al ofrecimiento de bielas antes de cronos decisivas con victorias absolutas en juego. Todo lo condensado superficialmente en las líneas anteriores solidifica en una serie de penurias que se plasman a nivel de audiencias televisivas, en unos días de auge bestial de otros deportes como la Fórmula 1, y también a nivel de patrocinadores y apoyos. La Vuelta es un acontecimiento deportivo de trascendencia global, pero con una lógica comercial inherente a su ser y a su motivación. Y todo influye, todo cambio es hijo de procesos.

Es una época en la que a Víctor Cordero le toca dar mucho la cara porque la suya es la más visible dentro de la organización. Los tentáculos de las decisiones en torno a la política antidopaje también le han aportado sus lecturas positivas a la carrera, básicamente en términos de participación. Cuando el Tour de Francia veta al equipo Astana de cara a su edición de 2008, avalado por el positivo en plena edición anterior de Alexander Vinokourov y el anuncio posterior de otros casos en la misma estructura, con ese portazo están condenando también a su último campeón, el madrileño Alberto Contador. El ciclista de Pinto, ganador de la edición 2007 de la ronda gala con el equipo Discovery Channel, ha fichado por la formación kazaja, donde permanecerá durante tres años. El Tour comunica su decisión en plena disputa de la Challenge de Mallorca y ese día el ciclista, siempre con un punto irracional, también con el lastre de haberse perdido la edición de 2006 por el veto de la organización a varios de sus entonces compañeros en el Liberty Seguros, demarra y rueda en fuga durante muchos kilómetros. De ese periplo queda para la posteridad su mensaje al cámara: "¡Astana! ¡Astana en el Tour!". Una reivindicación muy estética sin ningún tipo de efecto práctico. Pero del veto, una oportunidad. Primero a través del Giro de Italia, que a última hora incluye al Astana en su pelotón y, tras el famoso de la playa a la *corsa rosa*, propicia la victoria de Contador en su general. Después, en la Vuelta, donde el corredor madrileño repite éxito. De un impedimento, una triple corona. Y el nacimiento, o el refuerzo, de un nuevo estatus para él.

Curiosamente el Astana que lidera Contador, y que es una estructura muy diferente a la de la campaña anterior, vuelve a la prueba española tras un año de ausencia. En agosto de 2007 la organización anuncia la retirada de la invitación al equipo kazajo para esa edición precisamente por los positivos que le han afectado. Y sin perder el foco sobre dos casos que no son algo baladí: Alexandre Vinokourov hubiera portado el dorsal 1 como ganador en 2006 y es posible que le hubiera acompañado un Andrei Kashechkin que sube al podio como tercero, aunque dará positivo en un control durante una competición en Turquía a comienzo de ese verano de 2007. "No ha sido nada fácil tomar esta decisión. No hay que olvidar que dos de los corredores estuvieron en el podio de la pasada edición. Con todo nuestro dolor teníamos que asumir nuestra responsabilidad", dice Victor Cordero.

Las 'escandaleras' vinculadas al dopaje influyen en la toma de decisiones sobre los equipos invitados y, en lo referente a los equipos que tienen su plaza asegurada de acuerdo a las nuevas organizaciones del ciclismo, son analizadas con atención. Tiempos convulsos hacia los que echar una vista atrás provoca contrariedad y, por qué no decirlo, cierto clima de desconfianza. Antes de dominar con mano de hierro y control dictatorial el Tour de Francia que le ha borrado de su palmarés oficial, Lance Armstrong encuentra en la Vuelta de 1998 su primer trampolín. Enrolado ya en el US Postal, el estadounidense viene de superar un cáncer. Encarna una gran historia de superación personal. En la ronda española acaba cuarto tras una buena actuación: el texano se queda a apenas ocho segundos del tercer cajón del podio. Armstrong nunca vuelve a la carrera. Y con los años, un recuerdo. Como si nunca hubiera participado. Todo ese legado deportivo desaparece tras una investigación de la Agencia Antidopaje de Estados Unidos (USADA) que en 2012 acredita mediante evidencias y pruebas concluyentes el uso sistemático de EPO, transfusiones sanguíneas, testosterona y otras sustancias y métodos entre 1998 y 2011. De acuerdo con la USADA se trata de "la más sofisticada trama de dopaje en la historia reciente del deporte». Todos sus resultados deportivos desde el 1 de agosto de 1998 son anulados. También los vinculados a su única participación en la Vuelta.

Los beneficios en términos de participación de las polémicas foráneas son anteriores a la presencia del Astana de Contador. El primer gran escándalo mediático, auténtico punto de inflexión que vive la temática, es el denominado caso Festina que estalla justo antes del arranque del Tour de Francia 1998 desde Dublín. Un auxiliar belga del equipo Festina, Willy Voet, es detenido en Neuville-en-Ferrain, en la frontera francobelga, cuando, en su viaje hacia la *Grand Depart* transporta en un coche de la formación una alta cantidad de productos de naturaleza dopante. El hecho, lejos de quedarse en un incidente aislado, da paso a una investigación policial que incluye detenciones y registros por parte de la gendarmería. De inicio, el Tour aguarda acontecimientos. Jean Marie Leblanc, director de la carrera, explica: "Este *affaire*, que parece relacionado con el dopaje, no concierne al Tour. No ha tenido lugar durante la carrera; se ha producido a muchos kilómetros de aquí. Entendemos que debe haber una profunda investigación que responda, entre otras, a tres preguntas básicas: de qué productos se trata, qué cantidad ha sido confiscada y cuál era su destino. Cuando la encuesta concluya, entonces reaccionaremos".

La competición, la vertiente deportiva, mantiene gran parte del foco mientras la carrera se despereza por tierras irlandesas, pero con su retorno a territorio francés, y con el conocimiento de la declaración de Voet a las autoridades, las bicicletas comienzan a pasar a un segundo plano. Detenciones, registros, declaraciones, arrestos... Una espiral de rumores, sospechas e incredulidades se apodera de la prueba deportiva, la atenaza. Ni el pulso entre el italiano Marco Pantani y el alemán Jan Ullrich es suficiente para volver a poner el foco en lo deportivo. Los ciclistas se indignan con el trato policial. En Albertville los investigadores acuden al hotel del equipo TVM y se llevan a Serguei Ivanov, Sergei Outschakov, Jeroen Blijlevens y Bart Voskamp a un centro hospitalario para someterles a un control sanguíneo. La siguiente etapa se disputa, pero acaba anulada a posteriori: es un día de protestas, plantones y retiradas de equipos. Al día siguiente, después de otra tarde-noche de registros, abandonan más estructuras el Tour. Ese Tour está herido de muerte. Jean Marie Leblanc, no obstante, logra que llegue hasta París.

La nómina de participantes de la Vuelta de ese año se ve reforzada por el *affaire* del Tour. Hasta seis ciclistas del Festina, por ejemplo, son de la partida y Álex Zulle porta el dorsal 1 como ganador del año anterior. También Rodolfo Massi o Jeroen Blijlevens, quien se anota dos victorias al esprint. La carrera, que ha programado una etapa que cruza la frontera para afrontar el Col de Marie Blanque y el Puerto del Portalet, un homenaje a la Marcha Quebrantahuesos, modifica en agosto el trazado para evitar jaleos con la Gendarmería francesa.

Con un entorno en teoría más sano, con una política antidopaje más eficiente, con una mayor cultura por el juego limpio, el ciclismo de las siguientes décadas se siente diferente y se enorgullece de serlo. Al menos ese es el discurso oficial. Tampoco puede permitirse muchos tropiezos reputacionales después de una década en la que se han sucedido los casos y, esto es especialmente significativo, también las tramas y sus tamaños. La frontera, difusa visto lo visto, entre la mejora del rendimiento y la protección de la salud ha alimentado una batería de situaciones límite que han tensionado el deporte ciclista y han puesto contra las cuerdas su alta competición. Alguna que otra carrera se ha quedado en este camino. Aviso a navegantes. También alguna que otra cobertura televisiva. Pat McQuaid, presidente de la UCI, llegará a afirmar en este período que "España es un paraíso del dopaje" y se mostrará muy crítico con la política antidopaje del país. El ciclismo, como una vez dijo alguien, se ha ganado un rato de escepticismo. Y esta bruma no ha sido fácil de disipar. La renovación de los votos de confianza es real, en apariencia, pero también se corre el peligro de que sea muy frágil y no se pueda aguantar otro latigazo. En 2013, más de tres lustros después del caso Festina, una comisión de investigación del Senado francés elabora un informe retrospectivo en el que salen a la palestra casos positivos con carácter retrospectivo, hijos de nuevas metodologías para la detención de sustancias. Uno de los nombres que figura es el de Abraham Olano. El vasco, ganador de la Vuelta en 1998, director técnico de la carrera desde unos años después, es despedido por Unipublic debido a este informe. La organización no entra a juzgarlo o valorarlo. Es una cuestión de estética, con un trasfondo de propiedad accionarial.

Olano, que como responsable del diseño de las etapas de la ronda española ha tenido mucho que ver en la mejora general de muchos trazados y en la inclusión de nuevos ámbitos geográficos, es uno de los padres del nuevo estilo de los recorridos de la Vuelta. El modelo, el interés en todos los días de competición, la loa al final en cuesta o en alto, la 'testimonialidad' de la crono, tiene un lado complejo. Carlos Arribas lo sintetiza en un artículo de 2010, cuando aborda cómo la carrera se ha reinventado para salir de una época de crisis económica y para mejorar la reputación del deporte: "No tan contentos deja a los responsables de la lucha antidopaje, que ven en el aumento de dificultades y en la ausencia de etapas de transición y recuperación una exigencia que puede hacer más fuerte la tentación de lo prohibido para resistir". José Francés, secretario del Colegio Nacional de Jueces Árbitros de ciclismo en los setenta, manifiesta en abril de 1974: "El *doping* en ciclismo no es un problema tan grave como se hace ver, lo que ocurre es que nosotros lo sacamos a la luz".

OBLIGACIÓN

"Los organizadores nada dicen a los españoles. Y me encuentro igual que en la Vuelta Ciclista a Catalunya. O he de aceptar una humillación corriendo en las mismas condiciones de un neófito mientras a los extranjeros les llenan los bolsillos de dinero seguro, o me harán pasar por antiespañol"

(Miquel Poblet, 1956)

La cuestión de las estrellas foráneas, y sus equipos, no ha sido impedimento para la aparición de conflictos con las propias. O con sus estructuras. De hecho, como las comparaciones son odiosas, hasta ha resultado desencadenante. Ya Miquel Poblet, en 1956, ve con malos ojos la cuestión de los oficiosos fijos de salida. Es un agravio. "En París encontré al señor Iturrioz, que hacía gestiones con corredores extranjeros. Yo le pregunté si tenía algunas instrucciones para los españoles y me dijo que él solamente estaba delegado para la contratación de extranjeros...". Ese año el catalán, que gana tres etapas, protagoniza vibrantes duelos con el belga Rik Van Steenbergen. No volverá nunca a la ronda española.

A Dalmacio Langarica, todo un ganador de la carrera que dirige el Kas en la Vuelta de 1965, también le desagrada la consideración que su formación recibe de la organización y no inscribe a su equipo de manera oficial hasta el último momento. A horas del arranque desde Vigo. Desavenencias económicas. "Nuestro equipo ha logrado grandes resultados en el extranjero, inimaginables en otro tiempo, debería recibir más consideración. He sido el último en dar a conocer oficialmente los nombres de los corredores que tomarán la salida en la Vuelta y creo que estos hombres no serán los últimos en la meta de Bilbao". No se equivoca. Tres de ellos de hecho, Carlos Echeverria, Francisco Gabica y Antonio Gómez del Moral, acabarán dentro del top 10. Más atrás aún, en 1936, los vizcaínos Jesús Dermit y Federico Ezquerra directamente renuncian a tomar la salida, y con ello a aprovechar una inscripción que habían formalizado, porque las cuentas no salen: "Es mucha prueba para menos premios que el año pasado y, sobre todo, son muchos kilómetros para principios de temporada". La Vuelta pasa de las catorce etapas de su primera edición a las 21 de la segunda. Y casi mil kilómetros más.

Viajamos hasta comienzos de 1986 y estos jaleos, más colectivos, se mantienen en plena vigencia: la pretensión de Unipublic es incluir en el apartado de premios la partida de unos tres millones de pesetas que cada escuadra española recibe por participar, algo que no encaja bien de primeras entre las formaciones. "Hemos ofrecido cuatro opciones. Nuestra postura es firme, aunque el diálogo continúa porque todos queremos que los equipos españoles estén en la Vuelta. Me parece ridículo que se rasguen las vestiduras por dos millones de pesetas cuando manejan presupuestos de más de 200", dice Enrique Franco. Unipublic, entre sus propuestas, plantea que la organización pueda contar con la cesión de espacio en el maillot de los equipos para sus propios acuerdos, curiosa medida, o que los premios y los fijos, en una edición que va a salir de la península para recalar en la isla de Mallorca, sean exactamente iguales a los de años precedentes.

La antes mencionada edición de 1965 es, precisamente, la última en la que toma parte Federico Martín Bahamontes. Su presencia en la Gran Salida desde Vigo supone su retorno a la carrera tras cuatro años de ausencia por diferentes motivos, aunque con una componente económica detrás, y dos abandonos en sus dos últimas participaciones. En febrero de 1964, a preguntas del periodista Carlos de la Fuente, Bahamontes asegura que no va a volver a la carrera hasta que la organización le abone una deuda que cifra en 'doscientas y pico mil pesetas' y que se remonta a su última participación. El primer ciclista español que gana el Tour de Francia (1959), es especialmente guerrero con la organización tanto por los reconocimientos como por las decisiones de los jueces. El de Val de Santo Domingo nunca se impondrá en la general de la carrera y si alguna vez lo tiene al alcance es en 1957, cuando logra vestir el jersey amarillo en cinco jornadas y acaba finalmente segundo por detrás de Jesús Loroño. En su zurrón, tres victorias de etapa (Mieres, 1957; Granada, 1959; San Sebastián, 1960), dos lideratos de la montaña (1957 y 1958), alguna que otra irracionalidad y muchos desaires. Bahamontes, que ha sido tercero en el Tour del año anterior, es impredecible. Se cuenta que Carmelo Morales, recién retirado y en funciones de dirección en la formación Olsa, se apuesta con él nada menos que 20 000 pesetas de la época a que no acabará. En 1960, el año en el que parte con el aval de ser el último ganador del Tour, es el gran favorito. Pero arrastra unas pequeñas molestias en una rodilla y solo toma parte por 'poderosas razones'.

"La participación de Bahamontes le da a la Vuelta un gran interés, pues no hay que olvidar que el corredor toledano es un gran campeón y, como es lógico, los aficionados al ciclismo están deseando verle de nuevo en las carreteras españolas", valora Bergareche. "Bahamontes, dada la gran popularidad con que cuenta, será la gran atracción de la Vuelta". La apreciación pone de relieve una evidencia: el interés máximo de la carrera, sea cual sea su organización, por contar con la participación y el concurso de las principales estrellas del ciclismo patrio. En la balanza, lo doméstico contra lo de fuera, un enfoque que nada tiene que ver con el actual de evento de proyección global desde España para el mundo. En este campo también se han dado importantes decepciones. Y sonadas. Los sentimientos encontrados, sobrevenidos, de no encontrar empatía o valoración. En ocasiones, más tempranas, por dinero. Con la evolución de las décadas, por otros motivos. De ser, en la praxis, un segundo plato. Un plan B.

En 1959 se da por hecho que Bahamontes va a participar en la carrera en virtud de un acuerdo que asciende a las 150 000 pesetas. Esta rumorología no gusta a la organización, que niega la mayor y carga contra lo que percibe como una concreción de amarillismo. Francisco Yagüe, desde las páginas de Pueblo, argumenta su contrarréplica y explica a la perfección cómo se encuentra el estado de la cuestión:

"Lo que no comprendemos es que, tras tacharnos a nosotros de sensacionalistas, se quiera hacer comulgar al público con ruedas de molino, tratando poco menos que asegurar que los Baldini, Riviere y Van Looy vienen a la Vuelta a pelo, a por lo que puedan ganar si tienen o no suerte en la carrera. Eso, a nuestro entender, sí es sensacionalismo; no lo otro.

Oficialmente, es verdad, se prohibieron los 'fijos'. Pero se buscó, rápidamente, una salida para seguir dándolos. Y se inventó –hecha la ley, hecha la trampa- aquello tan divertido de que se pueden dar hasta treinta y cinco mil francos diarios a los corredores cuya participación pueda interesar. Y eso, al parecer, es lo que está de moda ahora.

Se coge, por ejemplo, a Roger Riviere y se le pregunta:

- ¿Qué pide usted por participar en la Vuelta a España?

Y el francés – seguimos con el diálogo en teoría, para que lo comprendan nuestros lectores- contesta:

- Cuatrocientas mil pesetas.

Entonces se le dice que, en lugar de las cuatrocientas mil pesetas, se le darán quinientas o seiscientas mil, siempre que venga acompañado por nueve hombres más, de confianza, sus gregarios. Se acoge uno a lo aprobado por la Asociación Internacional de Organizadores de Carreras Ciclistas y se calcula que, si a un corredor extranjero se le pueden dar hasta cuatro mil pesetas diarias, a diez se le pueden pagar cuarenta mil. Se multiplican estas por los diecisiete días de carrera –si la terminan diez hombres en cuestión- y sale sobradamente la cantidad prometida. El 'as' se queda la parte del león que había pedido a los organizadores, y reparte entre sus 'domésticos' el resto. Y todos contentos. Es imprescindible trabajar con todo el equipo al barajar cifras porque, si se hiciera la operación solo con el fenómeno, las cuentan no saldrían. La operación individual, multiplicando cuatro mil pesetas diarias –me parece que este es el máximo autorizado- por diecisiete días de carrera, daría un saldo de sesenta y ocho mil pesetas. Y por este dinero, no nos engañemos, no vendrían ni Riviere, ni Van Looy, ni Baldini. ¿Estamos?

> Ahora bien, este dinero se arriesga sobre la fórmula de los premios. Si el equipo de Van Looy, por ejemplo, gana en premios más de lo que se le había garantizado, se abona la diferencia y en paz. Se calcula que los belgas cuestan –seguimos con las parábolas– seiscientas mil pesetas y al final, teniendo una sensacional actuación, han ganado en conjunto setecientas mil. Con abonar cien mil más todo queda en orden. Pero lo divertido, lo arriesgado, es la cruz de la moneda. El equipo belga, por lo que sea –cabe incluso el que, teniendo el dinero asegurado, no se preocupen de otra cosa que de rodar simplemente– no llega, en premios, a lo que les ofrecieron. Han tenido una floja actuación, y han ganado, en total, veinte mil duros. ¿Qué pasa entonces? Pues que la organización, aun mesándose los cabellos, tiene que desembolsar medio millón de pesetas. Casi nada."

El conflicto no solo se da con Bahamontes. La relación de la Vuelta con otros de los grandes nombres del ciclismo español depara futuros momentos de tensión. Especialmente con varios de los que han ganado el Tour de Francia antes del cambio de fechas de la Vuelta, aunque con un matiz: en esos casos las diferencias y las porfías se mantienen con sus equipos. Salvo Luis Ocaña, posiblemente el ganador de la ronda gala español que más ha dignificado a la Vuelta con su constancia, tanto Miguel Induráin como Pedro Delgado han protagonizado ausencias dolorosas para la organización del momento, en este caso Unipublic. Estas, a la postre, han supuesto protagonismos involuntarios de duelos y piques. Momentos de tensión donde no tiene nada que ver la ausencia de las figuras extranjeras, sino la ausencia de las "propias".

Miguel Induráin es un fijo de la ronda española entre 1985, en su primer año como profesional de facto, y 1991, cuando concluye segundo en su general. En su debut, el navarro logra convertirse en el ciclista más joven que ha logrado vestir el jersey de líder hasta que el francés Lenny Martínez, de raíces españolas por parte de abuelo, acaba con ese récord tras la etapa con final en Javalambre de la edición 2023. En los años posteriores irá acumulando experiencias, también alguna que otra lesión, en el proceso de su progresión deportiva a fuego lento.

Tras subir al podio de la Vuelta 1991, meses después, Miguel Induráin triunfa en el Tour de Francia. En el camino de la defensa de su título, al año siguiente, Induráin cambia la Vuelta por el Giro de Italia. Y lo vence, haciendo historia para el ciclismo español. E idéntica andadura se repite en 1993 y 1994, en esta última ocasión con una tercera plaza final en Milán. El navarro de Villaba prolongará su dominio en la ronda gala durante cinco ediciones. Y en todos estos años el retorno a la Vuelta se reduce a un comentario, fuera de temporada, sobre posibilidades e "inconcreciones". Unipublic anhela contar con Induráin, que es el mejor ciclista del momento, pero no puede. Enrique Franco juega sus bazas. Su organización idea un sistema por el que todo equipo participante tiene que presentar al menos un 60% de los puntos UCI de su plantilla. La intención es clara. En el caso del Banesto las cuentas no salen sin la presencia de su gran estrella. El propio corredor, siempre discreto en sus pensamientos y comedido en sus declaraciones, pero también certero cuando los aporta, apunta a que la Vuelta se ha tirado unilateralmente a la piscina a la hora de prometer a la televisión alicientes que no dependen de ella: "Los organizadores han prometido una serie de cosas, al parecer mi participación entre ellas, que ahora no pueden cumplir".

Induráin no acude a la Vuelta, pero sí su equipo, el Banesto, tras su proceso de negociaciones y pacificación. Es una tregua. La tensión se exporta a otros momentos del calendario ciclista futuro. Ningún corredor del equipo Banesto acude a la presentación oficial del recorrido de la carrera correspondiente a 1993, que se celebra en A Coruña por el enorme peso publicitario de Xacobeo 93. La escuadra navarra no ha tomado parte en una Volta a Galicia que también organiza Unipublic. "No tengo nada en contra de Unipublic, que es quien organiza la Vuelta, ni con Xacobeo 93, que la patrocina. Las dos entidades son las mismas que organizan la Vuelta a Galicia, a la que no quisieron invitar al equipo Banesto porque Pedro Delgado y Miguel Induráin no fueron a su presentación. Bueno, pues ahora los que a lo mejor no queremos ir somos nosotros", explica el *mánager* del equipo José Miguel Echavarri. Gran creador de sentencias solemnes y pegadizas, se le atribuye:

"Iremos a la Vuelta por obligación, al Giro por devoción y al Tour por objetivo". Enrique Franco no querrá alimentar polémicas, pero esa frase siempre le parecerá un menosprecio muy grosero a su evento.

El fino hilo entre las conveniencias de los equipos versus los intereses de los patrocinadores. E Induráin, la gran estrella, en el medio. El navarro llega a manifestar: "Entiendo que la Vuelta es una carrera con mucha fuerza, la primera de este país. La Vuelta es de todos los españoles y está gestionada por Unipublic, que intenta sacar el mayor rendimiento posible. Hasta ahí todo correcto. Pero lo que no me gusta es que se están mezclando una serie de opiniones y conceptos que ocultan un juego de intereses. Se da a entender a la afición cosas que no son del todo ciertas. Y eso me duele".

Cuando Miguel Induráin regresa a la ronda española en 1996, la evolución de los acontecimientos deportivos no es la deseada tras un Tour de Francia en el que por primera vez en un lustro no se ha subido al primer cajón del podio. El navarro se ha proclamado campeón olímpico contrarreloj en los Juegos Atlanta, no obstante. Un resultado trascedente. Acude a la Clásica de San Sebastián y a la Clásica de los Puertos. Durante la Vuelta a Burgos, tras una tercera etapa que llega a Miranda de Ebro, se confirma su participación en la Vuelta, pero él mismo pone de relieve que es una decisión no consensuada. "Físicamente estoy bien, pero mentalmente, no. Ha sido una decisión del equipo y hay que aceptarla. Particularmente no quería correr". Esa edición será su última gran carrera y meses después, en enero del año nuevo, anuncia su retirada.

Con Pedro Delgado, años antes, también acaece una situación tensa. El segoviano, once participaciones en su carrera, doble ganador de la misma, opta por cambiar su planificación en 1988. Delgado regresa al pelotón español, tras dos años de aventura en el PDM neerlandés. Con su llegada al Reynolds-Banesto, José Miguel Echavarri y él plantean un cambio en el camino al Tour de Francia: el castellano-leonés va a optar por correr el Giro de Italia en vez de la Vuelta a España. Para Unipublic supone un inmenso disgusto. Delgado no deja de ser el segundo clasificado en la ronda gala anterior, y además español. Pero va a causar baja deportiva en la carrera de forma intencionada. Aunque la seguirá con presencia física. La Cadena SER le anuncia como comentarista. Físicamente, además, también acompaña al pelotón en el arranque desde las Islas Canarias, donde disfruta de unas jornadas de entrenamiento. El segoviano se encuentra ejercitándose en la isla de Tenerife y alguna de sus pedaladas de preparación se producen a contramarcha del recorrido de la carrera. Especialmente icónica es una imagen de la segunda etapa, en la que Delgado, circulando por un ancho arcén, sonríe mientras se cruza con el pelotón en plena competición. En el seno de Unipublic no gusta en absoluto ese momento.

Ausencias notables futuras ya no van a estar tan estrechamente vinculadas a la existencia de conflictos de intereses, sino a la complejidad de un calendario mucho más extenso, global, y a las evoluciones deportivas sobre el mismo. Con el cambio de fechas, con la evolución organizativa del ciclismo y el paso del ránking UCI al UCIProTour, y de este al UCI WorldTour, resulta especialmente curioso en el campo de los grandes nombres del ciclismo español y sus relaciones con la Vuelta: el de Alberto Contador. No se trata de un conflicto, como tal. El ciclista madrileño solo ha competido en cinco ocasiones en la ronda española y nunca ha acabado más allá de la sexta plaza final en su general. Frente al Tour, su gran obsesión, la carrera en las que más veces ha tomado parte incluso con las dos presencias anuladas para la posteridad por una sanción, la Vuelta ha sido un segundo plato. O un tercero, porque nunca ha ocultado su preferencia por el Giro de Italia. Con todo, la Vuelta le ha dado mucho.

Contador se ha impuesto en tres ediciones de la carrera, lo que le convierte en uno de los cuatro corredores con más éxitos absolutos de toda la historia. En su caso, y es una circunstancia especialmente inédita en el panorama de las tres grandes, nunca acudirá al año siguiente a defender su dorsal 1. Contador vence la Vuelta 2008 y al año siguiente el dorsal 1 lo porta Samuel Sánchez. Contador triunfa en la de 2012 y el relevo con el dorsal lo coge Alejandro Valverde. Contador se impone en la de 2014 y en 2015 lo porta Chris Froome. Contador crea momentos trascendentales, como su ofensiva camino de Fuente De de 2012 o el revolcón de la etapa camino de Formigal de 2016 en la que Nairo Quintana refuerza su éxito sobre Chris Froome. De las seis etapas en la ronda española, dos victorias son en el Angliru. Y la última, la de 2017, su último éxito como profesional. "Era mi última oportunidad para despedirme con una victoria. Conseguirlo en esta cima fue un sueño hecho realidad. El Angliru es el puerto que me permitió poner fin a mi carrera como el mejor recuerdo posible. Es el puerto con la mayor carga emocional de toda mi carrera", dice.

La Vuelta actual agradece siempre la participación, vive asentada en una espiral de recurrencia al tópico de la 'mejor participación de la historia' desde un prisma mediático. Pero, sobre todo, sin estar acomplejada. Varias han sido las décadas de ausencias notables y desdenes reincidentes. Cada época tiene sus circunstancias y el pasado no se puede juzgar con los conocimientos del presente, pero el cambio de fechas es un revulsivo. Y un punto y aparte. A partir de ahí, si la pretensión es querer a los mejores, el discurso oficial apela a la posibilidad de hacer dos grandes al año. A mediados de enero de 2025, a varios meses vista, el danés Jonas Vingegaard confirma que, si sus planes se desarrollan como han previsto, si no hay caídas, lesiones o desgracias, acudirá a la Vuelta de 2025. Doble ganador del Tour de Francia, némesis deportiva de un Tadej Pogacar al que ha sido capaz de doblegar, Vinegaard hace un anuncio de participación que, en otro tiempo, no tan lejano, era impensable. Y ese, posiblemente, es un gran termómetro para medir la actual salud reputacional de la Vuelta. Una organización deportiva, del deporte que sea, quiere a los mejores en su parrilla de salida. Y el ciclismo no es una excepción. Algunas pruebas no tienen problema. Por pedigrí, por ubicación, por interés, por capacidad seductora, por músculo económico, por relaciones públicas. Otras, se lo han tenido que *currar*.

"Ganar el Tour es lo más grande, justifica no un año, sino una carrera deportiva, pero ganar el Giro, la Vuelta o los cinco monumentos es también muy importante, y ahí tenemos que jugar nosotros: después del Tour, Giro y Vuelta somos los más valioso", defiende Javier Guillén. Y preguntado sobre si el Giro, por tanto, es la competencia directa de su carrera: "El Giro es una grande, una cita histórica que yo miro con envidia por la identificación que existe entre el público y la carrera. Hoy por hoy, el ciclismo no es competencia. Cuanto más grande sea el Giro, más tejido ciclista haremos. La competencia con el Giro se puede medir más en cuestión de participación. Lo que yo creo que debe hacer el ciclismo es que casi todos los grandes estén en todas las grandes, y con esto me refiero a Giro, Tour, Vuelta y los cinco monumentos. Partiendo de la base de que es imposible que un mismo ciclista pueda estar en las tres grandes con opciones de victoria en cada una de ellas, lo que yo pido es que esté en dos de las tres. Como en el Tour siempre van a estar, estaría bien que se turnasen entre el Giro y la Vuelta. Si eso lo miramos a largo plazo, es bueno para todos: que un mismo corredor gane siempre la misma grande está bien, pero no es lo deseable. Ahora bien, que un corredor gane muchas de las grandes eso ya es diferente".

BARCELONA

"Si suspendes una etapa como esta porque llueve, cada vez que hubiera lluvia habría que suspender la carrera. Por esta regla de tres habría temporadas en la que se tendría que suspender la Vuelta al País Vasco al completo y clásicas como la París-Roubaix o la Lieja-Bastoña-Lieja. Llueve en el 30% de las carreras y, por tanto, habría que suspenderlas todas. El deporte tiene un riesgo y hay que aceptarlo. Correr con 35 grados en Béjar, eso sí es inhumano"

(Álvaro Pino, 1995)

La tensión. La adrenalina. Un intenso trabajo recién hecho. El belga Remco Evenepoel que gesticula y blasfema. No hay apenas luz. La culpa, de una tormenta. Un oscurecimiento sobrevenido. Un cabreo en la penumbra con las cámaras en riguroso directo. Unas luces urbanas que no se encienden para mitigar la falta de visibilidad. Hasta por la tele es evidente. Las condiciones son reguleras. En absoluto parecidas al precedente nocturno, ese sí que buscado y pretendido, del arranque en la noche de Sevilla de 2010. En Barcelona, que vuelve al recorrido tras once años, la Vuelta arranca con un traspié reputacional. Cosas que pasan. Pero Evenepoel, el niño prodigio, dorsal 1, muestra su enfado. Dos días después en Arinsal se irá al suelo tras ganar la etapa, celebrarla, dejarse un poco ir y no frenar a tiempo en un espacio tampoco especialmente generoso, y chocar con alguien de la organización local. Más allá del lance, esa es otra buena señal de la Vuelta en estos días es que los ganadores de los años anteriores hacen por volver. Mejor o peor. Más o menos enchufados. Pero vuelven. Evenepoel se anota su primera gran vuelta por etapas en la Vuelta 2022. Y el dorsal 1, cumple. Podría ser un formalismo, podría ser un trámite, podría ser un gesto con algún tipo de acuerdo detrás. O simplemente un cambio de planes a una temporada que no ha resultado como se esperaba en el Giro. Podría ser todo eso. Otros corredores, no hace tanto, no siguen ese ejemplo.

La de Barcelona y la Vuelta es otra relación intensa. Barcelona es la cuna de la Volta a Catalunya, una de las tres pruebas por etapas más veteranas del calendario mundial. Y también se dan días lejanos, a caballo entre el deseo y la indefinición, en los que puede serlo de la Vuelta a España. Esa vía nunca se despeja, la ronda española no cristalizará hasta 1935 y, con todo, Barcelona no faltará a su cita con el recorrido. La Ciudad Condal, desde ese estreno, es una escala recurrente durante lustros. Entre 1935 y 1978, solo hay una edición en la que la caravana de la ronda española no visita la capital catalana. Es en 1974, cuando la Península se remonta a través de las dos mesetas.

Con el diario *Informaciones*, con *Ya*, con *El Correo*. Da igual. Barcelona es uno de los santuarios geográficos de la carrera. Por afición. Por pasión. Etapas en líneas, contrarrelojes, jornadas con doble sector salpimentadas con lo anterior. Metas en una montaña mágica, en un Paseo de Gracia. Fiestas del ciclismo en las que Montjuïc es visita recurrente, pimienta orográfica para los ases del pedal. En Barcelona han dejado su impronta grandes nombres. Allí se impone el suizo Hugo Koblet en 1956. Allí ha ganado antes Delio Rodríguez en 1942. Y Dalmacio Langarica en el 46. Allí triunfa el belga Rik Van Looy en 1958 y en 1959. Julio Jiménez, el también belga Freddy Maertens, el francés Bernard Hinault, más recientemente el galo Laurent Jalabert o el belga Philippe Gilbert. Una nómina de prestigio. Extensa. Con pedigrí.

Cuando la Federación Española de Ciclismo y Unipublic, Luis Puig y Enrique Franco al frente, evitan la desaparición la Vuelta en 1979, la edición gestada en menos de tres meses, la relación entre la Ciudad Condal vive un punto de inflexión. Frente a las treinta y dos visitas del período anterior, desde 1979 se producen apenas siete. Y en este camino, más bien travesía del desierto, la tónica más habitual será la de la polémica y el sinsabor. Y eso cuando no, directamente, el desencuentro. La Vuelta llega a programar etapas, presentadas, valoradas, que acaban saltando al universo de las quimeras. Etapas imposibles, asfixiadas entre problemáticas. Las prioridades cambian. Los intereses se diversifican. También el menú de la propia carrera. Los relatos que antes eran aceptados, después ya no lo son tanto. Curiosamente Unipublic cuenta desde los años ochenta con una delegación en Barcelona capital. Y uno de los hombres fuertes del cuerpo organizativo es barcelonés, como también paisanos son muchos miembros de la caravana que acompaña esta procesión ciclista durante el curso de los años.

Incluso con la Vuelta aferrada a los nuevos bríos aportados por la frescura de la espectacularidad que trae consigo el Angliru, estamos en 1999, incluso ahí Barcelona y la Vuelta sufren. No es culpa de ninguna de las dos instituciones, ni del ayuntamiento ni de la carrera. Tampoco de la afición. Al final es una situación sobrevenida gestada en el seno del pelotón. Por el frío. Por el agua. Por la peligrosidad del circuito propuesto. Esa edición programa una etapa en el circuito de Montjuic. Jornada 14 de una prueba que viene de los Pirineos. El alemán Jan Ullrich porta el jersey oro, el remozado maillot de líder que busca un punto de distinción frente al amarillo tradicional 'influ-herencia' del Tour de Francia. El alavés Igor González de Galdeano, segundo, se encuentra a 49 segundos. Roberto Heras, un bejarano que en esos años establecerá su residencia precisamente en Barcelona, viaja tercero a más de dos minutos y medio.

Es peligroso, dicen unos. Otros se dejan llevar. Ni un equipo vinculado a la organización como el Fuenlabrada-Cafés Toscaf puede hacer de dique. Se sale, no se sale. Alguna voz, anónima, sugiere que se deje a los miembros del Fuenlabrada-Cafés Toscaf y a los del Amica Chips-Costa de Almería entrar primeros, a lo Motorola en el Tour 1995 en recuerdo del italiano Fabio Casartelli, para honrar la memoria de Manolo Sanroma y Almicare Tronca, ciclistas fallecidos en los meses previos tras sendas caídas.

El periodista José María García, cuentan, se afana en primera persona en evitar que el sabotaje se concrete. La organización por su parte accede a quitar el tramo que pueda resultar más peligroso. Parece que se sale, pero un momento dado se esboza una plantada. Algunos, unos pocos, siguen. Sin querer mirar hacia atrás. Etapa, sí. General, no. Boicot. Vergüenza.

Bochorno. El italiano Fabio Roscioli, el hombre que se encaramará un año antes en las rampas del Xorret de Catí, el de las 'eses' para mantener el equilibrio y gestionar las pendientes de dos dígitos, es el ganador de la etapa. Roscioli corre para el Amica Chips-Costa de Almería, una especie de *joint venture* italo española que cuenta con el veterano andaluz Miguel Moreno en la dirección. Él es de los que no para, aunque hubiera estado por la labor según esboza a toro pasado. "En un principio respaldé la decisión del pelotón", dice. "Después me di cuenta de que cada cual iba a su aire y, tras el acelerón de los corredores del Mapei, cuando se iba a producir el parón, no dudé en meterme entre los primeros". Roscioli la califica como la victoria más importante de su carrera. Su director, por su parte, manifiesta con crudeza: "Un día muy triste para el ciclismo, especialmente para la Vuelta a España. No entiendo el comportamiento de los corredores. En esta ocasión se han pasado. No quiero hablar de 'esquiroles', pero hemos dado un pobre espectáculo que no beneficia en nada al ciclismo español. Ha quedado claro que vamos todos por libre".

"Llevo muchos años al frente de la Vuelta y nunca he vivido una situación así", explica Enrique Franco, máxima autoridad en la organización, recién incorporado a la carrera tras unos días de reposo en su casa por motivos de una salud que comienza a mostrar achaques. El madrileño gasta mucha saliva en tratar de explicar lo inexplicable. "Me parece bochornoso el espectáculo que se ha dado. No hemos tenido más remedio que recortar el circuito y las vueltas. No es nada sencillo montar una etapa en Barcelona o en otro lugar en domingo. La situación era muy fácil para mí: hacer la etapa o hacer la maleta. No se puede hacer el paripé y engañar al aficionado, como ha hecho en esta ocasión el pelotón. No sé quiénes son los culpables, pero la organización no lo es. Sabían de antemano el recorrido y la posibilidad de lluvia. Hemos tenido, me incluyo, tiempo más que suficiente para buscar una solución". "Hay que respetar todos los puntos de vista, pero no me han gustado estas cosas. Si se toma la salida, se toma con todas las consecuencias", dice desde la dirección del ONCE-Deustche Bank el cántabro Manolo Saiz.

Algunos señalan al escalador italiano Leonardo Piepoli, otros al esprínter alemán Marcel Wust, también al italiano Paolo Bettini. "Casi todos eran italianos", nos confirman varios de los corredores que compitieron en aquella edición. "Lo siento por los aficionados, pero no era el mejor escenario para dar un buen espectáculo debido a la lluvia y a lo complicado del circuito. Los ciclistas también tenemos nuestros derechos. No soy el cabecilla del pelotón. Lo mío no es la política. Únicamente me he dedicado a transmitirle a los compañeros cómo estaba la situación", señalará el esprínter alemán por entonces ya en el equipo Festina. Una imagen del día emerge como icónica, más incluso que la del ganador de la etapa: Ullrich, líder, con manguitos y un chaleco del Telekom cubriendo el maillot de líder, aguarda la evolución de los acontecimientos manteniendo el equilibro sobre su bicicleta apoyado en las vallas proyectoras y con una mirada perdida, fría, libre de pensamientos profundos.

El circuito de Montjuic, tantas veces escenario de pugnas espectaculares, no es nuevo en estas dinámicas tan negativas. Ya en 1995, en la primera edición de la ronda española en septiembre, se dan los jaleos. En la montaña mágica, magia negra. La Vuelta viene remontado el levante con destino hacia los Pirineos, donde aguardan Pla de Beret y, previo paso por su majestad el Tourmalet, Luz Ardiden. El mismo menú que en 1992. Antes, fijada para el domingo 17, un circuito barcelonés con muchos resabios mundialistas. En 1973 y en 1984 la lucha por el arco íris se dirime en estos mismos escenarios. La decimoquinta etapa de la carrera plantea once vueltas a un trazado de catorce kilómetros. No se ha completado ni el primer giro cuando una caída afecta a varios corredores en un tramo muy ancho que comparte, separados por conos, los dos sentidos de la carrera. Entre otros un Artiach, un Castellblanch, un Gewiss-Ballan, un Kelme. La incidencia de Asiate Saitov, Alfredo Irusta, Vladislav Bobrik y Juan Carlos Domínguez agita las conciencias. Y alimenta conspiraciones.

El esprínter italiano Nicola Minali se baja, tranquilo con sus tres éxitos parciales cosechados en Logroño, Zamora y Marbella. El desarrollo de la prueba se bloquea. El pelotón viaja a un ritmo tranquilo. El circuito se convierte en un carrusel. "Los corredores estaban un poco molestos por la dificultad que entrañaba el circuito. Aunque todos lo conocían, no es lo mismo un critérium de treinta ciclistas que todo un pelotón. En principio hubo una pequeña protesta, pero hablamos sobre la marcha y se acordó que después de cuatro vueltas ya se había dejado constancia de lo que se pretendía y se disputó el resto de la etapa con normalidad", explicará José Luis Laguía, portavoz del colectivo tanto a nivel nacional como, elegido en la víspera, mundial. "Si salimos a toda pastilla desde el principio, la organización habría tenido que repescar a más de cincuenta corredores", le cuenta Maximino Pérez al periodista Julián Redondo. Otra lectura.

Con la normalidad, la combatividad. Muchos conatos de fuga, muchas alternativas y la campana de la última vuelta suena con el letón Piotr Ugrumov y el suizo Mauro Gianetti en cabeza. Coyuntura. Laurent Jalabert, Michele Bartoli, Jesús Montoya, Melcior Mauri o Orlando Rodrigues siguen alimentado la huida hacia adelante. El triunfo acaba en el zurrón de Jalabert, que lidera la carrera con mano de hierro y el apoyo de un ONCE compacto como pocos. "Hay mucho ciclista fundido, mucho corredor desmotivado, mucho pedalista que a estas alturas tiene la mente puesta en el Caribe y no en la competición, aunque a final de mes no perdonará el sueldo debido a su cansancio", reflexiona el periodista de Lozoyuela. Es la primera edición en septiembre. La autocrítica es importante. Alberto Gadea admite que, en vez de los conos, lo suyo hubiera sido recurrir a la instalación de vallas. El temor al viento, y la posibilidad de que las pudiera tirar, invita a tomar esa decisión y no otra.

En 1995, mal, aunque con matices; en 1999, mucho peor. "Han insultado a Barcelona y a su afición. Es vergonzoso que una ciudad que corta las calle durante cinco horas tenga esta respuesta", insiste Franco. Recuerda que Wust fue uno de los muchos repescados dos días antes, en la etapa con final en Arcalís. "En la Escalada a Montjuic vienen cobrando y si llueve da lo mismo, porque disputan igual. Me vuelvo a mi casa a tomar una sopa, un café y un puro", le añade al periodista Santi Durán sobre su incomprensión. Miguel Induráin, que ese día acude a la carrera para realzar la ceremonia del podio, tampoco esconde cierto asombro por lo vivido: "A los ciclistas no hay quien los arregle. La organización quitó el trazado peligroso. Seguía habiendo riesgo, pero otras veces hemos corrido. No puede ser que se discuta delante de todo el mundo".

Discretamente, en voz baja, o desde un segundo plano, algunos corredores se aferran al desgaste del clima de los días previos. En la etapa con final en Los Corrales de Buelna, una lluvia muy intensa y un viento por momentos muy fuerte complican los kilómetros finales. El paso por el Collado de Cieza, sobre todo su bajada, incrementa la tensión. "A veces impresiona ver cómo la carretera se convierte en un río", dirá un Abraham Olano que no será de la partida en Barcelona por culpa de la fisura en una costilla producida en una caída en la bajada del Alto del Cordal, el día del Angliru, que le condena en los Pirineos. El jaleo de Barcelona alcanza tales dimensiones que los 94 kilómetros finalmente disputados no cuentan con el soporte de voluntarios en muchos puntos porque un buen número de estos colaboradores altruistas piensan que la etapa ha sido oficialmente anulada.

Ante el agravio, la debida reparación. El obligado resarcimiento. A la ciudad y a sus autoridades. La Vuelta del año 2000 quiere compensar a la afición de la Ciudad Condal y no de cualquier manera. Para ello, en el contexto de una edición que programa una crono final en las calles de Madrid, Unipublic dispone de otro compromiso de lucha individual contra el reloj que tenga como escenario Barcelona. La etapa es una de las aparecen en el mapa durante la presentación oficial, en diciembre de ese 1999. Pero la, aparentemente, excelente idea se transforma en un arma de doble filo para los intereses de la organización. La idea original esboza una etapa de 38 kilómetros, distancias que no siempre acaban siendo absolutas cuando se desarrolla el libro de ruta y cuando las autoridades de tráfico, o las evoluciones de las obras públicas u otras incidencias, imponen su última palabra. Pero desde la plaza de Sant Jaume, sede del consistorio, no se termina de ver claro el asunto. La Vuelta de este año es la primera desde el salto a septiembre que se comienza a asomar al mes de agosto: con su inicio previsto para el sábado 26, la fecha del 3 de septiembre se antoja compleja por la operación retorno tras las vacaciones estivales de muchos ciudadanos. Los técnicos del consistorio que encabeza por entonces el socialista Joan Clos plantean una reducción de unos trece kilómetros para atenuar al máximo la incidencia sobre la previsión de tráfico. A comienzos de julio tanto Alberto Gadea como Manuel Díaz acuerdan con el ayuntamiento de Tarragona que la crono finalmente sea en esta ciudad. La mudanza se cierra con una rebaja económica. La necesidad, por un lado. La oportunidad, por otro. La problemática del tráfico es la misma, aunque no es comparable la cantidad de población de ambas realidades geográficas.

Las casuísticas posteriores a la salida de *El Correo* de la organización, sin duda son mucho más amables. Escala en 1982, con una soleada etapa de 143 kilómetros que presenta cinco vueltas al circuito de Montjuic, y final en cuesta donde el más rápido es José Luis Laguía y en donde son testigos de excepción Eddy Merckx y Joan Manuel Serrat, el interés por el retorno de la carrera a la ciudad se revitaliza a partir de 1985. Barcelona, en ese momento, ya está inmersa en la pugna por convertirse en sede olímpica. El 17 de octubre del año siguiente, cuando Juan Antonio Samaranch pronuncie en Lausana aquello del «À la ville de...», aún queda lejos. Pero todo un espíritu se cuece alrededor de la pretensión y el anhelo. Desde la capital catalana se propone una etapa de motivación olímpica que se concreta meses antes del anuncio. La carrera ha partido en esta ocasión desde la isla de Mallorca, donde ha disputado dos etapas. Vía marítima se traslada a la península para una tercera fracción con inicio y final en Barcelona. El 24 de abril, jueves, cristaliza la vuelta de la Vuelta. Pero su materialización es un tanto incómoda. La meta se ubica en la Avinguda Rius i Taulet, muy cerca de la Fuente Mágica de Montjuic y tras un paso por el alto del castillo, pero la previsión original no es respetada por la Guardia Urbana, que en su despliegue comete alguna imprecisión e incurre en alguna modificación del recorrido final.

El retorno no tarda en volver a concretarse. Pascual Maragall, alcalde de la ciudad, reflexiona: "Barcelona debía enfrentarse a un examen decisivo para su proyección deportiva, urbanística, económica, tecnológica y ciudadana hacia el futuro". En 1987, quinta etapa, triunfa una fuga en la que el italiano Roberto Pagnin bate al francés Henri Abadie tras casi 150 kilómetros de aventura. Una fracción que aporta la preocupación por el estado de salud del colombiano Segundo Leopoldo Chaparro, quien llega a sufrir un fuerte traumatismo craneal tras verse involucrado en una caída e impactar violentamente, cuentan, contra la rueda de un tractor. La meta, en esta ocasión, se sitúa en el velódromo de la Vall d´Hebrón. La experiencia supone un hasta luego de la ciudad para con la carrera. Barcelona se centra en los preparativos olímpicos y mira a otros muchos deportes, aunque su alfoz sí recibirá bien la caravana bien su logística en años venideros. En ese camino, Unipublic llega a negociar con diferentes autoridades para llevar el final de la carrera a la Ciudad Condal en su edición de 1992. Un homenaje absoluto a su inminente estatus olímpicos. Y una hermosa diferenciación con mucho contenido para la prueba. De esta idea, de este proyecto, se escuchan comentarios durante las primeras jornadas, las canarias, del año 1988. No se trata de una improvisación. Aunque no se dará el acuerdo.

Con todo Barcelona es escenario, y su afición testigo privilegiada, de momentos vibrantes en la historia de la Vuelta. Quizás uno de los más destacables fuera en 1956. Son días en los que las escalas acogen finales en línea, pruebas en su circuito de Montjuic que a recurrentemente son contra el reloj, y salidas. El 5 de mayo, en la víspera de una crono por equipos, la novena etapa se resuelve en un competido y apretado esprint entre el suizo Hugo Koblet, el belga Rik Van Steenbergen, el español Miguel Poblet, quien es de la provincia, y el italiano Padovan. "Gusta mucho a todos los corredores una victoria, y más si esta se produce en una ciudad como Barcelona, de la que guardo muy buenos recuerdos. Daba gusto ver a los miles de aficionados a lo largo del circuito y este entusiasmo al final de la carrera. Sé que he roto muchas ilusiones, pero en las carreras todos vamos a ganar. Y hoy yo ansiaba el triunfo, al menos tanto como el propio Poblet", dice el helvético tras anotarse ese éxito. Un triunfo que al final es la impronta particular dejada en el palmarés de la carrera por parte de uno de los grandes de la historia. Al día siguiente, doble sector. Crono por equipos en Montjuic matutina donde se impone la Francia capitaneada por Loison Bobet y 133 km más tarde entre Barcelona y Tárrega con Los Bruch y la Panadella en su recorrido como dificultades orográficas.

Aunque un primer 'antecedente' a los jaleos se puede encontrar en 1969 y está directamente conectado con la movilidad urbana. La carrera llega a una capital catalana colapsada por el tráfico y esto le aporta un importante grado de incertidumbre al entorno de la competición. Superficialmente el periodista Julián de Sollube habla de "entrada llena de complejidades". Son días de mucho optimismo en lo vehicular cuando arriba la ronda española a la ciudad el día 3 de mayo. De primeras, por la celebración del Gran Premio de España de Fórmula 1 en el circuito de Montjuic el domingo 4. El trazado barcelonés acoge por primera vez esta competición desde el retorno del Gran Premio de España al calendario mundial, que ha cristalizado un año antes con una escala en el circuito del Jarama. La pista madrileña y la catalana se van a ir alternando en el hospedaje de la prueba hasta mediados de los setenta, cuando un grave accidente acaece en Montjuic: un monoplaza que pierde el control, impacta contra un lateral y arrolla a una docena de personas; cuatro espectadores pierden la vida.

Desde un prisma más amplio, el entusiasmo con lo motorizado que se encuentra la Vuelta 69 también bebe del reciente Salón del Automóvil de Barcelona, que finaliza unos días antes. De la factoría de SEAT acaba de salir el modelo 600 medio millón, la marca encara el millón de vehículos fabricados y, dada la celebración de una feria automovilística que concluye unos días antes de la llegada de la carrera, se celebran diversos fastos. Uno de los más especiales es la concentración de las unidades más veteranas en servicio, todas matriculadas en 1957. Entre los participantes, y bajo notario, se sortea esa unidad medio millón que recae en Ángeles Costa, propietaria de un Seiscientos matrícula de Badajoz 9585 y con residencia en Madrid. En esa llegada a Barcelona logra su última victoria en la carrera, la quinta entre todas sus participaciones, el cántabro Manuel Martín Piñera. Camino de los 38 años, que cumple en junio, el de Cabezón de la Sal siempre las logra desde la fuga. Otro caso singular de la nonagenaria historia de la carrera.

ESTÉTICA

"El guepardo y el ciclista tienen similitudes: la velocidad, la posición en carrera y ambos corren por la naturaleza".

(Custo Dalmau, 20210)

La música, el dibujo, la pintura, hasta la escultura, el diseño o el arte de trabajar el vidrio, por supuesto también la fotografía, son algunos campos sobre los que, quién lo diría, la Vuelta, tiene algo que contar. A lo largo de estos noventa años, la ronda española ha propuesto estéticas diversas en los más variados campos dentro de sus diferentes necesidades promocionales. Y paralelamente también ha sido capaz de generar inspiraciones para otras inquietudes. Es la vertiente más artística de la prueba, su aportación más calológica y ornamental. Susceptible a estilos y a tendencias. Creadores como Custo Dalmau o Ágatha Ruíz de la Prada han concretado su particular aportación tanto al textil como a los galardones materiales vinculados a la Vuelta. La relación de la diseñadora madrileña con el ciclismo también ha llegado a la caravana del Tour de Francia de la mano de uno de sus patrocinadores y esta misma firma, Carrefour, le solicitó su creatividad para alumbrar una serie, numerada, de prendas y accesorios con motivos de la edición 2023.

Lo de la Vuelta y las inquietudes de índole estética se remonta hasta su génesis. Su primer ganador, Gustaaf Deloor, es un gran aficionado a la pintura, autodidacta, y alguna de sus obras cuelgan en la capilla de la Santa Cruz de su natal Barrio Español de

De Klinge. Delante de este pequeño templo del Spaanskwartier, en un espacio urbano que recibe el nombre de plaza de los hermanos Deloor, gebroeders De Loorplein en flamenco, se levanta una escultura obra de Hugo De Rudder. El artista, fallecido en 2010, concibe una pieza que expone en la galería de arte Kunst 22 del cercano Sint-Gillis-Waas, una obra inspirada en las andaduras tanto de Gustaaf como de su hermano Alfons en la Vuelta a España de 1935 y 1936. El consistorio la adquiere poco después de su muerte. Esa obra, visitable hoy en día en las calles de De Klinge, será bautizada por De Rudder como 'Vuelta'. No se trata de un caso aislado. En la también belga Machelen, en el lateral de una rotonda donde confluyen la Hoevestraat y la Dorpstraat, puede encontrarse una escultura urbana que recuerda a Franz de Mulder, ganador de la carrera en 1960. La hermosa pieza es inaugurada en 2010, cuando se cumple el cincuenta aniversario de este logro deportivo, aunque su protagonista falta: De Mulder ha fallecido en marzo de 2001. Una iniciativa de Marc Devlieger con la colaboración de su hijo Alain De Mulder que cuenta con el soporte del pintor Roger Raveel y del escritor y poeta belga Roland Jooris. Por el lugar donde es instalada, en octubre de 2010, ha pasado el pelotón de la De Ronde en los últimos años.

La ronda española también ha sido postal, y no solo por la década larga de afecto de una caja de ahorros con ese apellido, también en el sentido más filatélico. Sobres, sellos o postales son algunos de los productos que han visto la luz durante diferentes momentos de las últimas décadas. En 1995, en el contexto de la primera edición asentada en el mes de septiembre, Unipublic pone en circulación una tarjeta postal especial. La razón determinante de este lanzamiento no es realmente la mudanza en el calendario, sino el medio siglo de vida de la prueba desde su creación. Un cartel del pintor catalán Josep Puigmartí i Prats festeja este cincuentenario. Y correos, que es un patrocinador recurrente de la carrera, ha lanzado en diversas ocasiones sellos alusivos a la Vuelta. Sin ir más lejos, en 2024 pone en circulación varias etiquetas franqueadoras ATM. Sin tratarse de estampas en sentido estricto, pero con un componente de coleccionismo evidente, capaz de superar su razón de ser primigenia como juego de azar con el que financiar proyectos sociales en la diversidad funcional y cognitiva, con ese componente, también se pueden encontrar multitud de ejemplos de cupones de la ONCE, una entidad que durante muchos años vive intensamente el ciclismo.

En cuestiones cinematográficas la Vuelta no puede presentar un *portfolio* tan potente como el del Tour de Francia o incluso el Giro de Italia, pero aun así dispone de su pequeño catálogo. Louis Mallé, Mario Mattoli Michael Pfleghar o Joel Santoni han sido algunos de los directores que se han empleado a fondo en captar de otro modo la ronda gala y la transalpina. Y aunque la Vuelta no ha tenido esa dimensión cinematográfica, también ha sido capaz de inspirar alguna historia. Y esto ya sucede a mediados de la década de los años 40, tiempos de propaganda y discurso oficial. En 1946 el francés Pierre Carron estrena *Por el gran premio*, una película con muchas escenas grabadas durante la edición 1945 de la Vuelta y con un transfondo muy ciclista. Sin embargo, posiblemente la más destacada sea la animación japonesa de 2003 *Nasu: Andalusia no Natsu*, de Kitarō Kōsaka. Los acercamientos de espacios televisivos documentales, como el *Conexión Vintage* de Paco Grande en Radio Televisión Española, o los pellizcos que llegan a través de los días menos pensados en nuevas plataformas de contenidos sí han permitido nutrir este campo más allá de las retransmisiones en directo y de sus resúmenes.

Aunque en esta parcela audiovisual emerge una pieza de 1969 que, si disculpan este arranque de subjetividad, es una de las grandes joyas sobre la ronda española por su más que evidente sentido estético. Algo más de diez minutos absolutamente mágicos, a todo color, que se acercan a las evoluciones deportivas en la victoria del francés Roger Pingeon sobre el conquense Luis Ocaña. Una obra con la firma de Juan Manuel de la Chica y el respaldo del No-Do. Con motivo de la carrera, un equipo de la 'Revista Imágenes' se acerca a algunas etapas para captar momentos, instantes y secuencias con el objetivo de alimentar 'Imágenes del Deporte 8', la revista audiovisual vinculada a la temática del 'sport' que produce desde 1968 hasta 88 reportajes vinculados al mundo de la actividad física. Las tomas de Emilio García de Castro, planos-detalle sorprendentes, planos medios sugerentes, cobran una entidad especial con un montaje que cuenta con el asesoramiento de Matías Prats y Antonio Valencia.

Por su cantidad, por el acumulado en el tiempo, y por la variedad artística y carológica, el de la cartelería es uno de los campos artísticos más reseñables que presenta la Vuelta. Tampoco es único. Simplemente es especial. Y trasciende el deporte: permite ver la evolución de un territorio, de un país. Publicidad Pregón, una agencia creada en Bilbao en 1952, trabaja con la organización entre 1960 y 1977, un ciclo en el que se encarga de tutelar y coordinar la caravana publicitaria y, también, la confección de la imagen corporativa de cada edición. La agencia colabora en este período con diversos autores, como Eusebio Güenaga en 1960, que plasman sus criterios estéticos con el condicionante de la tipología de prueba y sus recorridos. En su vigésima edición, coincidente con el trigésimo aniversario de su nacimiento, Don Quijote es el protagonista principal del trabajo gráfico. Toda una evocación a la naturaleza errante y a la triste figura fruto del esfuerzo. O al hecho de que, ante la primera subida de más de dos mil metros de altitud nunca antes afrontada por la carrera, en el marco de un etapón entre Barcelona y Andorra, los ciclistas son quijotes.

La cuestión de las mascotas, su adopción, su elección, también plantea lecturas de índole estilística muy relevantes en lo que a la Vuelta se refiere. Aunque el fortalecimiento del fenómeno bebe de unos tiempos donde las iniciativas son exógenas. Anda mediado el mes de marzo de 1988 cuando el Comité Organizador de las Olimpiadas de Barcelona (COOB) presenta oficialmente sus logotipo y mascota de cara a los Juegos de 1992. La Ciudad Condal había sido designada sede el 17 de octubre de 1986 y desde entonces se habían sucedido toda una serie de anuncios y novedades vinculadas al estilismo corporativo. La cuestión de las mascotas no es novedosa. En los Mundiales de Fútbol de 1982 Naranjito y toda su tropa han abanderado el protagonismo de este rol. El rompedor perrete cubista diseñado por Javier Mariscal, que tendrá que esperar hasta junio para conocer que se llama Cobi, hoy en día es todo un icono más respetado, pero en su momento no genera unanimidad en la aceptación. De igual manera, un año después, en marzo de 1989, los promotores de la Exposición Universal de Sevilla apuestan por un diseño del alemán Heinz Edelman como mascota oficial. Se llamará, y será así más en honor al perrete del autor que al torero sevillano Curro Romero, como se bromeó, se llamará Curro. El final de la década de los ochenta del siglo XX, visto lo visto, y con el impulso de los grandes acontecimientos que están por venir en España, supone un caldo de cultivo excelente para alumbrar una mascota oficial. La Vuelta a España no se queda con los brazos cruzados.

Hasta ese momento la ronda española nunca ha tenido una mascota oficial, como tal. Por la caravana sí han figurado previamente algunas experiencias, más vinculadas a la comitiva publicitaria que rodea el desarrollo de la competición y a acciones promocionales. En 1982, por ejemplo, la firma del sector de la caución Seguros Velázquez introduce a Cloti. Este insecto, entre la hormiga y el saltamontes con más de la primera que del segundo, aparece montado en una bicicleta y luce hasta rastrales. "Corre camino de convertirse en la mascota de próximas ediciones", se llega a augurar. Cloti apadrina un curioso concurso diario: escondida o presente cada día en un elemento de la caravana, desde un coche a una bicicleta, aquel que le encuentre se llevará un premio de 5000 pesetas. Seguros Velázquez es una empresa muy comprometida con el deporte que también va a estar presente en otras disciplinas, como el baloncesto, pero con Unipublic colabora intensamente durante toda esta década y parte de la siguiente; en ese momento se fusiona con la otra empresa de Royal International Insurance Holdings con presencia en el mercado español, dando lugar a la actual RSA España. Velázquez Compañía Española de Seguros y Reaseguros, creada en 1943, había sido adquirida en 1988 por el gigante británico de este sector.

Son buenos años paras las mascotas; se percibe en estas una valía que las convierte en algo más que mera pertinencia: son necesarias. Aportan un plus. Es también un momento en el que el león del Tour de Francia, símbolo de su principal patrocinador que es instaurado en la edición de 1987, lleva años siendo un preciado objeto de deseo. A la luz de ese león, la Vuelta necesita algún tipo de mascota. De cara a 1990 la Vuelta presenta a Íris, una obra creada por el estudio madrileño de diseño gráfico y servicios creativos Walter Lance. Íris es una especie de ofidio que luce los colores de arcoíris, el mismo concepto que en ciclismo designa al campeón del mundo, y cuya postura corporal se asemeja a la de una letra "uve". Sus grandes y abiertos ojos y su sonrisa le confieren un aire simpático, cercano. Tipográficamente, además, Íris se acompaña de un "Vuelta a España" en el que los caracteres que componen el nombre del país, a un tamaño menor, se distribuyen en el interletrado principal. Si al pelotón le denominan 'serpiente multicolor', Íris es su representación más literal.

Una imagen corporativa novedosa, fresca y también versátil, porque se mueve entre el logo y la mascota. Un avance que llega con fuerza: Íris preside la portada del libro de ruta de la edición de 1990, que se disputa entre la localidad castellonense de Benicassim y Madrid; también es la protagonista de varios anuncios de patrocinadores de la prueba, lo que refuerza sin duda su legitimidad. Más allá de cuestiones estéticas de gran fondo, Íris es un diseño triunfador. La serpiente acompañará a los ciclistas, y estará presente en los medios técnicos de la carrera, durante una década, en gran parte porque Walter Lance también se encarga de la concepción y el desarrollo de la cartelería. "Cada vez que esta serpiente pedalea, *Diario 16* le informa", presume el histórico rotativo madrileño que para entonces ha visto como la editora de *Le Figaro*, Hersant, ha entrado con fuerza en un accionariado donde se mantiene fuerte el periodista Juan Tomás de Salas. Cuando Unipublic presenta el recorrido detallado, a finales de enero de 1990 en Benicasssim, el enviado de la Agencia EFE escribe: "Otra de las novedades es la creación de una mascota para la carrera española, que cambiará todos los años. En esta ocasión tendrá forma de serpiente trazando una V con los colores del arcoíris".

Afortunadamente Íris no va a tener una fecha de caducidad tan temprana y su existencia se extiende hasta 1998, si bien es verdad que los patrocinios del Gran Premio que llegan por parte de Xacobeo 1993 traen consigo la estética figura de Pelegrín y le restan autonomía. Esta obra del diseñador gallego Luis Carballo alcanza una rápida popularidad mundial. Un diseño simple, por apostar por figuras geométricas sencillas, y muy colorido donde no faltan dos elementos clave de la iconografía del peregrino como son la calabaza y el bordón. Pelegrín es un fijo de la caravana de la Vuelta durante algunas ediciones y, desde este punto de vista, puede considerársele una especie de mascota adoptada. Dada su vecindad con Íris entre 1992 y 1993, puede afirmarse que, a falta de una, la Vuelta llega a tener dos mascotas durante un par de ediciones. Íris es más estático. Pelegrín, por su parte, protagoniza las cortinillas introductorias de la retransmisión televisiva y figura en muchos espacios vinculados a la infraestructura de la carrera.

De cara a 1999 Unipublic jubila a la simpática culebrilla, pero mantiene su colaboración con Walter Lance. La agencia idea un nuevo logotipo, mucho más centrado en exclusiva a una imagen de marca. Una representación dinámica que evoca a un ciclista en pleno esfuerzo. Este logo, que juega con los colores de la bandera, también protagoniza el cartel de la edición de ese año, la del estreno del Angliru. Va de la mano, por tanto, con la cima riosana. Alianza entre modernidades. La aceptación de ambos es prácticamente unánime. La Vuelta, empero, se queda sin mascota oficial, aunque a Íris se le puede seguir viendo de tanto en cuanto en el viejo merchandising que portan los aficionados, además de en alguna infraestructura aún utilizada en la carrera. En un polígono de Moraleja de Enmedio descansan durante mucho tiempo, y fuera de temporada, algunos remolques y carrozados vinculados a la organización en los que aún se puede ver un vinilado y un dibujo de Íris.

Como el nicho de una mascota oficial permanece vacante y en Unipublic ese rol no disgusta, en 1999 se van a impulsar un póker de nuevos símbolos que están enmarcados bajo la denominación de Equipo de Ciclismo Mascopublic. La concepción y el desarrollo vuelven a estar a cargo de Walter Lance. La propuesta se concreta en cuatro animales diferentes, muy vinculados con la biodiversa realidad faunística de la Península Ibérica; todos ellos poseedores de características específicas en función al tipo de orografía o de la modalidad ciclista en la que mejor se desenvuelve: un lince, un águila, un oso y una cabra montesa. La paleta de colores de los jerseys de líder de la Vuelta pasa por el oro de líder, el blanco de la montaña, el gris plateado de la regularidad y el azul de las metas volantes. Los miembros de Mascopublic no se identifican con estos tonos. El línce, Archy, es el líder de la carrera y luce tonos gualdas. El águila Akiles, que va de rojo, representa los esprints. Para Urso, oso asturiano portador de un maillot verde, la razón de ser es la deportividad. Monty, la cabra montesa que luce una prenda roja, es la especialista de las montañas. Los cuatro emergen como vehículos transmisores de valores en el contexto de la disputa de la prueba, pero su existencia es relativamente fugaz.

El simbolismo del lince ibérico es relevante, con la especie en serio peligro de extinción en esos momentos, menos de dos centenares de ejemplares en libertad y proyectos de recuperación en marcha a través de programas de cría en cautividad. Como posible mascota, se postula a un mayor recorrido. Sin éxito. Vuelve al año siguiente y en solitario lo presenta Carlos de Andrés en la gala previa al arranque de la carrera, desde Málaga. Este 2000 el despliegue animalístico no está solo: Mortadelo y Filemón también reciben la consideración de mascotas oficiales. Es una coyuntura. Los dos icónicos personajes de Ibáñez, acompañados por otros caracteres fijos en el universo de la TIA, protagonizan también un espectáculo en el contexto de la prueba que recibe el nombre de 'Una Vuelta muy revuelta". Fuera de la caravana, Mortadelo y Filemón protagonizan una novedad en el mercado editorial del cómic de la mano del álbum *La Vuelta*, que Ediciones B estrena este mismo año con gran éxito.

La ronda española va a permanecer sin una mascota oficial durante algún que otro lustro. Huérfana. El león del Tour se mantiene firme en su rol. Hacia el final de esta primera década del XXI, y en un marco incomparable como el de su centenario, la organización del Giro de Italia incorpora una cabra montesa a la que bautiza como Girbecco. Este diseño, el trabajo resultante de una joven estudiante natural de Conselice llamada Denise Rocchi, se impone en un concurso oficial que busca el nuevo titular del símbolo. Rocchi refleja a través de Girbecco la tenacidad, el compromiso, la honradez, la rapidez, la fuerza y el valor. Y todo ello, sin duda, supone una evolución sobre su predecesor, el roedor Ghiro, la representación de un glis glis que permanece vigente entre 2002 y 2008. Tanto el roedor como la cabra montesa van a acabar corriendo la misma suerte y van a ser relevados a partir de la edición de 2015 por Lupo Wolfie, el lobo. Wolfie provoca algún que otro problema, porque en varias localizaciones por las que pasará la carrera los ataques de su especie han provocado muchos daños y su representación no se disfruta con los mejores ojos. Wolfie, de hecho, tiene vacaciones durante dos etapas para evitar problemas.

El ascenso de Javier Guillén a la dirección de la Vuelta trae consigo también novedades en la parcela de los símbolos. El más claro e inmediato, la instauración del jersey rojo para el líder. La parcela de la mascota de la ronda española queda definitivamente ocupada en 2015, cuando un toro llamado Tei-Tei comienza a acompañar la caravana. Su presentación en sociedad tiene lugar en Málaga, concretamente en el colegio Vicente Alexandre de la capital de la Costa del Sol, en un acto celebrado por el mes de abril de ese año. Esta edición, la del 80 cumpleaños de la carrera, parte desde Puerto Banús y cuenta con hasta tres etapas más que pisan territorio malagueño; en este contexto, la puesta de largo de Tei-Tei entra por la puerta grande en las contraprestaciones, servicios y activaciones promocionales que se hacen desde Unipublic en el marco de una *Grande Partenza*. "Su nombre no significa nada en concreto", explicaba Javier Guillén. «Es un nombre universal, cercano y de una pronunciación sencilla para todos y cada uno de los niños. Con su presentación queremos estar cerca del público más infantil. A todos aquellos que, en un futuro, formarán los pilares en los que se apoye nuestro duro, bravo y noble deporte". ¿Y por qué un bóvido? "El toro es el animal más representativo de nuestro país. Su bravura y nobleza le convierten en el mejor reflejo de todos y cada uno de los ciclistas que día a día lo entregan todo para hacer vibrar a los más fieles seguidores de nuestro deporte. Por estos motivos hemos decidido que sea un toro la mascota que sirva de nuestro embajador".

Tei-Tei, no obstante, es el último exponente de una condición que disfrutaron unos años antes dos propuestas gallegas. En 2013 se usó promocionalmente Mexi-LLón, que no era realmente una mascota de la carrera, sino elemento de promoción de las Rias Baixas. Pero el anuncio que caló no fue ese y se pudo leer justo lo contrario. Iván Gómez, jefe de prensa de la Vuelta esos años, tiene que aclararlo: "Mexi-llón es la imagen que se ha utilizado para la promoción de las Rías Baixas". Un año después, en 2014, las mascotas peregrinas Xaco y Camí recogieron ese relevo. Temporalmente.

Pero si ha habido un ámbito en el que la Vuelta se ha prodigado de una forma taxativamente destacada con respecto a las otras dos grandes vueltas por etapas, sin duda ese ha sido el musical. La carrera ha mantenido una estrecha relación con lo filarmónico de la mano de la sintonía oficial de cada edición. Cada Vuelta a España es diferente entre sí, goza de su propia autonomía en la historia dentro de la inevitable relación causal con su pasado y con su futuro, pero desde 1978, y especialmente desde 1983, también cada edición de la prueba suena distinta. La Vuelta suena diferente de año a año. Y esa musicalidad es anual e intransferible.

La sintonía de la Vuelta es una tradición. Cuando alguien dentro del ente decide que la *Trisch Trasch Polka* va a acompañar los ecos mediáticos de las andanzas de los deportistas durante tres semanas, ese alguien no es consciente de todo lo que va a venir en los siguientes años. La pieza, una obra clásica de Johan Strauss que no suele faltar en los repertorios del Concierto de Año Nuevo de la Filarmónica de Viena, es tan reconocible como pegadiza. Sobre su maridaje con el deporte ciclista, los gustos. El hecho es que comienza entonces un fenómeno único de la Vuelta. Muchos cantantes y grupos se han arrimado en estas décadas a la labor de amenizar cada edición. Al frente, claro, Azul y Negro. Los autores del *Me estoy volviendo loco*, *Con los dedos de una mano* y el *Tu pa'ka* son los reyes de una hipotética clasificación con sus tres ediciones cubiertas (1982, 1983 y 1993).

Los primeros años son piezas más célebres dentro del panorama musical del momento y, si permiten la broma, tiene un punto jocoso y premonitorio que en 1979 fuera el *September* de Earth, Wind & Fire el que aporte la música. Pero así son las cosas con la Vuelta. Ya con los murcianos de Azul y Negro, una formidable banda electrónica muy infravalorada dados sus avanzados y sugerentes trabajos, eso de la 'canción oficial de la Vuelta' cobra otra dimensión. "La sintonía oficial es lo más importante de la Vuelta además de la propia carrera», explicaba en 2017 Javier Guillén; «durante tres meses es la embajadora completa de la carrera. La música de la Vuelta es un clásico».

Por el honor pasan artistas como Tino Casal, A-ha, Gloria Estefan, Nena Daconte, Melendi, La Oreja de Van Gogh, Carlos Baute… Hasta Ana Obregón y Ramón García, presentadores de moda en TVE, han sido embajadores de la Vuelta a través de la música, razón año 1996 con su *¡Morena!*. La lista es amplia y fácil de encontrar. Posiblemente en el recuerdo hayan perdurado especialmente la más bailables y pegadizas, pero la impronta rockera de La M.O.D.A. en 2021 también cuenta con muchos adeptos. Aunque algunas son verdaderos iconos dentro de su época, los neerlandeses Vengaboys u OBK alcanzan cotas de especial significación entre el *Up & Down* y el quién le dio sentido a algún amor. Ya sea por su carácter pegadizo, ya por un punto de bizarrismo, la canción oficial es un excelente medio de promoción para los artistas. El *Corazón congelado* de Pastora Soler es la canción oficial de la edición de 2001 y el que esto escribe, unos años después, da fe de que es pinchada en el contexto de un gran acontecimiento vinculado al mundo del deporte celebrado en Abu Dhabi. Toma que toma.

Juan Carlos Ramos, un cantante madrileño que disfruta de gran notoriedad en la década de los ochenta con el nombre artístico de Iván, se encarga de poner la música en la Vuelta a España de 1985, la de la remontada de Perico. Sobre *Baila*, grabada en Italia, destacará al poco de su lanzamiento: "Aunque todavía es un poco prematuro, pienso que va por muy buen camino. El ser la sintonía escogida para la Vuelta Ciclista lo ha llevado a todos los hogares españoles e incluso hasta el extranjero. Este acontecimiento deportivo tiene cada vez mayor aceptación y por ello supone para mí una gran satisfacción que *Baila* haya sido su tema oficial". Con el tema *Fotonovela* Iván se ha convertido en una de las estrellas del momento, con gran éxito en Francia (donde alcanza el número 1 en ventas), Alemania, Italia, Bélgica o Países Bajos y cerca de un millón de copias vendidas.

Cuando Carlos Baute presenta *Como un atleta* de cara a 2020, explica: «Formar parte de algo tan grande como la Vuelta es una gran oportunidad y un honor. La Vuelta es un evento que está muy relacionado con el esfuerzo, la superación y que siempre ha estado muy ligado a su música. Recuerdo las grandes canciones que han formado parte de la historia de las sintonías oficiales de la Vuelta y me alegra poder entrar a formar parte de este selecto grupo de afortunados". Jorge Ruiz, vocalista del grupo Maldita Nerea, reconocía en la presentación del sport de *Bailarina*, tema oficial de 2017: «Que una canción nuestra sea la sintonía oficial de la Vuelta es la consecución de un sueño. Sigo este deporte desde que era un niño, soy amante del ciclismo gracias a la Vuelta y poder juntar estas dos pasiones en una canción como *Bailarina* es muy especial. Estoy muy emocionado".

La parcela música de la Vuelta gana más enteros con la implementación de la videopromoción oficial. En esencia, un spot con la banda sonora del año en cuestión y la participación de sus intérpretes y, en algunas ocasiones, también ciclistas profesionales. La edición de 1999 acoge novedades en diferentes frentes, como la redefinición del color para el líder, el estreno del Angliru o una nueva consideración hacia cómo tiene que ser el recorrido; también supone el pistoletazo inicial a esta nueva concepción de autopromoción. El artista asturiano José Ángel Hevia interpreta la muy pegadiza *Busindre reel*. Roberto Heras, José María Jiménez, Íñigo Cuesta, Mikel Zarrabeitia, Coque Uría, Marcelino García y Chechu Rubiera son algunos de los integrantes de esa veintena de ciclistas que participaron en un sport oficial que cuenta también con hasta doce caballos asturcones. La grabación se extiende durante tres días y se realiza en el Cabo de Peñas, en el Mirador del Espíritu Santo y la playa Aguilar de Muros de Nalón, en la playa de Concha de Artedo de Cudillero y en la parroquia de Espinaredo, en el concejo de Piloña. La acción permite concretar nuevas activaciones de patrocinio con las sedes que las instituciones y organismos involucran en la Gran Salida de cada año.

Los trofeos son otros de esos enseres que desde su vinculación con la carrera tienen una gran capacidad de sugestión. Esos detalles que reciben los ganadores son objetos sagrados, únicos; el equivalente deportivo al arte sacro. Italia está a la vanguardia de estas lides desde 1999, cuando RCS instaura el Trofeo Senza Fine. Para muchos, con permiso del Tridente que recibe el ganador de la Tirreno-Adriático, es el trofeo más bonito del mundo del ciclismo. El Trofeo Senza Fine se construye artesanalmente en Coppe e Trofei Penello Mario, un taller ubicado en Vigodarzere, cerca de Padua. Se trata de un trofeo de casi 10 kilos que mide unos 50 centímetros de altura.

La Vuelta no está al mismo nivel de la *corsa rosa*, pero en los últimos años ha dado un importante paso adelante gracias a dos conceptos no siempre seguidos: confianza y reincidencia. Maleable durante décadas, la parcela de los trofeos de la Vuelta presenta una desconocida estabilidad desde hace más de una década. Los actuales trofeos de la Vuelta tienen una dimensión diferente y están elaborados por la Real Fábrica de Cristales de La Granja. Aunque ya hubo alguna vinculación antes, como en 2008, la relación con la institución fabril creada en los primeros tiempos de la dinastía borbónica no se intensificará hasta ese año 2013, con ese trofeo de forma circular, un plato enorme, que recoge tanto los ganadores de la carrera como el recorrido en litigio.

Pero los vaivenes de la carrera a nivel trofeos han sido importantes. En la primera edición de la carrera no se entrega un trofeo como tal, sino que el primer clasificado recibe una simbólica corona de hojas de laurel. Gustaaf Deloor, a la postre ese primer ganador de la carrera, sí recoge un trofeo al año siguiente. Una estilizada representación escultórica de gran belleza que el exciclista belga siempre conservó y que su viuda, Roza Buys, aún posee. Esta alegoría de la victoria hubiera sido un excelente modelo para impulsar un trofeo que conectase con los primeros tiempos y le aportase identidad y mística. Más allá de su diseño o de su tamaño, incluso del patrocinador que en ocasiones incluía su nombre en la misma, la copa ha sido el trofeo por antonomasia que recibe el ganador desde que la carrera regresa al calendario en 1955. Con alguna excepción, notable, por llamativa y estrafalaria, como la de la edición 1965 que patrocinaba Westinghouse. El trofeo que se le entrega al alemán Rolf Wolfshohl tiene un punto espectacular, por las dimensiones, y otro inexplicable, por el concepto. Como si fuera un inclasificable satélite. Estética *sputnik*. O en 1972, cuando el asturiano José Manuel Fuente, Tarangu, logra la primera de sus dos victorias y recibe un trofeo patrocinado por Filomatic: una enorme cuchilla de afeitar laureada. Copa recibe Jean Dotto en 1955, copa recoge Jaques Anquetil en 1963 y también Raymond Poulidor en 1964, copa levanta Roger Pingeón en 1969, copa recibe Eddy Merckx en 1973... Diferentes formatos, diferentes aspectos.

Durante los años ochenta se mantiene, con sus cambios, la estética de la copa, pero los formatos van variando. El siglo XXI es un aquelarre. Con Roberto Heras, con el kazajo Alexander Vinokourov o el ruso Denis Menchov encontramos diferentes propuestas. Con la edición de 2009, la edición que arranca desde los Países Bajos, se empieza a utilizar un formato de trofeo que realza el logo de la carrera instaurado en 1999 y esta idea se mantiene en la primera edición con el jersey rojo, al año siguiente. Para 2011, empero, se plantea el curioso diseño de Ágatha Ruiz de la Prada, el mismo que a muchos le evocaba el logo de una conocida marca de helados: una espiral de cristal, fabricada por Cristal Sevres, de 5 kilos de peso, que ya da que hablar en el cocktel posterior a su presentación oficial, en junio de ese año. El periodista Juan Gutiérrez lo sintetizaba en el *Diario As*: "Entre birras y vinos comenzaron a desencadenarse los primeros chistes, que se fueron extendiendo como la pólvora por internet. Que si era 'un plagio de los helados Frigo', que si 'parece un matamoscas', que si 'esta vez van a tirar el trofeo al público en lugar del ramo de flores', que si 'hay que hacer encuestas para que opinen entre feo, feísimo y horroroso', que si 'este año van a luchar por el segundo puesto para no cargar con el trofeo', que si 'el gran favorito es Dario Frigo'...". El trofeo de Ágatha Ruiz de la Prada acabará teniendo una doble vida: la Unión Ciclista Internacional descalifica varias temporadas después por cuestiones de su pasaporte biológico a Juanjo Cobo, ganador final ese año (con presencia, y entrega, del entonces Príncipe Felipe), el británico Chris Froome acaba siendo proclamado el ganador y lo recibe antes de la salida de la última etapa de la edición 2020. Otra de esas cosas de la Vuelta: una segunda victoria absoluta que se corresponde a una edición previa de la que acabaría siendo la primera.

El Trofeo de La Granja es una pieza singular. Este plato concebido para la Vuelta es fruto de un proceso de trabajo que involucra hasta seis operarios y que puede llegar a extenderse sobre una quincena de días. Un primer paso por el horno de los materiales envía a tallería la rueda en bruto, donde se abrillanta, se pule, se repasan los bordes y se aplican esmaltes vitrificables. Tras otro paso por el horno y su enfriado natural, la pieza pasa al taller de procesos en frío para las últimas ornamentaciones, en las que se emplea arena de polvo de diamantes y se engalana para su entrega en el podio final de Madrid.

La Vuelta, sí, tiene mucho arte.

HISPANOSUIZA

"La Vuelta es la más bonitas. De las 'tres grandes', es la que me gusta más. España es el mejor país para hacer ciclismo"

(Tony Rominger, 1996).

Uno de los ciclismos con los que la Vuelta tiene una relación más especial es el helvético. El vínculo entre la ronda española y Suiza se remonta hasta su primera edición y está forjado con el brillo y el lucimiento. Leo Amberg dejará la impronta de su nombre, y una foto para la historia, en la cumbre del Alto del León. Afrontado por la vertiente de Guadarrama, esta subida pervive dentro de la historia de la Vuelta como el primer puerto de montaña puntuable jamás afrontado. Esta cumbre, que se corona a 1511 metros de altitud y que marca la frontera entre Castilla y León y Madrid, supera en unos nueve kilómetros el piedemonte de Guadarrama y la cima. Uno inicial, todavía en el pueblo, suave. Los siguiente, siempre por encima del 7%. En la parte final se concentra la parte más dura, con varias zonas por encima del 11% y el 12%. Para los estándares de 1935, un coloso. También para la cosmovisión de la carrera, que aquí tendrá un paso recurrente.

Amberg, gran escalador, sufrirá en las etapas más llanas de esta primera edición de la Vuelta, expuesto al viento, las caídas y las averías. Su clasificación general será más discreta, aunque permanece entre los tres mejores trepadores de la carrera. En El León le espera un gentío de público. Su compatriota Walter Blattmann finaliza entre los diez primeros, noveno, a más de una hora del ganador absoluto, el belga Gustaaf Deloor. A su modo, un buen debut: dos suizos, dos formas de destacar y de ser protagonistas. Pero Amberg será un pionero especial. Un ciclista tremendo, competitivo, capaz de encadenar tres podios en la Vuelta a Suiza (nunca podrá anotarse su general), de colgarse un bronce en unos Mundiales, de sumar dos títulos nacionales y de lograr victorias de etapa en el Giro de Italia y el Tour de Francia.

Desde ese estreno en la edición inaugural, más de un centenar de corredores suizos han tomado parte en alguna edición de la Vuelta. Stefan Bissegger, en 2023, Stefan Küng y Mauro Schmid, ambos en 2024, han sido los últimos en ingresar en una lista que a buen seguro se irá actualizando con cierta regularidad. La conexión, real, evidente, también ha vivido sus desconexiones. Hasta en treinta ediciones de la Vuelta no se dio ninguna participación helvética. Por circunstancias diversas, entre 1957 y 1971 no hay corredores suizos en el pelotón de la carrera. En otras ocasiones la sequía se torna en aluvión: hasta catorce participan en el año 1998, en gran parte gracias a la participación de una escuadra del país, el Post Swiss Team, y las alineaciones de otras formaciones. En todo este universo no faltan nombres muy propios. Personalidades que entroncan, además, con el 'hall of fame' de la competición.

El más persistente, todo un hombre-Vuelta, es Álex Zulle. Ciclista muy completo, con excelentes dotes para la contrarreloj (campeón mundial de 1996 en Lugano), se impone en las ediciones de la ronda española de 1996 y 1997. Zulle, no hay que olvidarlo, es uno de los puntales de la estructura ONCE de Manolo Saiz. Durante su trayectoria, el de Wil corre once ediciones, entre 1992 y 2003; logra acabar en nueve y es protagonista en muchas de ellas. Fabian Jeker acude a ocho ediciones y en siete Fabian Cancellara, el tercer suizo con más presencias, aunque no acabará ninguna y en 2010 coprotagoniza, muy comentado en su momento, una salida nocturna en plena carrera con el luxemburgués Andy Schleck y el australiano Stuart O'Grady. El también suizo Romínger, por su lado, compite en seis y en todas finaliza.

Además de sus dos triunfos absolutos, Zulle protagoniza en 1993 un duelo vibrante con su compatriota con Tony Rominger. Hasta nueve etapas engalanan su palmarés, seis en la disciplina contra el reloj, una de ellas cronoescalada, y las otras tres, finales en alto en jornadas en línea. Zulle se mantiene aún como el ciclista que más veces se ha vestido de líder en la Vuelta, con 48 jornadas distribuidas entre las ediciones de 1993 (13), 1996 (13), 1997 (14) y 2000 (8). Y también aportará para la posteridad las circunstancias de su caída en el descenso de La Cobertoria y su explicación con su entrañable castellano. Un momento que es puro misticismo de la ronda española.

En términos de clasificaciones generales, solo España, Francia, Bélgica e Italia están por delante en cuanto a victorias finales. Suiza es una de las potencias en el universo de la Vuelta. La armada helvética ofrece cinco entorchados hasta la fecha, concretados por dos ciclistas durante un período de seis años: a los dos éxitos de Alex Zulle le precedente los tres, consecutivos, de Tony Rominger. La década de los años noventa del siglo XX, los años que abrazan el cambio de fechas a septiembre, acoge la edad dorada, la de más éxitos de nivel. El cénit de toda esta dinámica llega en 1996: Zulle, Rominger y Laurent Dufaux copan un podio íntegramente helvético. Los compases del Salmo Suizo resuenan con fuerza en el entorno del Paseo de la Castellana. El pulso entre Rominger y Zulle en la Vuelta del 93 también habita por méritos propios en el santuario emocional de la carrera. La crono de A Coruña, la defensa en los cortes camino de Ávila, el refuerzo de la cronoescalada a Navacerrada, la concesión de tiempo camino de Ampriu, el zarpazo de Tony en la crono de Zaragoza, la defensa infructosa en la Cruz de la Demanda, el marcaje en Alto Campoo y Lagos de Covadonga, La Cobertoria, la arrancada del Clas-Cajastur camino del Naranco, la crono final camino de Santiago de Compostela. Rominger salvando el amarillo por 29 segundos.

Pero, inolvidable, La Cobertoria. Zulle, dorsal 100, sufre una caída en su bajada dirección hacia Pola de Lena que le cuesta un tiempo valiosísimo. Precavido, un día de perros, lluvia y neblina, asfalto como una pista de patinaje, acaso toma más riesgos de los que debe. Tampoco goza de una especial fama como bajador, avalado por sus problemas de visión, su uso de las gafas y, dicen, ciertas faltas de destrezas (como en 1995, cuando tras la etapa de Sierra Nevada tiene un percance mientras se dirige hacia el autobús porque se le cruzó alguien que no puede esquivar). El caso es que en una curva hacia la izquierda Zulle acaba en el suelo. Y allí se gesta una frase "Bicicletas, flores, culo duele" que no es exactamente así, pero así queda para los restos. Rominger niega que tuviera en mente una ofensiva. Simplemente el desarrollo de la jornada depara la situación. El ciclismo más inolvidable es el que gesta en la improvisación. "No soy un Chiappucci, no he arriesgado mucho. Además, no sabía que Zülle se había caído", dirá.

Reventado tras una persecución de 50 kilómetros en la que cuenta con la ayuda del belga Johan Bruyneel y del neerlandés Eric Breukink, Zulle llega a los pies del sagrado corazón ovetense a 1:13. Aún anda cojeando. Y oportuno. Llega al set de Televisión Española para ver su caída durante el especial postetapa que conduce Pedro González. ¿Qué pasó? "No lo sé. Iba rápido. Un poco de miedo. Muy, muy peligroso, carretera con agua. Todo gente a gente, un poco distancia", trata de explicar. Más tarde, añade: "Mucho dolor de culo, con electricidad, pero después yo no he visto mi bici abajo de flores". Inspirado en su literalidad, "Bici, Culo, Flores" quedará como resumen.

Hasta 2024, los ciclistas suizos acumulan treinta y tres triunfos de etapa. Stefan Küng, un excepcional especialista contrarreloj, debuta en la carrera y logra vencer la crono final, en las calles de Madrid. Tony Rominger, en otro de los apartados que encabeza dentro de la ronda española, cuenta en su palmarés con hasta trece éxitos parciales. Nueve, por su parte aporta Zulle. Tres, todas cronos, un Fabian Cancellara que también cuenta con el honor de haber llegado a vestir el jersey de líder. La precisión suiza, la fiabilidad de sus mecanismos, es toda una certeza en lo que la ronda española y sus ciclistas se refiere. Tópicos bien ganados.

La primera de todas las victorias, sin embargo, lleva la firma de uno de los referentes más mediáticos que ha dado el ciclismo suizo en su historia: Hugo Koblet. Hasta que él no se impone en la general de la edición de 1950, ningún extranjero había conseguido vencer el Giro de Italia. Quede ya este hito como especial per se. Un año después logrará vencer el Tour de Francia, y en la ronda gala sumaría otros dos podios en ediciones venideras (segundo tanto en 1954 como en 1955). Koblet, por esos y por otros muchos resultados más, es uno de los grandes nombres del ciclismo de mediados del siglo XX. Y dada su participación en la Vuelta a España de 1956, Gran Premio Firestone, también es el primero que está en disposición de lograr la triple corona. La opción de la triple corona de las victorias de etapa se le habrá escapado un año antes: el italiano Fiorenzo Magni, ganador de tres etapas en la Vuelta 1955, con éxitos varios tanto en el Giro como el Tour, inaugura el listado.

La presencia en la ronda española de 1956 del coqueto Koblet, el ciclista que siempre porta consigo un oportuno peine para adecentar sus cabellos, el hombre que gustaba de escuchar jazz durante los masajes, ha dejado un poso en las menciones de la posteridad como de falta de compromiso y desgana concretados en un abandono mediada la carrera. Pero lo cierto es que, hasta su retirada, el dorsal 31 rueda muy atento a las circunstancias de carrera, incluso impone su presencia en algún *fair-play*, va salvando las etapas bien clasificado y con una presencia creciente en el desarrollo de las etapas. Koblet, 'el ciclista fascinante'. En Barcelona, en Montjuic, su cénit en forma de victoria de etapa. 5 de mayo de 1956, un apretadísimo esprint ante el belga Van Steenbergen, el español Poblet y el italiano Padovan. "Gusta mucho a todos los corredores una victoria, y más si esta se produce en una ciudad como Barcelona, de la que guardo muy buenos recuerdos. Daba gusto ver a los miles de aficionados a lo largo del circuito y este entusiasmo al final de la carrera. Sé que he roto muchas ilusiones, pero en las carreras todos vamos a ganar. Y hoy yo ansiaba el triunfo, al menos tanto como el propio Poblet", dice el helvético con esta impronta particular en la historia de la carrera.

Al día siguiente, doble sector. Crono por equipos en Montjuic matutina donde se impone la Francia capitaneada por Loison Bobet y 133 km más tarde entre Barcelona y Tárrega con Los

Bruch y la Panadella en su recorrido como dificultades orográficas. Koblet ha comenzado el día tercero en la provisional. Lo acabará con un pie fuera de la carrera. Pero antes el discurso es otro. En la Ciudad Condal Koblet reitera sus intenciones: "Hemos venido a correr la Vuelta a España y, a poder ser, ganarla. Sé que hay una participación muy importante y el vencedor habrá que luchar mucho. Pero no hemos venido a pasear ni mucho menos. La hora aún no ha sonado para nosotros y puede suponer que estamos atentos". En la segunda semietapa una fuga se destaca en cabeza de carrera y en ella se ha logrado introducir Jesus Loroño, Salvador Botella, el francés Gilbert Bauvin y el líder Conterno. Koblet, Bobet o Van Steenbergen pierden mucho tiempo, 4:52 en la meta.

Koblet es el primero de los ases en abandonar la Vuelta. Lo hace al día siguiente. En Zaragoza desvela algunos problemas hasta entonces no publicitados: "Ya en el día de descanso de Tarragona pasé varios trastornos. Por lo visto la comida con aceite no me va bien, pero aún pude aguantar, pues ya dije que tengo mucho interés en esta Vuelta a España. Ayer, en Tárrega, volvió a repetirse la crisis y hoy no he podido resistir más. Llevo tres días casi sin probar nada y el ciclismo pide mucha comida. Ha sido una lástima". Koblet no oculta que había estado hablando sobre participar en algunos critériums después de la Vuelta y que ahora no sabe qué pasará con esos acuerdos. Eso sí, deja un pronóstico: "La Vuelta creo que será para Louison Bobet. Está corriendo muy bien, con gran sentido práctico, y está muy entero". El francés también abandonará después.

La Vuelta es una recién renacida, pero tiene una organización volcada en consolidarla en el panorama internacional y el país también es muy de su gusto. Koblet y su esposa, de hecho, pasan unos días durante su viaje de bodas. Lo recordará antes de viajar a la carrera: "Es posible que usted recuerde que mi mujer y yo estuvimos en España, durante la luna de miel, en 1954, y lo pasamos maravillosamente. Allí el sol brilla todo el día y todo el mundo es extraordinariamente amistoso y hospitalario. Conozco Mallorca, la región de Barcelona y San Sebastián. Ahora tengo una buena ocasión de conocer otras muchas regiones. Sonja, mi mujer, (la modelo Sonja Bühl) está entusiasmada desde que le participé mi decisión de tomar parte en la Vuelta. Vendrá conmigo hasta Bilbao. Viajar durante la carrera por espacio de tres semanas es demasiado duro. Regresará a Suiza después de unos días y volverá de nuevo a Bilbao para la última etapa".

A esa Vuelta a España llega Koblet seis años después de ganar el Giro de Italia y cinco de hacerlo en el Tour de Francia. Acaso sus mejores días quedaban distantes. También su viaje es, cuanto menos, curioso y peculiar: Koblet se planta en la frontera de Behobia acompañado por su compañero Armen Von Buren tras un largo viaje en su coche particular (imposible precisar si se trataba del Studebaker que tanto le gustaba conducir, si bien es cierto que era muy amigo de viajar a las carreras en su coche) que incluye varias pruebas entre medias. "Traen consigo cuatro bicicletas especiales Cilo, tipo Koblet, así como abundante equipaje", narra una crónica sobre su llegada. Semanas antes, tras participar en una prueba de pista, Koblet atiende a un enviado especial de la agencia Alfil: "Voy a España dispuesto a ganar. Es la prueba ciclista de larga distancia que falta todavía en mi historial".

Ya en el País Vasco, Koblet quiere conocer in situ algunas rutas de las que atravesará la carrera: "La Vuelta es tan importante para mí que deseo reconocer la primera etapa, especialmente el Puerto de Alisas. Es seguro que los más destacados españoles ofrezcan una fuerte resistencia ya desde el primer día y no quiero quedarme atrás en las etapas de montaña por su desconocimiento del recorrido. Las etapas más difíciles vendrán más tarde, pero yo estaré dispuesto a luchar desde el principio. En lo que yo conozco del programa, la prueba es interesante. Lo único que lamento es que la prueba contra reloj sea solamente sobre 42 kilómetros. Las pruebas individuales son mi especialidad y cuanto más largas, mejor".

En Tarragona, durante el día de descanso, Hugo Koblet es uno de los hombres más buscados por la prensa. Ha sido tercero en la etapa del día anterior, tras Van Steenbergen y Poblet, y rueda bien clasificado en la general, cuarto a 3:05 del sorprendente Angelo Conterno. Los primeros días no le pierde la cara a la carrera y rueda con los mejores en el estropicio montado camino de Valladolid, la etapa mutilada por la supresión del Puerto de Pajares por culpa de la nieve en la que acaba tercero. En las últimas etapas ha comenzado a vérsele más. Cuarto en Albacete, segundo en Alicante, tercero en Valencia… "Los periodistas hablaron con Koblet y al manifestarle que parecía no tener demasiado interés en luchar en esta Vuelta, contestó que sí, que ponía todo su interés. "Lo que ocurre –añadió- es que hasta el presente, el agua y la nieve han hecho muy dura la prueba y me resiento. Por otra parte, me reservo para las últimas etapas". Cuando el ciclismo era más literatura que imagen, más evocación que realidad, lo mismo que estas líneas pretenden, Koblet es uno de los grandes. Lo que hace en Giro y Tour es muy grande. A Anquetil aún le quedan unos años para explotar. Él, hijo de un panadero de Zúrich, es como un primer escalón. Y así resulta la relación, fugaz, de 'pédaleur de charme' con la Vuelta.

Más allá de actuaciones concretas, como la de un Josef Fuchs (ganador de Lieja-Bastoña-Lieja) que finaliza octavo en la edición de 1976 o la de un Stefan Mutter (con etapas del Giro y del Tour en su palmarés) que concluye noveno en 1982, realmente las mejores actuaciones en lo que a general se refiere desde 1935, el inicio de la época dorada de lo suizo en la Vuelta no acaece hasta mayo de 1992 en una localidad del sur de Madrid: Fuenlabrada. Allí, ante un gentío inmenso, se habla en su momento de entre 300 000 y 500 000 personas en las cunetas, el que esto escribe uno de tantos, un ciclista danés de nacimiento, pero nacionalidad helvética, concreta la segunda victoria de etapa suiza en la Vuelta y le arrebata el entonces maillot amarillo al murciano Jesús Montoya. Es un especialista. En 1991 se ha impuesto en ocho de las doce cronos que ha disputado en competición. En Fuenlabrada simplemente vuela. Restan tres días para el final de aquella Vuelta y el golpe sobre la mesa es rotundo. Rominger concreta el primer éxito de la *Svizzera* en una ronda de tres semanas desde Carlo Clerici, ganador del Giro de 1954, un año en el que tanto Ferdi Kübler como Fritz Schaer también habían logrado subir al podio final en el Tour de Francia. Muchos años de 'sequía' en los podios finales con sus momentos de brillo: Urs Zimmermann acaba tercero tanto en un Tour (1986) como en un Giro (1988).

Aquel día de mayo en Fuenlabrada comienza un trienio de control absoluto de la ronda española por parte de Rominger. Un Rominger que días atrás había sufrido una caída que le había provocado una conmoción cerebral. Pero también un ciclo glorioso para el deporte del pedal suizo en la tercera grande, sin duda fomentado y estimulado por la pertenencia de sus protagonistas a formaciones de cuño ibérico. El Clas-Cajastur. La ONCE. Palabras mayores. Nunca antes de Rominger un ciclista ha logrado encadenar tres triunfos consecutivos en la ronda española. Desde su dominio, desde su fortaleza, desde su asturianidad emocional, él le da una nueva dimensión a la carrera. Solo Roberto Heras y el esloveno Primoz Roglic han sido capaces de superar su registro. Hasta ahora.

En 1993 la Vuelta a España del Xacobeo no conoce otro líder que no fuera suizo y entre Tony Rominger, profesional tardío, y Álex Zulle, jovencísimo, con previsión inicial de retirada, no solo se reparten todos los jerseys amarillos, sino que cada uno suma tres triunfos parciales. En 1994 Tony Rominger es el líder desde la primera hasta la última etapa (Zülle acabaría cuarto) y en el periplo se anota seis etapas. Entre el 15 de mayo de 1992 y el 15 de mayo de 1994 la Vuelta no conoce otro líder que no tenga la nacionalidad suiza. Curioso. Tremendo. Todo un récord, más si cabe en el ciclismo actual.

Rominger no volvería a ganar la general de la Vuelta, pero su asaltó al Giro de 1995 le sale redondo y se lleva la *maglia* rosa. El Clas ya es más, prácticamente, y sobre todo, Mapei; y el patrón Giorgio Squinzi sugiere y manda; el veterano tricampeón de la Vuelta tiene una cuarta victoria en sus piernas, sin duda. El cambio de fechas también influye, porque el camino hacia el Tour queda más despejado. Al final, todos los factores suman. Al menos, para la posteridad, Rominger quedará como el último campeón de la Vuelta en primavera. Rominger, no obstante, sí regresa a la carrera. Lo hace en 1996, el año de la última presencia de Miguel Induráin, y ciertamente no le va mal pese a un abanico camino Albacete que lastra sus opciones para el amarillo final: suma dos etapas y acaba tercero en una general donde su podio es completamente suizo.

Por delante de Rominger en el último podio de esta edición de 1996, Laurent Dufaux. El suizo vuela en las montañas abulenses. Su ataque en el Puerto de Serranillos revive otros momentos vibrantes aportados por este paso montañoso desde su estreno en la carrera a comienzos de los años ochenta. Una segunda plaza final a la que se encarama con un ataque lejano que deshace a la ONCE, con minutadas perdidas por todos sus ciclistas, Laurent Jalabert al frente, y que logra salvar el líder Zülle. Después trasciende que unos problemas estomacales se ceban con la escuadra amarilla, no así con Zülle, salvado por el "trabajo desinteresado" del Saeco, el Telekom y otros, para disgusto de Pedro González en su retransmisión. El ciclista de Wil, ya con 28 años, se impondría en esa edición y en la siguiente, cuando volvió a acompañarle en el podio un Dufaux del que acabaría siendo compañero al año siguiente (1998) en el Festina.

Más allá de la espectacularidad de victorias recientes, desde un prisma emocional la última presencia suiza en el podio hasta la fecha cobra una dimensión especial. Gino Mader concluirá quinto en la edición de 2021, y sube al podio de Santiago de Compostela portando el jersey blanco de mejor joven. Y siendo clave con el italiano Damiano Caruso y el australiano Jack Haig en el éxito por equipos del Bahrain –Victorious. Mader, que fallecerá en un trágico accidente durante la Vuelta a Suiza de 2023, compitió en tres ediciones de la ronda española y en las tres acabó dentro del top-20. Una regularidad que auguraba grandes cosas para su futuro en alguna edición de la Vuelta.

ENTELEQUIAS

> "Hay una razón por la que nadie ha ganado el Tour y luego la Vuelta. Es un reto enorme. En el mundo del ciclismo no hay nada más grande"
>
> (Chris Froome, 2017)

La de la Vuelta también es una historia que se presta a momentos en los que la evolución de los acontecimientos, incluso la planificación, ha acabado echando al traste ciertas previsiones. Agendas amargadas. Algunos episodios entroncan con la más alta de las políticas, con dimensiones burocráticas. Otros, con adaptaciones sobre el terreno a circunstancias sobrevenidas. Los primeros acaso estén más vinculados a una escena eminentemente organizativa y cuenten con un mayor protagonismo de nombres propios, ya sean personas o instituciones. Los segundos, con lo deportivo, y también especialmente expuestos a la climatología. Todo esto viene porque la Vuelta cuenta una serie de momentos que pudieron ser, pero nunca fueron; que se dieron por hechos, pero finalmente no pudieron llegar a ser. Son las entelequias de la Vuelta.

Dos, especialmente relevantes, entroncan con el fenómeno de las '*Grand Depart*', la '*Grande Partenza*', la 'Gran Salida' o el 'Gran Lanzamiento', esas pomposas etiquetas popularizadas sobre todo desde finales del siglo XX con la que se hace referencia al arranque de las carreras ciclistas, especialmente las tres grandes pruebas sobre tres semanas. El concepto abarca consideraciones económicas, turísticas y por su puesto de marketing; y sobre todo ya trasciende al momento, único, fugaz, que concentra las primeras pedaladas de los corredores. La *Grand Depart* supone, plantea y busca una dinamización promocional de un ámbito geográfico en un contexto temporal de varias jornadas. Toca lo político, invoca a lo cultural. Y es una puerta de entrada de primer nivel a otro concepto que barniza un prestigio y una consideración a nivel global: la internacionalización. En estas lides el Tour de Francia fue pionero, pero el Giro de Italia es el referente. Países como Grecia, Dinamarca, Países Bajos, Hungría, Reino Unido, Bélgica…o Israel han albergado la *corsa rosa*. Ámsterdam, en 1954, recibió el primer arranque foráneo del Tour y el Giro hizo lo propio en 1965 y 1966, desde San Marino y desde Montecarlo respectivamente. No son baratas, todo sea dicho; depende de la prueba, del número de días, del formato soñado… La Vuelta anda aún fortaleciendo esta vertiente, pero ya cuenta con varias casuísticas.

Dos vivencias, sin embargo, bien pudieron tener lugar; pero no se llegarán a concretar. Más embrionaria una, mucho más madura otra, la de Lisboa (Portugal) en 1969 y la de Drenthe (Países Bajos) en 2015 son dos experiencias inconcretas. Dos procesos frustrados en su traslación de potencia a acto. Dos experiencias engordan las particularidades de la historia de la carrera en este apartado.

La de Lisboa en 1969 es un proyecto condicionado por la evolución política del país vecino en ese momento concreto de su fascinante historia. La de Drenthe en 2015, una marcha atrás después de un anuncio en el que ASO, ya propietaria de la Vuelta, también está de alguna forma involucrada. La primera podría haber sido la 'primera *Grand Depart*' foránea de la carrera española allende sus fronteras, algo que acabó siendo en esta misma ubicación en 1997, pero en un contexto absolutamente diferente e independiente. La segunda, la concreción de un rápido retorno a la zona que acogió el lanzamiento en 2009 con un gran éxito de público y audiencias.

Que Lisboa se postula como más que posible punto de partida de la Vuelta de 1969 es algo que se admite sin reparos en los comentarios de futuro que emanan desde la organización de *El Correo*. En plena edición 1968, con el desarrollo de la competición a caballo entre Cantabria y País Vasco, y con el italiano Felice

Gimondi a punto de concretar su asalto definitivo al amarillo, la agencia Alfil distribuye un teletipo que recoge "Lisboa quiere ser punto de partida de la Vuelta 1969". De acuerdo con el servicio de la Agencia EFE enfocado al mundo del deporte, "el deseo de los portugueses es que la Vuelta Ciclista a España 1969 se inicie en Lisboa, o, en su defecto, en otra ciudad lusitana". La fluidez y periodicidad de los contactos, sin embargo, acaban cayendo en la indeterminación debido a la evolución política de Portugal. De forma muy resumida, y literal, un tropezón desencadena una serie de acontecimientos que modifican la agenda y alteran las prioridades. El tropiezo lo protagoniza António Oliveira de Salazar, presidente del país, dictador, y el lance acaba suponiendo un cambio de primer ministro.

Durante una de sus estancias veraniegas en el Forte de Santo António de Estoril, Salazar sufre este accidente doméstico que según algunas fuentes le supone un fuerte golpe en el cráneo. Aparentemente no pasa nada, pero con el paso de los días su salud empeora súbitamente y, de hecho, tiene que ser intervenido quirúrgicamente con carácter de urgencia. La recuperación se ve frenada en seco por un accidente cerebrovascular del que volverá a recuperarse, aunque en el proceso llegará a recibir la extremaunción. Salazar ni es el mismo ni cuenta con sus plenas capacidades físicas o mentales. A finales de septiembre de 1968, el día 27, Marcelo das Neves Alves Caetano toma posesión como primer ministro del país. Salazar sobrevive hasta febrero de 1970 y, cuentan, sigue creyendo que maneja las riendas del país.

Desde la Vuelta se asume que, dado el contexto, la opción lisboeta es inviable. Para finales del mes siguiente comienza a emerger el nombre de Badajoz. "Desde hace algún tiempo las jerarquías deportivas portuguesas nos expusieron su interés por la Vuelta, tanto por lo que suponía este acontecimiento en el aspecto deportivo, como por la intensificación de esas relaciones amistosas que unen a España y Portugal", se indicaba desde el comité organizador en los últimos días de noviembre. El martes 26 se confirma que Badajoz acogerá la Gran Salida de la edición 1969. "Los cambios de Gobierno por los que atraviesa la nación vecina, desde hace unos meses, dejaban inconcretos unos tratos que estaban casi ultimados y el tiempo —ese verdugo de la vida moderna— ha impuesto un cambio de horizontes, a pesar de los buenos deseos de unos y de otros", argumentaban Luis Bergareche, director de carrera y Luis Albéniz, director comercial de la prueba.

Si Lisboa hubiera supuesto un anticipo, en caso de Drenthe se hubiera tratado de un retorno. La reintroducción del jersey rojo para distinguir al líder de la ronda española, en 2010, se toma como referencia para establecer un nuevo ciclo y una nueva época en la historia de la carrera, pero lo cierto es que la Vuelta 2009 bien pudiera ingresar por méritos propios en ese pabellón. Es un punto de inflexión en toda regla. Al mando, además, ya está Javier Guillén Bedoya, acompañado en la dirección técnica tanto por el excampeón del mundo Abraham Olano como por Paco Giner. Un punto notable de esta Vuelta a España 2009 es su partida desde los Países Bajos, con un paso fugaz por territorio alemán y un final de etapa e suelo belga. Cuatro días de competición a 1500 kilómetros de la Península, en territorios con vínculos históricos y una enorme tradición ciclista, empezando por una urbe de Lieja que ingresa con honores en los altares del ciclismo.

Cuando Víctor Cordero presenta esta etapa en Lieja, se muestra eufórico por la historia ciclista de la meta y señala que localizaciones francesas como Estrasburgo y París han mostrado su interés por recibir la carrera. La crono en el circuito de Assen y los finales en Emmen y Venlo son todo un éxito de público. De manera inmediata se enciende la llama del interés por un retorno. Ante la pasión, no hay barrera geográfica lo suficientemente fuerte. De hecho, cuando Sevilla aún no ha sido oficialmente anunciada como sede de la partida de 2010, desde Unipublic se admite que cuentan con propuestas sólida para volver a salir desde el extranjero, peticiones serias desde Países Bajos, Bélgica e incluso Alemania.

La salida de la Vuelta desde Países Bajos en 2009 es posible gracias al empeño del periodista Dick Heuvelman, quien también se encuentra detrás de la Grande Partenza del Giro 2002 desde Groningen, y de Relus Ter Beek, exministro de Defensa del país, comisionado de la corona en la provincia de Drenthe y sobre todo un gran aficionado al ciclismo. Ter Beek, el autor de la carta que oficialmente eleva la petición formal para acoger la carrera, no podrá ver su proyecto convertirse en una realidad por culpa de un cáncer de pulmón, causa de su fallecimiento en septiembre de 2008. Para entonces, liderando todo el proyecto se encuentra el responsable del circuito de Assen Jos Vaessen.

En el verano de 2011, y de nuevo con Vaessen al frente de la coordinación del programa, el interés de varias provincias norteñas de Países Bajos por volver a recibir la Vuelta da un paso adelante. Con una partida presupuestaria bastante clara, y sobre todo con el aval de la experiencia de 2009, esta candidatura piensa en cinco días de periplo donde el principal peso recaerá en las provincias de Drenthe, Groningen y Frisia (Friesland, en neerlandés). En el horizonte, el año 2015. Desde Unipublic, silencio. Ni se afirma ni se desmiente. Simplemente se conversa. Una negociación como tantas otras. Para agosto de 2012 todo el dossier cobra vigor informativo. Vaessen explicará en televisiones regionales, agencias de información nacional o un periódico de prestigio innegable como *De Telegraaf*, que la Vuelta 2015 arrancará desde el país con una crono por equipos de unos 30 kilómetros con final en el estadio del FC Emmen. Se habla del interés de las localidades de Sneek, Leeuwarden (Leuvarda), Dokkum, Bolsward o Alkmaar; también de la búsqueda de reincidencia de Emmen. Desde la provincia de Overijssel emergen las candidaturas de Zwolle y Enschede, desde Zelanda la de Vlissingen y desde la de Brabante septentrional las de Den Bosch (Bolduque) y la muy persistente de Breda. El célebre cuadro de Diego de Velázquez es todo un acicate para mantener vivo el interés de esta última. Vaeesen explica que tras cinco etapas en suelo neerlandés, el retorno a la Península Ibérica se articularía desde el aeropuerto de Eindhoven.

Sin embargo, en apenas un par de meses, y en el contexto de la creciente presión sobre Lance Armstrong y su dopaje sistemático durante su carrera, la provincia de Drenthe anuncia que se baja de este barco. Ard van der Tuuk explica en los medios de su país que el ciclismo cuenta con una mala imagen y que consideran que es mejor no involucrarse en una aventura como la de la Vuelta. Desde la organización, Javier Guillén matiza que la salida de Drenthe se remonta atrás en el tiempo, que se debe a cuestiones económicas y que se negocia con otros intereses. No es menos cierto que no son tiempos fáciles para el ciclismo en los Países Bajos. Rabobank, el histórico patrocinador, acaba de anunciar el final del apoyo de su equipo ciclista tras diecisiete campañas ante el convencimiento de la institución de que el ciclismo "no es un deporte limpio". Jos Vaessen, que se reunirá con Unipublic en varias ocasiones, explica que Meppel, población de la provincia de Drenthe, sigue queriendo recibir la Vuelta. El ayuntamiento de Breda no se rinde y de manera automática también expresa su apoyo público al proyecto.

Para mayo de 2013, y días después del último encuentro entre Vaessen y la organización, trasciende que la Vuelta no partirá de Países Bajos en 2015. Para Vaessen, con la partida económica encarrilada, es un jarro de agua fría. "Hace poco estuve en Madrid hablando del proyecto y entonces no había ni la más mínima nube en el cielo, todo el mundo era positivo. Fue un auténtico shock cuando recibí el mensaje", explicará en la prensa de su país. Y especula con la posibilidad de que la salida desde Utrecht del Tour de Francia 2016 haya tenido que ver en la toma de la decisión, sobre todo porque ASO es ya la dueña absoluta de la Vuelta al hacerse con el 100% de Unipublic y en un contexto de conjeturas se puede haber planteado un conflicto de intereses. La Vuelta acabará volviendo a los Países Bajos, en 2022, tras el aplazamiento de 2020 debido a la emergencia sanitaria de la COVID-19. Utrecht lidera ese proyecto, acompañada por Bolduque y, cómo no, la incansable Breda. Pero se trata de una iniciativa totalmente diferente.

Mucho más recientes son la sugestión y la fascinación remitidas desde las islas británicas a las oficinas de la Vuelta. En un contexto en el que el ciclismo anglosajón ha dado un paso delante de la mano de toda una generación de ciclistas liderada por Mark Cavendish, Bradley Wiggins o Chris Froome, con el Tour de Yorkshire fascinando entre 2015 y 2019, con el Tour de Francia revolucionando el panorama en 2014 aglutinando en las cunetas a millones de aficionados, con unos Mundiales de Ciclismo en

2019 muy revolucionarios, con todo este contexto, la Vuelta y el movimiento ciclista de Yorkshire se han sentado en varias ocasiones para hablar sobre el futuro. Gary Verity, alma mater de todas estas iniciativas desde la plataforma Welcome to Yorkshire, presente en diversas presentaciones de la organización de la Vuelta, admite en 2019: "Estamos hablando sobre qué año sería el mejor para la Vuelta y para nosotros que la carrera parta desde Yorkshire". Este proyecto, empero, no podrá cristalizar porque Verity, Sir desde 2015, tiene que dimitir debido a irregularidades en los gastos. Un importante desprestigio que le borra de la primera línea de la escena pública y, visto lo visto, anula toda interlocución.

El de Yorkshire, en todo caso, es un interés mucho más consistente que otros, más exóticos, más mediáticos, más irrealizables, llegados a los despachos de Unipublic. Ya a finales de octubre de 1998 Enrique Franco admite en la sintonía de un programa deportivo de Radio Nacional de España el firme interés de un canal de habla hispana para llevar al pelotón de la Vuelta hasta Nueva York, fantaseando con una contrarreloj por la Gran Manzana. En los años posteriores, también llegan cantos de sirena desde Miami. Durante su participación en las Jornadas de Ciclismo de Benidorm coorganizadas con la Diputación de Alicante en 2011, Javier Guillén señala: "La aventura americana la hemos estudiado, pero no nos salen las cuentas. Ese reto, en el corto plazo, no lo veo. Nos encantaría subir al Teide. Lo veo más factible que ir a Nueva York". Unos años antes, en un contexto donde la logística plantea impedimentos casi insalvables, la Vuelta recibe una propuesta para salir desde Colombia y en los últimos años también han recibido algún tipo de interés, posiblemente más informal, desde Turquía. Son rumores, son esbozos, con más de belleza al oído que de fuerza para convertirse en realidad. Escuchar no cuesta nada.

Todas las anteriores son algunas de las inconcreciones fallidas en el área de la internacionalización, todas ellas posibles desde que se produce la mudanza a septiembre. Desde el prisma de la partida desde Lisboa de 1997, Víctor Cordero nos avalaba esta tesis en una conversación: "Fue el paso de la Vuelta a septiembre el que realmente lo permitió. Hasta entonces era imposible. En ambos países había bastantes carreras en las fechas anteriores, nos pisábamos mucho en términos de calendario. Aquello hubiera supuesto enfados e incomprensiones". La cuestión de ese gran lanzamiento anual de la carrera también se presta a rumores y especulaciones, con el componente de 'cocina' y 'teledirigidimiento' que se presta en el inestable terreno de la filtración, la conjetura, la apariencia y el contexto.

Uno de los más destacados que ha dejado la historia de la Vuelta viene de la mano de las Islas Baleares. El debut del archipiélago en lo que a la carrera se refiere se concreta por fin en 1975, un 4 de mayo, con una única escala en Palma de Mallorca tras un ida y vuelta desde la ciudad de Barcelona. Un año ante, sin embargo, se elucubra en el entorno mediático con el nombre de la capital balear para acoger esa *Grand Depart*, algo para lo que también parece postularse la ciudad de Huelva. La organización, entonces de *El Correo*, confirma en la cena de despedida posterior a la edición de 1974, en el Club Náutico de San Sebastián, que tal honor recaerá en Fuengirola, Marbella y, aunque esta de cara a 1976, Estepona. Son días en los que el peso de la promoción turística, su pujanza económica, encuentra un gran aliado en el ciclismo. Entre etapas y lanzamientos, si bien con interlocuciones en diferido, la Costa del Sol y la Vuelta llevan adelante un acuerdo de tres años.

El cambio de fechas ha facilitado los escarceos con la internacionalización y, paralelamente, también ha estimulado nuevas vías que, en lo logístico, son todo un reto. La candidatura de Ceuta a recibir la carrera es un ejemplo. La ciudad autónoma cuenta con experiencia ciclista de la mano de alguna edición de la Vuelta a Andalucía, no en vano acoge una etapa en línea bajo la fórmula del circuito semiurbano entre 1974 y 1977. Presente en la nómina publicitaria de la Vuelta con Unipublic, sus autoridades ofrecen oficialmente a finales de septiembre de 2000 la ciudad para acoger el lanzamiento de la carrera en 2002 o en 2003. Voluntad y margen. El principal problema llega con la capacidad hotelera de la urbe frente a las necesidades de la caravana ciclista. En algún foro se llega a especular, por qué no, con tratar de solventar ese inconveniente con el auxilio y el concurso de barcos. Tanto Ceuta como Melilla, y en general el norte de África, han aparecido en el discurso de Javier Guillén a la hora de hablar de algunos de los retos de futuro. Pero el cambio de fechas no solo ha estimulado la internacionalización o iniciativas complejas, también también ha frenado en seco, sustancialmente, todas esas modificaciones y enmiendas motivadas por la climatología. La complejidad organizativa de una prueba de este calado, y en esto la Vuelta no es ninguna excepción, expone la misma en todo momento a la incertidumbre de los cambios obligados. Circunstancias viales, incontingencias administrativas o incluso de índole políticas, que pueden motivar la obligatoriedad de recurrir a la enmienda y la mutación. Cambios sobrevenidos, necesarios, que están en el ADN de la sofisticación de unas carreras de estas características.

La climatología adversa impide el estreno de Pla de Beret de 1991, cuando la organización ha programado para el 9 de mayo una etapa de 134 kilómetros entre Andorra la Vella, con salida lanzada desde la frontera entre el Principado y España, y esta estación invernal catalana. El Port de Cantó y el Port de La Bonaigua, este último uno de los pocos 'dosmiles' de paso de la Península Ibérica, se encuentran en el menú de una fracción que debe acoger el primer final en alto de esta edición. El mal tiempo avisa en la jornada precedente, disputada bajo mucho frío, bastante lluvia y momentos donde los copos hacen acto de aparición. Hasta catorce ciclistas abandonan la carrera en este viaje y un ilustre como el colombiano Lucho Herrera se deja cinco minutos en la línea de meta. Son días de borrasca y temporal en los Pirineos y ni tan siquiera los helicópteros de enlace pueden volar para cumplir con su cometido.

El runrún de una neutralización recorre la caravana de la carrera, sobre todo por la entidad de La Bonaigua, pero desde Unipublic Alberto Gadea informa a última hora de la tarde que la carretera se encuentra despejada de nieve y, por tanto, accesible. Algunos aún apelan al recuerdo de la Volta a Catalunya de 1940, cuando se afronta este puerto por sus dos caras en dos jornadas diferentes y al menos en una el ejército se afana quitando a paladas el manto blanco de la carretera al paso de los ciclistas. Pero tanto por la noche como durante la madrugada la descarga es intensa y La Bonaigua amanece con un metro y medio de nieve. La etapa acaba siendo anulada. La carrera, eso sí, viaja desde Andorra hasta Vielha, como está previsto. Pero en coche. Y por la ruta más larga, esquivando el coloso Pirenaico: por el Pont de Suert y el Túnel de Vielha. El estreno de Pla de Beret permanece congelado hasta 1992.

La cellisca ha hecho acto de aparición en alguna que otra primavera previa en lo que a la Vuelta se refiere, pero nunca ha propiciado una medida tan drástica como una anulación previa. Tanto en 1956 como en 1957 el paso por el Puerto de Pajares es el centro del debate debido a los temporales, en ambas ocasiones a finales del mes de abril. En 1956 los corredores pasan el coloso de la Cordillera Cantábrica dentro de vehículos para acometer un relanzamiento de la etapa con final en Valladolid desde la población leonesa de Santa Lucía de Gordón. Un paso no exento de polémica, en tanto que no falta quien manifiesta una sólida opinión sobre lo extremo de la medida y la posibilidad real de poder atravesar el puerto. Doble ganador de etapa en la carrera, podio en una general final, campeón nacional años antes y, sin duda, uno de los nombres más destacados de la década anterior, el entonces exciclista Bernardo Capó, en sus crónicas para el periódico *Baleares*, refleja que les han informado de hasta cuatro centímetros de nieve sobre la plataforma. La Agencia Alfil informa de espesores de hasta 35 centímetros.

Al año siguiente, en la primera etapa que se anula en la historia de la Vuelta, la situación climatológica obliga a detener la prueba en Puente de los Fierros en torno a las tres menos veinte de la tarde. Con la etapa celebrándose bajo una intensa lluvia y una fuga numerosa de nueve unidades marchando en cabeza, la dirección de carrera opta inicialmente por improvisar una línea de llegada en esta localidad asturiana. La nieve está cuajando en Pajares y su precipitación es tan copiosa como fresca en el recuerdo la mención, recurrente, al episodio del Monte Bondone en el Giro de Italia del año anterior. Posteriormente, esta fracción entre Mieres y León queda anulada de manera íntegra. Para la historia ficción queda el triunfo finalmente no oficial del francés Raphaël Geminiani por delante de Jesús Loroño, el portugués Jose Manuel Ribeiro da Silva, Carmelo Morales, el belga Hilaire Couvreur, Juan Campillo y René Marigil. Un triunfo que también se llega a asignar ex aequo para todos los integrantes de la fuga y por el que Geminiani, como primero, reclama los premios, las bonificaciones y las rentas de tiempo sobre el entonces líder Federico Martín Bahamontes. Para la oficial, el caos del traslado hasta la meseta: la organización, al habla con Gobernación Civil, trata de fletar un tren de forma excepcional desde Mieres, a donde ha regresado toda la comitiva. La cobertura varía según el medio: de acuerdo con alguna cabecera, el convoy ferroviario es imposible por el hipotético corte de la electricidad en el tendido, que se hace a las seis de la tarde, por lo que todos los vehículos tienen que acabar gestionando el paso de montaña en situaciones muy difíciles que exigen el montaje de cadenas y alguna situación de tensión. Otras señalan que los ciclistas, mecánicos y auxiliares viajan en un tren a las nueve de la noche, quedando para la mañana siguiente, bien temprano, el traslado de la organización de la Vuelta y otros miembros de su caravana. Jesús Loroño, por cierto, también se muestra disconforme según recoge en su crónica Francisco González de Ubieta. "Aunque me muera quiero continuar". Ubieta, hay que señalarlo, es un ferviente defensor del que finalmente resultará ganador de esta edición. Merecerá la pena no fenecer en el paso montañoso.

Pajares protagoniza dos intentonas infructuosas en dos ediciones seguidas. Los titulares místicos son inevitables. El ser humano contra la naturaleza. "Pajares, puerto maldito para la Vuelta a España", titula *Pueblo*. "El Puerto de Pajares, barrera infranqueable para la Vuelta Ciclista a España", puede llegar a leerse en una cabecera como *Baleares*. "El Pajares, otra vez, enemigo número 1 de la Vuelta", plasma Luis García Navas para el equipo de Alfil. Miguel Utrillo escribe: "La nieve caía a sacos. El 'abominable hombre' de Pajares debe ser un foribundo anticiclista". La entidad de Pajares siempre invita a la ofensiva en el marco de una pugna deportiva, pero Javier Portocarrero, enviado especial de Alfil en la carrera, contextualiza la magnitud de la adversidad climática con un sonoro: "La gran traca, pero no de fuegos de artificio sino de rayos, truenos y centellas". Con la anulación de la etapa, todos los que habían abandonado son reintegrados a la caravana. El francés Roger Hassenforder no se llega a retirar, pero pasa muchas fatigas debido al agua y el frío y en algún momento de la etapa tiene que recluirse en un chigre para tomar algo caliente, cuentan que dos huevos fritos con patatas, y cambiarse las vestimentas. El galo llega a Puente de los Fierros casi una hora después de los primeros. Al día siguiente, en la etapa con final en Valladolid, Hassenforder logra la victoria.

Tampoco dos de los grandes pasos del Sistema Central en lo que a la carrera se refiere, el Puerto de Navacerrada y el Puerto de La Morcuera, no podrán despedirse de la primavera por culpa de la nieve. Pero eso es en 1994; antes también hay casos. En 1978, la organización ha programado para la sexta etapa un recorrido de 189 kilómetros entre Ávila y Torrejón de Ardoz. En el Puerto del León, el Puerto de Navacerrada y el Puerto de Cotos, los tres en la primera mitad del trazado, ha aparecido la nieve y en una frenética evolución de los acontecimientos la etapa se neutraliza hasta Torrelaguna, ya en Madrid, donde se disputa una etapita de apenas 46 kilómetros. En la última edición celebrada en abril y mayo, la previsión para la antepenúltima etapa es un trazado entre Ávila y las instalaciones de Destilerías DYC, en Palazuelos de Eresma. El acto de aparición de los copos, el incremento de su intensidad durante la mañana, obliga tanto a Ramón Mendiburu como Alberto Gadea a improvisar una alternativa al doble paso previsto por Navarrerada, con otro entre medias por La Morcuera. La etapa pierde dureza en todos los sentidos, sin tres montañas de entidad y con 34 kilómetros menos, 171 frente a los 205 originales.

Fuera del clima como causa de fuerza mayor, los despachos, o las circunstancias políticas e institucionales que generan agitación y revuelo en los mismos, también han alimentado la parcela de las entelequias de la Vuelta. Acaso el ejemplo más notorio sea relativamente bastante reciente, año 1998. De tanto en cuanto se habla de la Quebrantahuesos, de la célebre marcha cicloturista aragonesa que atraviesa la frontera con Francia y cuenta en su recorrido con las ascensiones a Somport, Marie Blanque, Portalet y Hoz, y por qué no algún día pueda verse reflejada en un recorrido de la ronda española. Organizada por primera vez en 1991 con el impulso de la Peña Ciclista Edelweis, la Quebrantahuesos se convierte en muy pocos años en una de las citas más importantes del calendario cicloturista continental.

De cara a 1998 Unipublic configura una decimotercera etapa con salida y llegada a Sabiñánigo que, en esencia, homenajea a la Quebrantahuesos. Una etapa de gran atractivo. Los acontecimientos vividos en el Tour de Francia de ese año, el caso Festina, las redadas de la gendarmería, invitan a la prudencia. La organización no quiere que los 80 kilómetros de paso por suelo francés puedan plantear problemas con la policía gala. No quiere redadas y es consciente de que esa casuística puede darse. En territorio francés, jurisdicción francesa. A comienzos de agosto emerge la duda razonable. El 13 de agosto, la confirmación del cambio. "Por respeto a la justicia francesa y con el fin de no crear más crispación", se razona en un comunicado. El trazado finalmente es modificado, orográficamente la pérdida es sensible por mucho que se incremente el kilometraje. La (hasta entonces) sexta escala de la carrera en Sabiñánigo se moldea con un diseño que apela al circuito y que bebe de los rutómetros de las pruebas en ruta de los Campeonatos de España de 1994 y 1996.

Más allá de la etapa de la Quebrantahuesos, esta Vuelta de 1998 es pródiga en cambios, posiblemente la que más de la historia y es plausible que también debido a su poco habitual presentación en plena disputa de la Vuelta 1997. Es la que más se asemeja a los cambios, más habituales, vividos por el Giro de Italia, una prueba más porosa a las modificaciones en los últimos años. El más relevante, por su aportación futura a la prueba, pasa por el Xorret de Catí, una instalación de la Diputación de Alicante en la Sierra de Castalla a la que se llega tras una ascensión de gran dureza. Xorret de Catí, que es el antecedente directo de la apuesta por los muros de pendientes exigentes, es la alternativa a un final previsto en Alicante capital. Una mudanza que se concreta en el mes de julio y que depara una plasmación en el libro de ruta con rampas del 18%, pero de hasta el 21% en unos sorprendidos mentideros. "Es dura, ciertamente. Pero tiene tres kilómetros. No vayamos a hacer un Tourmalet del Xorret del Catí", comenta un Álvaro Pino que por entonces es director del equipo Kelme, una estructura deportiva que conoce bien la subida porque se ha concentrado en el hotel.

De cara a 1998 también varía la ubicación de salidas para la cuarta etapa, que pasa a la ciudad de Málaga en vez de tener lugar en Marbella; y para la decimonovena, desde la de Ávila, en lugar de Salamanca. Este último caso está especialmente motivado, según se cuenta, por los preparativos de un importantísimo encuentro médico que se celebra esos días en la capital helmántica: lo cierto es que en 1998, a mediados de octubre, Salamanca acoge el Congreso Nacional de la Sociedad Española de Pediatría Extrahospitalaria y Atención Primaria. El traslado de la llegada de la duodécima etapa al entorno de la estación de Canfranc, que releva la anunciada previsión de Jaca, está estrechamente relacionado con la exclusión de Francia de la etapa de Sabiñánigo. La Asociación Turística del Valle del Aragón, que apoya económicamente la financiación de la etapa original, solicita algún tipo de modificación de la fracción que llega a la población de la Jacetania ante la constatación de que el nuevo recorrido deja de lado su valle. Este colectivo apoya y respalda la llegada a Jaca, pero presenta un mayor interés en el remonte del día de antes hacia el puerto de Somport. Por eso proponen la instalación de la línea de llegada en enclaves como las estaciones de esquí de Candanchú o de Astún. Desde Unipublic, a través de la figura su director técnico Ramón Mendiburu, se declina esa posibilidad por considerarse "excesivo" contar con tres finales consecutivos en alto. Canfranc sí cuadra, empero. "Si están dispuestos a subir a Canfranc, también sería posible hacerlo hasta Astún, ya que el desnivel no es elevado y el firme es ancho y está en buen estado, lo que disminuye la dureza del final", observa contrariado el entonces alcalde de Jaca Pascual Rabal. En Canfranc, y en solitario, el italiano Gianni Bugno firma su última gran victoria de nivel y cierra su ingreso en el (entonces más) selecto club de ganadores en las tres grandes vueltas.

Que la estación de Arcalís no acoja la carrera como se había anunciado originalmente en septiembre de 1997 y que al final lo haga el centro de esquí de Pal invita a la especulación: el Principado de Andorra, con excelentes relaciones históricas con Unipublic, ha contado con un final en ese mismo enclave en el Tour de Francia de 1997 y, unos meses antes, también ha acogido la etapa reina de la Volta a Catalunya, por entonces ubicada en el mes de junio. Cobra todo el sentido figurarse que los promotores, a la luz del 'el que paga, manda', inviten a mudar la llegada a la cercana Pal por una cuestión de diversificar la promoción.

No ha sido esta la única modificación vinculada al territorio del Principado. Presentada oficialmente a finales de 1987 en el marco de la puesta de largo de todo el trazado, el ascenso al Alto de La Comella en los últimos kilómetros de la decimocuarta etapa de la edición de 1988 es suprimido casi en el último momento. Con la carrera en La Rioja, en plena disputa de la llegada a Valdezcaray, trasciende que no se puede afrontar esta subida. Si el libro de ruta refleja 202 kilómetros entre Benasque y la avenida Prat de la Creu de la capital andorrana, el domingo 8 de mayo el pelotón recorre finalmente 191. El histórico Javier de Dalmases, periodista de ciclismo de *El Mundo Deportivo*, habla de "razones muy arbitrarias" en la presentación de un perfil que sigue incluyendo los puertos de Fadas, Viu, Perbes y el larguísimo Port del Cantó. Benito Urraburu, redactor de la agencia Colpisa, refleja: "Sin el alto de La Comella (…) el final de etapa quedó un poco desvirtuado. No es un puerto decisivo, pero sí podría haber hecho algo de daño en una etapa que vino lanzada durante muchos kilómetros, casi desde su comienzo". Sus algo más de cuatro kilómetros a una media superior al 8%, desde la óptica del ciclismo de finales de los ochenta a buen seguro hubieran aportado más que restado. La supresión, así se narra, se debe a la celebración de una romería en la zona que dificulta el paso de la carrera.

La casuística con el territorio francés de 1998 tampoco es original. La Vuelta de 1961, que arranca desde San Sebastián, ha programado una incursión en suelo galo durante dos etapas. La tercera jornada, que va a llegar a Bayona desde Pamplona, y la cuarta, que conecta la urbe atlántica francesa con Huesca, son modificadas para evitar el cruce de la frontera a pocas horas del inicio de la carrera. La prefectura de Bayona envía un telegrama a la organización advirtiendo que se desaconseja la llegada de la carrera. La ciudad de Pamplona asume todo el peso, en colaboración con la población de Estella para la primera de las jornadas que permite la inclusión de Urbasa, Lizárraga y, en dos ocasiones, El Perdón. El motivo no es otro que la agitada situación sociopolítica que ha deparado el 'Putsch des Généraux', un intento de golpe de Estado que se desarrolla entre el 21 y el 26 de abril (este último el día de arranque de la Vuelta) encabezado por los generales Maurice Challe, Edmond Jouhaud, Raoul Salan y André Zeller desde Argelia contra la República que preside Charles De Gaulle. El motivo, su política con un territorio que vive desde hace años un conflicto bélico con el independentista Frente de Liberación Nacional (FLN) como protagonista. El acaecimiento de esta revuelta militar y las incertidumbres que siempre puede alimentar, invita a la prudencia y el sentido común. También porque, se contará, Radio Argel corta su emisión durante la primera mañana de la revuelta con un mensaje que parece cifrado y protocolario para movimientos ulteriores: "La habitación de la sirviente ha sido robada". La nación permanece en alerta, a la expectativa. Se habla de un contingente de más de 400 000 soldados que se prepara para cruzar el Mediterráneo. El FLN asiste entre incrédulo y perplejo a las evoluciones. La situación, empero, se mantiene en calma en la metrópoli. A comienzos de julio de 1962, Francia reconocerá la independencia de Argelia.

Los dineros no son un apartado baladí en la confección de las pruebas ciclistas y la complejidad de las entretelas se complica a medida que se escala en el nivel y la dimensión de la carrera. En la historia de la Vuelta no faltan esas entelequias motivadas por una cuestión mucho más exclusivamente económica. Peticiones, muchas. Concreciones, menos. Ya en 1956 se puede encontrar una referencia periodística como esta a pocos días del inicio de la carrera: "Palencia pudo ser este año final de etapa en la Vuelta a España. Cien mil pesetas tuvieron la culpa de que la serpiente se vaya a Valladolid". Se da el ofrecimiento y también alguna conversación en Madrid en los meses previos. Cierto que el rotativo donde aparece este titular, *El Diario Palentino*, es juez y parte desde un prisma meramente geográfico. En sus páginas se escribe "Ya lo saben nuestros lectores, veinte mil duros tienen la culpa. Volvemos al principio. El deporte es hoy la fama. Pero es también el dinero". En ocasiones, pese a que haya anuncios oficiales mediante, con toda la solemnidad y la seriedad que se les presupone, la pasta impulsa la enmienda. Un buen ejemplo llega de cara a la edición de 1992. En enero se confirma que una salida de etapa inicialmente asignada a la población gaditana de Chiclana de la Frontera se mueve a San Fernando "por dificultades de última hora".

De cara a la tercera edición, una de las coordinadas por la Obra Social Educación y Descanso, y la que supone el retorno de la carrera al panorama competitivo tras la Guerra Civil, la previsión inicial "ha sufrido algunas modificaciones importantes" con respecto a lo ideado para el retorno, fijado para el mes de junio. Así se recoge en abril en las páginas de *Pueblo*: "El día de descanso señalado para Tarragona se traslada a Valencia. Las etapas Barcelona-Lérida y Lérida-Zaragoza se funden en una sola, con control de aprovisionamiento en Lérida. Se vuelve, por lo tanto, a la gran etapa Barcelona-Zaragoza, de 306 kilómetros, de años anteriores. El recorrido de la etapa Bilbao-Santander se reduce en 12 kilómetros. La jornada Santander-Oviedo constará de dos partes. La primera, Santander-Gijón, será cubierta "en línea". La segunda, Gijón-Oviedo, por Avilés, se disputará "contra reloj", por equipos previamente designados. De Oviedo se irá a Luarca. Y de Luarca, a Lugo o La Coruña. Esto está aún por decidir".

En ocasiones, empero, el cambio se sustenta en razones más prácticas. Y esto hace que los adelantados de los recorridos, con los ojos del presente, también pierdan fuerza o peso. A veces la organización tiene una idea de recorrido, acotada geográficamente, y deja para un momento posterior el cierre definitivo. En otras, sobre la marcha se percibe la idoneidad de un cambio sin perder de vista un nuevo aporte económico entrante. A veces, simplemente, aparecen problemas burocráticos. Estas casuísticas se dan en la edición de 1971. La segunda etapa recala finalmente en Águilas, en vez de hacerlo en Murcia como se había esbozado, y la salida de la octava pasa de Manresa a Balaguer, en la provincia de Lérida. Sobre la primera, se publica: "Cuando la Vuelta Ciclista a España 1971 fue presentada en Madrid a los representantes de la Prensa, algunas etapas quedaron sin decidir definitivamente, por lo que las variantes que se anunciaron fueron previstas en su día. Así, por ejemplo, las gestiones que venía realizando el Comité Organizador en la provincia de Murcia culminaron con la designación de la localidad de Águilas como final de la primera etapa, en lugar de la capital de la huerta". Respeto a la segunda, los originales 246 kilómetros entre Manresa y Jaca se reducen a los 211. Se apela a que la original presenta una "distancia quizá excesiva para lograr el punto necesario de combatividad", además de los enormes deseos de colaboración del consistorio ilerdense por entrar en el recorrido. Pero también se destaca que con el nuevo trazado se proyecta el paso por el Puerto de Mont Repós (sic). "Una etapa con mayor interés que lo previsto. De ahí que se reduzca el kilometraje y, en compensación, se "coloque" en el itinerario ese Mont Repós de tan grato recuerdo deportivo en ediciones pasadas, pues casi siempre ha sido enclave para inolvidabes hazañas ciclistas". La contrarreloj que debiera de haberse disputado en Barcelona en la edición de 2000 también emerge en este punto: finalmente una entelequia ante la falta de acuerdo entre la organización y el consistorio para reducir el kilometraje.

Los cambios son inherentes a un deporte complejo de naturaleza itinerante como el ciclismo. Y como tal hay que enfocarlos. Son fuente de curiosidades. Y también un reflejo de fortaleza organizativa. En la Vuelta de 1960 la tercera etapa, que llega a Vigo, incluye en su perfil un ascenso al Monte Galiñeiro, pero la previsión se elimina a última hora por el mal estado del firme. La etapa, que en teoría va a tener 209 kilómetros, se queda en 187 y sin una subida que se corona (o se hubiera coronado) a menos de quince kilómetros de la llegada.

Mentado recurrentemente durante años, el retorno de la Vuelta a las carreteras del País Vasco se concreta por fin de forma tan testimonial como sobrevenida. Es lo que el periodista extremeño Chema Bermejo calificaría de "paso clandestino". La Vuelta de 2006 programa para su decimotercera etapa un recorrido de 196 kilómetros entre Burgos y el Santuario de La Bien Aparecida, en la localidad cántabra de Ampuero. El diseño de los entonces directores técnicos de la prueba, Abraham Olano y Francisco Giner, contempla los ascensos del Puerto de La Sía y Puerto de Alisas, pero un problema con un camión en la bajada del primero obliga sobre la marcha a su supresión para encarar el Alto de los Tornos y recorrer una decena de kilómetros por suelo vizcaíno, con paso por la población de Lanestosa. Un cambio que resultará poco mediático y que se engloba en esa fuerte relación entre Euskadi y la Vuelta que bien merece un capítulo aparte.

La última gran entelequia de la Vuelta, empero, llega desde las Cordilleras Béticas. El macizo que aglutina muchas de las cumbres montañosas más altas de la Península Ibérica, y entre ellas su techo, el Mulhacén (3478 m), es un destino recurrente de la carrera sobre todo gracias al centro de deportes de invierno de Sierra Nevada. La Vuelta descubre este final por encima de los 2000 metros de altitud en 1979 y en sus siguientes escalas las metas se han ubicado en diferentes cotas que van desde los 2100 de la urbanización Pradollano hasta los 2500 de la zona conocida como Hoya de la Mora. Con vistas a la edición 2022 se trabaja en la posibilidad de instalar la línea de llegada de las inmediaciones del radiotelescopio del Instituto de Radioastronomía Milimétrica (IRAM), ubicado a 2850 metros de altitud. El objetivo inmediato: convertirse en la línea de llegada más alta en una de las tres grandes vueltas. La ubicación de esta instalación dentro de los límites del Parque Nacional de Sierra Nevada por apenas unos centenares de metros lo acaba impidiendo. Pero se produce un intenso debate entre colectivos reaccionarios y partidarios, entre los que avisan del enorme riesgo que plantea para la biodiversidad de la zona y los que inciden en el enorme impacto promocional de un área que, más allá de la ronda española, acoge al año otras prueba senderistas, atléticas, ciclistas o combinadas. Un informe firmado por hasta 45 investigaciones del Consejo Superior de Investigaciones Científicas y ocho universidades muestra su disconformidad con la llegada del ciclismo a las altas cumbres del parque. El Consejo del Participación del Parque se reúne con carácter extraordinario y en la votación, que no es vinculante, se impone la negativa.

La del IRAM se une a la imposibilidad, aún mayor por encontrarse más adentro de los límites del parque, de no tomar el desvío a la derecha que lleva a este y seguir por esa ruta principal hasta las posiciones del Veleta, a más de 3000 metros de altitud. La ruta asfaltada más alta de Europa, aunque cierto con la plataforma casi inexistente en su punto más alto, acoge todos los años una prueba de carácter cicloturista en la que la que a la dureza de la subida se le añade la cuestión de la falta de oxígeno a esas altitudes. Desde la localidad de Pinos-Genil hasta la cota de los 3300 metros son prácticamente 40 kilómetros de subida, de los que la mitad se encuentra por encima de los 2000 metros de altitud, con una dureza variable en su máximo dada la existencia de varias alternativas. Una ascensión impresionante. La ruta asfaltada cuenta con un poso histórico que se remonta al primer tercio del siglo XX, un proyecto para unir Granada capital con la Comarca de La Alpujarra a través de la sierra que es proyectado por el ingeniero Juan José Santa Cruz, fusilado por el bando sublevado en 1936; un plan que inicialmente llega a plantear un túnel por debajo del Pico Veleta de unos 300 metros de longitud para conectar ambas vertientes. Y que ve cómo la granadina se inaugura en 1935. Fidel Fernández escribe para el número de febrero de ese año en la revista *Oasis* un fascinante reportaje titulado "La conquista de Sierra Nevada" donde muestra la grandiosidad de una obra parcialmente acabada que, relata, no tiene en ningún momento más de un 7,5% de desnivel "ni radios de menos de 25 metros". Los 73,5 km de la «carretera de Granada a la de Laujar a Orgiva. por el camino de los Neveros, pasando próxima al picacho de Veleta», a la postre, y al menos en su concepción original, acabarán siendo otra entelequia.

BIBLIOGRAFÍA

Arribas, Carlos: Ocaña. Cultura Ciclista, Senan (Tarragona), 2014.

Astorqui, Fernando; Gómez Peña, Jesús: Mi Vuelta. El Correo, Bilbao, 2016.

Ballester, Ángel: Grupo Deportivo Ferry's. Una historia de ciclismo. Diputación de Valencia, Valencia, 2024.

Bobet, Jean: Mañana salimos. Cultura Ciclista, Senan (Tarragona), 2012.

Cabrero, Daniel; Fuente, Sergio: El Clas. El equipo de Asturias. El sueño de su afición. Ediciones Camelot, Oviedo, 2015.

Calleja, Álvaro: Historias de la Vuelta. Ediciones JC, Madrid, 2018.

Chico Pérez, Francisco; Guerra, Adrián: La Vuelta Ciclista a España en la Comunidad de Madrid. Comunidad de Madrid, Madrid, 1991.

Delgado, Pedro; Redondo, Julián: A golpe de pedal. El País Aguilar, Madrid, 1995.

De la Cruz, Juanfran: "De la Vuelta y Ottavio Bottechia (y otras prehistorias de la ronda española", en El Aifilador, volumen 1. Libros de Ruta, Bilbao, 2016, pp. 27-86.

De la Cruz, Juanfran: "La Vuelta del milagro", en El Afilador, volumen 2. Libros de Ruta, Bilbao, 2017, pp. 141-209.

De la Cruz, Juanfran: Gustaaf Deloor, de la Vuelta a la luna. Libros de Ruta, Bilbao, 2018.

De la Cruz, Juanfran: "Islas Canarias", en El Afilador, volumen 4. Libros de Ruta, Bilbao, 2020, pp. 11-64.

De Pablos, Ángel María: Historia de la Vuelta Ciclista a España. Diputación de Valladolid, Valladolid, 1985.

Fallon, Lucy; Bell, Adrian: ¡Viva la Vuelta! 1935-2017. Cultura Ciclista, Senan (Tarragona), 2018 (tercera edición).

Fignon, Laurent: Éramos jóvenes e inconscientes. Cultura ciclista, Senan (Tarragona), 2012.

Fotheringham, William: La pasión de Fausto Coppi. Cultura Ciclista, Senan (Tarragona), 2015.

Fotheringham, William: Merckx, mitad hombre mitad máquina. Libros de Ruta, Bilbao, 2019.

Fotheringham, William: Hinault, el tejón. Libros de Ruta, Bilbao, 2021.

Fuente, José Manuel: Ciclo de dolor. Gráficas Summa, Oviedo, 1977.

García Marcos, Julián: Un caimán en Serranillos. Círculo Rojo, Madrid, 2018.

Gay-Pobes, Fernando: Fernando Escartín, pedaladas de altura. Editorial Delsan, Cuarte de Huerva (Zaragoza), 2008.

Hermans, Mathieu: A contracorriente. Libros de Ruta, Bilbao, 2022.

Hernando, Ainara: Por amor al ciclismo. Cultura Ciclista, Senan (Tarragona), 2014.

Izagirre, Ander: Plomo en los Bolsillos, Libros del K.O, Madrid, 2012.

Labarga, Nacho: Samuel, el ciclista de oro. Libros de Ruta, Bilbao, 2015.

Martín Bahamontes, Federico: Primera victoria para España en el Tour de Francia. Wurth, Toledo, 2009.

Meseguer, Laura: Metiendo codos. La esfera de los libros, Madrid, 2020.

Mir, Jaime; Vega, Iván: Secundario de lujo: una vida entre campeones. Cultura Ciclista, Senan (Tarragona), 2016.

Moore, Tim: *Vuelta Skelter: Riding the Remarkable 1941 Tour of Spain.* Vintage, Dublin, 2022.

Muraday, Juanma: *Alberto Contador. Tres sueños cumplidos. Al Poste, Madrid, 2015.*

Muraday, Juanma: Óscar Freire. El genio del arcoíris. Titano Editores, Zaragoza, 2013.

Nagore, Jorge: No querían ganar. Crónicas de las primeras pedaladas de la modernidad: el Tour de 1983. Saga Editorial, Barcelona, 2010.

Osés, Juan: Miguel Poblet. La flecha amarilla. CDP Ediciones, Pamplona, 2001.

Pettenghi, José: El Tour de 1936: él último Tour de la tricolor. Q-book, Cádiz,

Pereda, Marcos: Bucle. Libros de Ruta, Bilbao, 2020.

Pereda, Marcos: Esto no estaba en mi libro de historia del ciclismo. Almuzara, Córdoba, 2024.

Ramos, Jesús (coord.): Historia del ciclismo español. Época, Madrid, 1995.

Rivas, Jon: Valverde. La leyenda del imbatido. Al poste, Madrid, 2017.

Ruiz Cabestany, Pello: Historia de un ciclista. Pamiela, Pamplona, 1997.

Rufo, Simón: La Vuelta a España. Gallo Nero Ediciones, Madrid, 2016.

Somarriba, Joane; Rivas, Jon: Joane Somarriba. Sacrificio y gloria de la mejor ciclista española, pionera en un mundo de hombres. La esfera de los libros, Madrid, 2005.

Usall, Ramón: Un siglo cuesta arriba: Historia popular y política del ciclismo. Altamarea, Madrid, 2024.

Van Ierland, John: Spaanse Brabanders - Onze jongen in de Vuelta. Woordmagie, Breda, 2022.

Vega, Iván: El primer campeón: el mundo que vio Mariano Cañardo. Cultura Ciclista, Senan (Tarragona), 2014.

Vergara, José Miguel: Análisis y evolución de la percepción del impacto social y turístico del evento deportivo de ciclismo en ruta "La Vuelta'. Universidad de Murcia, Murcia, 2022 (Tesis doctoral).

VV.AA.: La leyenda de la Vuelta a España. Número especial 6 Ciclismo a Fondo, Madrid, 2005.

Watson, Graham: Las tres grandes vueltas: Vuelta, Giro, Tour. Dorleta, Bilbao, 1994.

Winkels, Edwin: La Vuelta: heroïsche verhalen uit de Ronde van Spanje. Brandt, Amsterdam, 2019.